SÉRIE LITERATURA DE VIAGENS

2

Fernando Cristóvão (coord.)

O OLHAR DO VIAJANTE
DOS NAVEGADORES AOS EXPLORADORES

*Textos de João David Pinto-Correia, Horácio Peixoto de Araújo,
Maria Lúcia Garcia Marques, Maria Adelina Amorim,
Alexandra Curvelo, Ana Vasconcelos, Alberto Carvalho,
Rogério Miguel Puga, Maria da Graça Ventura,
Joaquim Cerqueira Gonçalves, Fernando Cristóvão, Juan Gil*

ALMEDINA

CENTRO DE LITERATURAS DE EXPRESSÃO PORTUGUESA
DA UNIVERSIDADE DE LISBOA, L3. FCT

COIMBRA, 2003

Projecto da edição e realização técnica
Vasco Rosa

© 2003 Almedina e Centro de Literaturas
de Expressão Portuguesa da Universidade de Lisboa, L3. FCT

ISBN 972-40-1861-X

Impressão: G.C. – Gráfica de Coimbra
Depósito legal 190261/03

Design da capa: João Bicker.
Fotografias do extratexto: Biblioteca Nacional, MC.

Índice

7   Apresentação, de Fernando Cristóvão

9   *João David Pinto Correia*   Deslumbramento, horror e fantasia. O olhar ingénuo na Literatura de Viagens

35   *Horácio Peixoto de Araújo*   O fascínio do diferente nos relatos de viagens pelo Oriente

45   *Maria Lúcia Garcia Marques*   A escrita do primeiro olhar. Uma re-leitura do «Roteiro» de Álvaro Velho e da «Carta» de Pêro Vaz de Caminha

89   *Maria Adelina Amorim*   Frei Cristóvão de Lisboa, primeiro missionário naturalista da Amazónia

107   *Alexandra Curvelo*   O poder dos mapas

121   *Ana Vasconcelos*   «Algo de velho, algo de novo e algo de estranho». Imagens da Nova Holanda de João Maurício de Nassau

147   *Alberto Carvalho*   Estética, ciência e estética do olhar na Viagem de Capelo & Ivens

177   *Rogério Miguel Puga*   O olhar através do género. A imagem do índio brasileiro na literatura portuguesa de Quinhentos

231   *Maria da Graça Mateus Ventura*   Do «Paraíso Terrenal» a «El Purgatorio»: percursos de desencanto

253   *Joaquim Cerqueira Gonçalves*   O olhar da ciência, da ideologia e da utopia

263   *Fernando Cristóvão*   Da «boa-fé» colonizadora à «má-fé» colonialista e racista

289   *Juan Gil*   Viajes y viajeros. Modalidades y motivaciones desde la Antigüedad clásica hasta el Renacimiento

311   *Sobre os autores*
317   *Índice onomástico*

*Se o viajante qualifica a viagem,
é a viagem que modela o viajante...*

Embora seja questão de reversibilidade óbvia saber se foram os viajantes a «fazerem» a viagem, ou se foi a viagem a modelá-los, não deixa de merecer atenção especial analisar-se a literatura de viagens a partir da qualidade dos viajantes.

Se adoptamos o ponto de vista do viajante, embarcamos inevitavelmente numa perspectiva realista de observação e experimentação, complementar e correctora da outra perspectiva de se pensar a viagem em função de categorias metafísicas, ou simplesmente teóricas, demasiado tributáveis de sentenças das autoridades clássica ou bíblica.

Os viajantes merecem-nos, pois, um pouco de atenção.

No ambiente europeu do Renascimento e da Idade Moderna, na esteira dos viajantes medievais, quem mais ousadamente viajou foram mercadores, aventureiros e emissários como Marco Polo, Piano Carpino ou Ruibrück; peregrinos como Egéria ou Pantaleão de Aveiro; marinheiros, missionários e exploradores científicos como Pêro Vaz de Caminha, Vasco da Gama, Frei Cristóvão de Lisboa ou Charles Darwin; eruditos ou bolseiros como Gronovius ou Goethe.

Tão diferentes como os viajantes eram os seus olhares (não é o olhar o espelho – côncavo ou convexo –, da alma?), ao interpretarem o que viam: com ingenuidade, carregado de cálculo mercantil ou da vontade de poder conquistador, tanto do império como da fé; com frias observações de ciência pura ou interessada, na inventariação de novos mercados.

Desses olhares dão conta os ensaios aqui reunidos, e que futuramente poderão ser contrastados com os olhares de outros viajantes não europeus nem cristãos e, sobretudo, com os olhares surpresos dos «descobertos» e vencidos. Olhares estes que mais eloquentes e esclarecidos serão, quando libertos das ideologias e enfeudamentos políticos que têm turbado os diversos nativismos. Olhares que só verdadeiramente vêem quando cruzados entre os que passam e os que estão, entre os que observam o alheio e os que vivem com todos os sentidos o que possuem.

Lisboa, Novembro de 2002   FERNANDO CRISTÓVÃO

Deslumbramento, horror e fantasia: o olhar ingénuo na Literatura de Viagens

João David Pinto-Correia

Actualmente, em muitas propostas de estudo, insiste-se na perspectivação de algumas realidades da Literatura de Viagens pela via do olhar. E tal atitude é bem significativa da importância que, num plano de pressuposição e igualmente ao nível dos enunciados, se atribui à paisagem, sem dúvida, mas também às gentes, objectos, costumes – de qualquer forma, à componente Espaço mais do que à componente Tempo. Alberto Carvalho reconhece-o para *Peregrinação*, quando confirma o «desequilíbrio entre a obsessiva representação do espaço e a escassez de anotações sobre a coordenada do tempo»[1]. Por outro lado, é bem de ver que assim se confere maior ênfase ao sujeito observador, ou seja, ao modo como este olha os mundos descobertos e visitados. Isto significa que as realidades observadas foram objecto de diferentes registos, segundo os agentes da escrita, em textos diversos, e ainda, muito frequentemente, das várias maneiras presentes no mesmo texto escrito. Esse olhar caracterizar-se-á de várias formas, a primeira das quais – pelo menos a primeira a ser considerada no colóquio que motivou a edição deste livro – se estabeleceu fosse a «ingénua», a qual será logo seguida ou substituída por outras muito diferentes, mais curiosas ou mais interessadas: «o olhar do poder», «o olhar da desilusão e as utopias» e «o olhar da má-fé».

Uma primeira tarefa talvez consista em delimitar o que se pretende significar com essa palavra-chave, *o olhar*. Foi, de facto, o que nos preocupou desde o momento em que, um pouco irresponsavelmente, aceitámos falar sobre o assunto, tendo verificado com certa surpresa que nenhum dos autores das obras consultadas acerca do assunto se debruçava mais aprofundadamente sobre o conceito, dando, assim, por adquirido quanto a este ponto o entendimento entre eles e os seus leitores ou destinatários.

---

1 Alberto Carvalho, «Mas este é o mundo da Peregrinação segundo Fernão Mendes Pinto (caminhos do Oriente)», in Maria Alzira Seixo e Christine Zurbach (org.), *O Discurso Literário da «Peregrinação»*, Lisboa, Edições Cosmos, 1999, p. 14.

Em primeiro lugar, *olhar*, como substantivo, corresponde em português ao aproveitamento nomimal da forma verbal, que, sendo mais dinâmica, confere à primeira muito da sua força semântica. O olhar pode, num primeiro plano, concentrar a intensidade poética do motivo – fundamental na literatura – dos «olhos», como, por um lado, a apresentação, a exposição e a entrada de um mundo pessoal e subjectivo, e, por isso mesmo, meio da cumplicidade, do entendimento ou da repugância de dois sujeitos (recorde-se a sua importância em composições como as da poesia lírica, desde a medieval aos nossos dias), mas, por outro lado, a saída de si próprio, a indagação e a procura do outro, do objectivo, do diferente.

Num segundo plano, e no seguimento do que acabamos de dizer, o olhar pode igualmente significar uma das possibilidades da gama imensa de se interessar ou não pelos outros e pelo exterior, não só o modo como é exercida a capacidade, como sobretudo o seu resultado: «olhar desinteressadamente», «olhar por olhar», «olhar fixamente», até ao «olhar mágico», que influenciará a pessoa e a vida dos outros, paralisando-a (a hipnose) ou modificando-a para bem ou para mal. Pense-se na forte crença popular do «mau olhado»: aqui, a palavra utilizada não poderá ser na verdade *olhar* («mau olhar»), mas sim *olhado*, isto é, já passivo produto resultante daquele.

Na Literatura de Viagens, tal como ela foi delimitada por Fernando Cristóvão[2], mas principalmente nas Viagens de Expansão, o olhar impera, não só manifestamente como quase sempre, sobretudo de modo implícito. E, como ao princípio anunciávamos, não é por acaso que algumas obras recentes registam no próprio título esse modo de enunciar a pesquisa original (a presente ou subjacente nos enunciados dos próprios viajantes), como ainda a dos agentes da investigação científica (isto é, a dos próprios estudiosos-enunciadores). Entre com certeza algumas outras, relembramos *O Confronto do Olhar. O encontro dos povos na época das navegações portuguesas*, de Luís de Albuquerque, António Luís Ferronha, José da Silva Horta e Rui Loureiro, de 1991[3], e *Viagens do Olhar: Retrospecção, visão e profecia no Renascimento português*, de

---

2 Fernando Cristóvão, «Para uma teoria da Literatura de Viagens», in Fernando Cristóvão (coord.), *Condicionantes Culturais da Literatura de Viagens. Estudos e Bibliografias*, Lisboa, Edições Cosmos e CLEPUL, 1999, pp. 13-52.
3 Lisboa, Caminho, 1991.

Fernando Gil e Helder Macedo, de 1998[4], e ainda comunicações e artigos publicados em livros de actas e em revistas. Não podemos deixar de mencionar um contributo que nos alertou pela primeira vez para a importância do assunto: o pequeno ensaio de Maria Leonor Carvalhão Buescu intitulado «A *Peregrinação* de Fernão Mendes Pinto ou as alternativas do olhar», publicado nos seus *Ensaios de Literatura Portuguesa*, de 1985[5], no qual se tecem muito consistentes observações acerca dos vários modos propostos por Mendes Pinto de olhar o Extremo Oriente em comparação com os que caracterizaram autores como Vaz de Caminha em relação ao Brasil.

Mas talvez possamos melhor entender o *olhar* se este for referenciado a *ver*. Olhar e ver não são, de facto, a mesma coisa. E sem maiores explicações, acrescentaremos que o olhar funda, condiciona e dirige o ver. Não é possível ver senão através do olhar (físico, corpóreo, é óbvio), mas também através de um olhar (com ausência de intenção, ou, então, com assumida intencionalidade, por exemplo crítica, irónica, satírica, moralista).

Quando Fernando Gil e Helder Macedo escrevem na sua Nota Introdutória[6], e com base numa citação de Camões: «Ver, claramente visto, põe simultaneamente o problema de ver o que "lá está" e de como o que lá estivesse podia ser visto», prosseguindo: este «interrogar do exterior ia a par com modos novos de lidar consigo e com os outros», adiantam-se, de muito perto, à nossa preocupação. Na verdade, o «ver, claramente visto» não pode ser feito senão através do «olhar», ou seja, através das muitas variantes desse olhar. E de certeza que esse olhar, ou esses olhares, neste enorme *corpus* das descrições, relatos ou narrativas de viagens tem ou têm a ver com o que os citados autores designam como «modos novos de lidar consigo e com os outros».

1. Entre esses olhares, situa-se o «ingénuo». Não será um dos modos absolutamente «novos», talvez seja o mais antigo de todos, mesmo o original, aquele que advém da surpresa do homem perante a criação, da inadiável ou inesperada confrontação com a novidade com que se não conta... Esse foi com certeza o «olhar» real de muitos dos

---

4 Porto, Campo das Letras, 1998.
5 In *Ensaios de Literatura Portuguesa*, Lisboa, Editorial Presença, 1985, pp. 36-51.
6 *Op. cit.*, p. 9.

participantes das primeiras viagens, que, sabendo ao que iam, não deixaram de ser «apanhados» pela novidade e pela diferença: aí se terão abolido todas as intenções, todos os preconceitos, toda a capacidade crítica e mesmo interpretativa. É de crer, um pouco improvavelmente, que alguns textos tenham registado esse «olhar ingénuo» na real ocasião de «ver» ou mesmo de «viver» os novos mundos.

No entanto, não sejamos ingénuos: talvez alguns dos registos que nos parecem provir do «olhar ingénuo» não sejam mais do que fingimentos literários (ou, melhor, pura ficcionalidade) para composição mais acertada e conveniente da escrita, sobretudo se se encontrarem inseridos em textos não sujeitos à referencialidade imediata, mormente nos que foram elaborados com inequívoca pretensão estética, ainda que por vezes não declarada.

E perguntar-se-á: afinal, que poderá significar o «olhar ingénuo»[7] aplicado aos textos de que agora tratamos, isto é, aos textos de «Literatura de Viagens»?

«Ingénuo» significa, segundo os melhores dicionários descritivos, «puro», «inocente», «singelo», ou, mais explicitamente «em que não há malícia», «simples», «franco». É bem verdade que, como quase todas as palavras de cariz semântico positivo, esta também pode ser invadida das mais perversas conotações: desde a mais vulgar, de «coitado», «exageradamente crédulo», e muitas vezes apontando para o facto de ser «completamente fora da realidade» ou «facilmente enganado ou enganável», até à mais concreta de, conforme Aurélio, e para o Brasil, «filho escravo nascido após a lei da emancipação».

Se ainda estivesse na moda a semiótica da última fase de A. J. Greimas, teríamos aqui campo fértil para aprofundar a definição de «ingénuo» pela aplicação de alguns dos seus instrumentos que hoje em dia se abandonaram, como por exemplo o das modalidades veridictórias, isto é, a exploração do significado do semema, com o jogo do «ser» e do «parecer», mas nunca perdendo de vista o seu sentido eti-

---

[7] No que toca a dicionários, foram consultados os mais comuns: J. Almeida Costa e A. Sampaio e Melo, *Dicionário da Língua Portuguesa*, 5.ª ed., Porto, Porto Editora, 1977; Aurélio Buarque de Holanda Ferreira, *Novo Aurélio Século XXI: o dicionário da língua portuguesa*, coord. de Margarida dos Anjos e Marina Baird Ferreira, 3.ª ed., Rio de Janeiro, Editora Nova Fronteira, 1999; José Pedro Machado, *Dicionário Etimológico da Língua Portuguesa*, 3 vols., 2.ª ed., Lisboa, Editorial Confluência - Livros Horizonte, 1967.

mológico de «nascido na terra em que vive, nascido de pais livres», ou como outro autor salienta (J. P. Machado), dizia «da pessoa que nasceu livre, e que nunca foi escravo». Tudo convém bastante ao nosso propósito: tratar-se-á, então, de um olhar, que no principal será puro, autêntico, livre, verdadeiro (conjunção do «ser» e do «parecer»), não escravo de preconceitos ou pressões anteriores. Opor-se-lhe-á o «olhar cobiçoso», o «interessado» e o «interesseiro» ou «ambicioso», e complementá-los-ão todos os que neste colóquio serão objecto de investigação, não esquecendo aquele mais exigente de quantos procuram desde o início dos descobrimentos uma visão mais aprofundada, poética ou científica, e a que Camões se referia na estrofe 17 do Canto V de *Os Lusíadas*[8]:

> Os casos vi, que os *rudos* marinheiros,
> Que *tem* por mestra a longa experiência,
> Contam por certos sempre e verdadeiros
> Julgando as cousas só *pola* aparência,
> E que os que *tem* juízos mais inteiros,
> Que só por puro engenho e por ciência
> *Vem* do mundo os segredos escondidos,
> Julgam por falsos ou mal entendidos.

Opõe-se na expressão camoniana a «visão» exigente dos «que têm juízos mais inteiros» à dos «rudos marinheiros» que sabem «julgar só pola aparência», mas que podem distinguir os «casos» por «certos sempre e verdadeiros»: e ambas as visões, com os seus respectivos olhares que as apoiam são deixadas como legítimas.

Este «olhar ingénuo» que permitirá uma parte maior do «ver, claramente visto» revela-se – por enquanto, julgamos que não muitas vezes – como suporte exclusivo ou puro da atitude quer do sujeito viajante quer dos actores da realidade vista, os quais, por sua vez, observam aquele. É evidente que assim seja: os viajantes estavam prontos a deparar-se com as novas paisagens e as novas gentes, sabiam mais ou menos ao que iam, à busca de paragens paradisíacas no Oriente (a lenda do Preste João já surtia de há muito o seu efeito), mas também contavam com os monstros e os terrores do mar e terras desconhecidos (continuavam os medos dos fins da Idade Média). Por

---

[8] Utilizámos a edição organizada por Emanuel Paulo Ramos (Luís de Camões, *Os Lusíadas*, Porto, Porto Editora, 1982).

sua vez, muitos dos habitantes do Oriente e do depois «achado» continente americano não poderiam deixar de ver os «intrusos» (entre aspas), muito brancos e barbudos, senão com uma forte ingenuidade e surpresa, não sabendo quem eles eram, donde vinham, o que pretendiam, e isto embora se saiba que mais frequentemente o olhar foi, antes, de desconfiança, de temor, de oposição.

Em qualquer um desses casos, e tendo em linha de conta os textos estudados — saliente-se que não houve tempo suficiente para uma pesquisa mais aprofundada —, interpõe-se no contacto do olhar, e como justificadora deste, na sua operação de ver, com a realidade anotada uma de três variantes semânticas: o deslumbramento, o horror e ainda a projecção da fantasia. Talvez haja outras variantes que suportam esse «olhar ingénuo»; por enquanto, estas três impuseram-se-nos, como as principais geradoras de uma atitude inesperadamente despojada no face a face com o Outro, quer da parte do observador viajante, quer do comparsa observado, e, no que toca ao primeiro, sobremaneira destituidoras de qualquer sobranceria sua, ou mesmo autoconfiança exagerada que se fundasse em qualquer superioridade étnica, social, política ou religiosa. E nunca será de mais recordar que estamos a apreciar o que, conscientemente ou não, vai resultando anotado em textos de natureza diversa, desde a mais impreparada ou cuidada referencialidade (caso do *Relato* de Álvaro Velho e da *Carta do Achamento* de Caminha) até à mais elaborada ficcionalidade (com o exemplo mais evidente da *Peregrinação* de Fernão Mendes Pinto). Mencionam-se estas obras[9], porque são elas que teremos em linha de conta neste trabalho, não em igual grau, visto que duas delas serão

---

9 Destas obras, utilizámos as seguintes edições, porque mais acessíveis neste momento a um público mais numeroso: do Relato de Álvaro Velho, «Relação da primeira viagem de Vasco da Gama» (texto modernizado por Luís de Albuquerque), in Luís de Albuquerque (dir.), *Grandes Viagens Portuguesas*, Lisboa, Publicações Alfa, 1989, pp. 9--51 (abrev.: *Rel.*); da Carta do Achamento, «Carta de Pêro Vaz de Caminha» (texto modernizado por Luís de Albuquerque), in Luís de Albuquerque, *O Reconhecimento do Brasil*, Lisboa, Publicações Alfa, 1989, pp. 9-26 (abreviatura: *Carta*); da Peregrinação de Fernão Mendes Pinto, *Peregrinação de Fernão Mendes Pinto* [...], Introdução de Aníbal Pinto de Castro, Porto, Lello, 1984 (sigla: *P-FMP*), a nossa selecção (nalguns textos) em João David Pinto-Correia, *A Peregrinação de Fernão Mendes Pinto*, apresentação crítica, selecção [...] de, 2.ª ed., Lisboa, Comunicação, 1983 (abreviatura: *P.*), ou, mais acessível ainda, Fernão Mendes Pinto, *Peregrinação* (ed. Neves Águas), 2 vols., Mem Martins, Publicações Europa-América, s.d. (2ª. ed., 1988) (abreviatura: *Per.- I e II*).

Deslumbramento, horror e fantasia 17

estudadas por outros conferencistas. É que teimamos assim em dar importância fulcral ao texto de Mendes Pinto. Não queremos também deixar de reconhecer que outros textos teriam também de ser explorados (itinerários, cartas de missionários, relatos de naufrágios).

Dir-se-á, então, que, apesar de todos os cuidados e estratégias da escrita, os textos denunciam o que talvez se quisesse evitar: narrador e agentes enunciados ficam, passe a palavra de uso mais coloquial, «desarmados», sujeitos assim a uma anotação de ausência de qualquer modalização de querer, saber ou poder perante o Outro ou o outro novo contexto.

Mas, na verdade, não há que procurar obstinadamente o registo do puro e simples «olhar ingénuo» no muito extenso capítulo da Literatura de Viagens de que estamos agora a tratar: ele corresponderia ao do homem, navegante ou marinheiro, soldado ou comerciante, que, com quase nenhuma ilustração de saber ou reduzida consciência da empresa com que se tinha comprometido (talvez apenas uma ambição aventureira ou económica), se ia confrontando com o acontecer no mar (com bonanças e tempestades) e em terra (com desconhecidas gentes, ignotas paisagens, insólitos vestuários, objectos nunca presenciados). E aqui empregar a perifrástica «ia confrontando» já é exagero: melhor seria dizer «ia presenciando o que aparecia e acontecia no mar e em terra». Impossível é ter uma ideia do modo, ingénuo com certeza na maior parte dos casos, como esse homem anónimo da tripulação olhou para ver as novas praias, as novas povoações, as novas gentes. E igualmente impossível será apreender o despojamento dos indígenas ou naturais perante a chegada dos Europeus. Apenas nos restam as suas atitudes e as suas vozes no todo colectivo testemunhado pelos escritores dos relatos, das longas narrativas como a de Mendes Pinto ou das crónicas. E talvez algum dia, de modo verosímil, numa obra inventada como novela ou romance histórico por um autor dos nossos dias.

2. Em lugar privilegiado, os narradores – consideremo-los mais perto ou mais longe da missão referencial de observadores e/ou participantes, ou os intervenientes da narrativa-descrição, individuais ou colectivos – deixam transparecer a «ingenuidade» do seu olhar através principalmente do «deslumbramento».

A novidade, a grandeza ou a beleza das paisagens e gentes parecem não poder ser avaliadas, pelo menos num primeiro momento, por qualquer outra preocupação senão a de contemplar, presenciar e anotar. É essa a intenção inicial de Caminha quando escreve «porém, tome Vossa Alteza minha ignorância por boa vontade, a qual, bem certo, creia que por afremosentar nem afear, haja aqui de pôr mais do que aquilo que vi me pareceu»[10]. A carta não era totalmente inocente na sua escrita, e incluía mesmo um pedido pessoal de Caminha para que um membro da sua família, o genro Jorge d'Osório, regressasse de São Tomé[11]. As indicações precisas de alguns dados também não eram totalmente desinteressadas. No entanto, esse era o fundo comum de todas estas mensagens que serviam um objectivo, talvez ele também muito transparente para os seus enunciadores. Uma vez aceite a atitude-base, que era a de toda uma comunidade, a anotação paciente, metódica, diarística, encontra na mão que escreve a outra preocupação: a de registar o que, o quando e o como ia acontecendo, numa disponibilidade de tudo ou quase tudo ser transmitido a concretos ou virtuais destinatários.

No seu *Relato*, Álvaro Velho começa por dizer: «Na era de 1497 mandou El-Rei D. Manuel, o primeiro deste nome em Portugal, a descobrir, quatro navios, os quais iam em busca de especiaria»[12]. Logo, começa o apontamento: «partimos do Restelo um sábado, que eram oito dias do mês de Julho da dita era de 1497, nosso caminho, que Deus Nosso Senhor deixe acabar em seu serviço. Amém»[13]. Sucessivamente, e de modo muito fiel: «Primeiramente chegámos ao sábado seguinte à vista das Canárias...», «Ao domingo seguinte, em amanhecendo, houvemos vista da Ilha do Sal...»; «andámos em calmaria até à quarta-feira seguinte», «e ao outro dia, que era quinta-feira, chegámos à ilha de Santiago, onde pousámos na Praia de Santa Maria, com muito prazer e folgar»[14].

Nestes como noutros textos, não notamos a interferência de qualquer observação que não seja a de puro registo, importante talvez para efeitos posteriores. A precisão do tempo e do lugar completa-se pouco a pouco com o que a armada ia encontrando: «E em vinte e dois do

---

10 *Carta*, p. 9.
11 *Id.*, p. 26.
12 *Rel.*, p. 9.
13 *Ibid.*
14 As últimas citações encontram-se *ibid.* (na mesma página 9).

dito mês, indo na volta do mar ao sul quarta do sudoeste, achámos muitas aves, feitas como garções, e, quando veio a noite, tiravam contra o sussueste muito rijas aves que iam para terra; e neste mesmo dia vimos uma baleia, e isto bem oitocentas léguas em mar»[15].

A 27 de Outubro, vêem baleias «e umas que se chamam focas, e lobos marinhos», e, mais tarde: «Uma quarta-feira, primeiro dia do mês de Novembro, que foi dia de Todos-os-Santos, achámos muitos sinais de terra, os quais eram uns golfões que nascem no longo da costa»[16].

O visto reclama o calmo olhar do encarregado do registo escrito, assumido sempre colectivamente... A descrição como primeira operação etnográfica constitui, nestes escritos, a intensa actividade pertinente, que pouco a pouco se vai complexificando, numa procura de correlacionação de dados, e ao mesmo tempo de comparação, para que o descrito se torne mais compreensível e aceite pelo destinatário: «Nesta terra há homens baços, que não comem senão lobos marinhos e baleias, e carne de gazelas, e raízes de ervas; e andam cobertos com peles e trazem umas bainhas em suas naturas. E as suas armas são uns cornos tostados, metidos em umas varas de zambujo; e tem muitos cães, como os de Portugal, assim mesmo ladram. As aves desta terra são mesmo com as de Portugal; corvos marinhos, gaivotas, rôlas, cotovias e outras muitas aves. E a terra é muito sadia e temperada e de boas ervas»[17].

Informações interessadas para actuação e propósitos futuros? Sem dúvida. Mas o olhar primeiro é também límpido, apenas descritivo e, dispensando marcas de entusiasmo, igualmente deslumbrado.

Voltando à *Carta do Achamento*: Caminha testemunha[18] a partida numa segunda-feira, 9 de Março, e, tal como no texto anterior, anota a passagem pelas Canárias, no dia 14; e, depois, no dia 22, ilhas de Cabo Verde, mais concretamente a ilha de São Nicolau, segundo Pêro Escobar. «E assim seguimos nosso caminho por este mar de longo»... Os sinais de terra acumulam-se: primeiro, a «muita quantidade de ervas compridas, a que os mareantes chamam botelho e assim outras,

---

15 *Rel.*, pp. 9-10.
16 *Ibid.*, p. 10.
17 *Ibid.*
18 Para as citações deste parágrafo, *ibid.*, pp. 9-10.

a que também chamam rabo de asno»; depois, encontram aves («topámos aves, a que chamam fura-buchos»), para, no mesmo dia, quarta-feira, 22 de Abril, terem «vista de terra», e por ordem, salienta-se «primeiramente [vista] de um grande monte, mui alto e redondo, e de outras serras mais baixas a sul dele e de terra chã com grandes arvoredos, ao qual monte alto o capitão pôs o nome Pascoal e à terra a terra de Vera Cruz». Após a medida da profundidade, 25 braças, e, ao encontrarem-se a 6 léguas de terra, ancoraram em 19 braças, «ancoragem limpa», permanecendo aí «toda a noute», para, na manhã de 23 de Abril, já se fazer o relato mais em pormenor da preparação técnica, exacta, das operações de chegada: «pela manhã, fizemos vela e seguimos direitos à terra e os navios pequenos diante, indo por dezassete, dezasseis, quinze, catorze, treze, doze, dez e nove braças até meia légua de terra, onde todos lançámos âncoras em direito da boca dum rio. E chegaríamos a esta ancoragem às 10 horas, pouco mais ou menos».

Acerca destes «sinais de terra», Luciana Stegagno-Picchio, num estudo exemplar que lhes dedicou, é da opinião que eles constituem um «*topos* literário» da nossa Literatura de Viagens: «Os sinais que o cronista de viagens refere são sempre os sinais a que o homem se pode agarrar para se confrontar com o desconhecido: a erva verdíssima, emanação e símbolo primeiro da terra, as aves, cuja sede permanente, como a do homem, é a terra, certos peixes que o homem vindo do mar conhece, pois já os encontrou perto das margens do mar da sua terra, peixes domésticos se pode dizer, o vento de terra, sinal da proximidade de uma terra firme que, para maior segurança e estabilidade, se anuncia normalmente com um alto monte»[19]. Estamos em crer que há razão em considerar toda esta matéria como um *topos*, mas só no que respeita à exigência de serem mencionadas as categorias desses elementos, logo preenchidas e concretizadas para as circunstâncias de cada viagem e de cada escrito.

Após estes «sinais», e já muito perto do seu destino, o olhar primeiro fixa-se nos homens que encontram[20]: «e dali houvemos vista de homens, que andavam pela praia, obra de sete ou oito, segundo os

---

19 Luciana Stegagno-Picchio, *Mar Aberto: Viagens dos Portugueses*, Lisboa, Editorial Caminho, 1999, p. 22.
20 Os passos seguintes encontram-se em *Carta*, p. 10.

navios pequenos disseram, por chegarem primeiro». Depois, serão «quando dois, quando três» que acodem pela praia, para, depois, se apresentar o cômputo: «eram ali dezoito ou vinte homens, pardos, todos nus, sem nenhuma cousa que lhes cobrisse suas vergonhas», informação primeira, sintética, a que se junta outra: «traziam arcos nas mãos e suas setas».

Após as primeiras trocas, e prosseguindo nos necessários apontamentos do cenário (ventos e chuvaceiros, «um recife com um porto dentro, muito bom e muito seguro, com uma mui larga entrada»), o contacto com os naturais torna-se mais próximo, quando «dous daqueles homens da terra, mancebos e de bons corpos» são trazidos à presença do capitão, «onde foram recebidos com muito prazer e festa»[21]. Aqui se demora a descrição com evidente deleite, acompanhada de apreciações positivas: «A feição deles é serem pardos, maneira de avermelhados, de bons rostos e bons narizes, bem feitos. Andam nus, sem nenhuma cobertura, nem estimam nenhuma coisa cobrir nem mostrar suas vergonhas. E estão acerca disso com tanta inocência como estão em mostrar o rosto».

O recurso à negativa – «nem estimam nenhuma cousa» ou «lhes não dá paixão nem lhes estorva a fala» – reforça o registo do «olhar ingénuo» por parte do observador. Quando se fala do osso que fura os lábios dos índios, pormenoriza-se: «Metem-no pela parte de dentro do beiço e o que lhe fica entre o beiço e os dentes é feito como roque de xadrez; e em tal maneira o trazem ali encaixado, que lhes não dá paixão nem lhes estorva a fala, nem comer, nem beber». O olhar dos observados em relação aos recém-chegados portugueses é-nos implicitamente sugerido, ao acorrerem muito espontaneamente, ao disporem-se ao contacto e às trocas de objectos, mas sobretudo, pelo menos por parte do sujeito que escreve, ao exporem-se tal como se encontravam, na sua nudez sem vergonha.

Ao iniciar a sua *Peregrinação*, Mendes Pinto distancia-se de Álvaro Velho e de Vaz de Caminha na atitude dominante e nas técnicas discursivas. Outra coisa não era de esperar: a mensagem era de diversa natureza, a própria enunciação da escrita realizava-se em tempos diferentes, quer no que respeita à época em que se concretizava (1537--58), quer no concernente ao próprio momento da produção do

21 Para os passos citados, *ibid.*, p. 11.

registo, muito distanciado da própria viagem. No entanto, ao longo dos muitos capítulos da obra, o «pobre de mim» não andará longe dos seus companheiros de escrita, deixando, em muitas ocorrências, as marcas do mesmo «olhar», se bem que sempre com a possibilidade de ser caracterizado pela ficcionalidade.

O enunciado da *Peregrinação* começa, na verdade, com sequências preliminares que devem merecer-nos atenção. A primeira, admirável de síntese de experiência e filosofia da vida, que alude aos «trabalhos e infortúnios» passados, mas também à protecção de Deus, desdobra-se sob a estratégia do «olhar» e do «ver»[22]: «Quando às vezes ponho diante dos olhos os muitos e grandes trabalhos e infortúnios que por mim passaram...» e, depois, «Mas, por outro lado, quando vejo que do meio de todos estes perigos e trabalhos me quis Deus tirar sempre em salvo e pôr-me em segurança...». É como se o autor-narrador convocasse desde o primeiro gesto da pena com que escreve a visão de todos os episódios da sua vida, logo qualificados como disfóricos, mas também de todas as intervenções de Deus na sua salvação. Quanto aos primeiros, a grande ingenuidade começa por ser confessar que eles não foram propriamente procurados, eles aconteceram, eles é que procuraram o sujeito como objecto de programa («os muitos e grandes trabalhos e infortúnios que por mim passaram»): há nesta expressão o implícito reconhecimento de que, apesar de tudo, as infelicidades passaram a seu lado, sabendo agora que tinha razão, porque verifica que era também objecto da protecção de Deus. E esta confissão será talvez para alguns dos seus leitores outra face não menos ingénua do «pobre de mim».

O comentário-exposição dá lugar às muito sucintas notas narrativas que precedem a partida para o Oriente[23]: «E tomando por princípio desta minha peregrinação o que passei neste reino, digo que...» Enumeram-se muito rapidamente episódios, que já prenunciam outros, relatados mais adiante, nos quais o sujeito-narrador se apresenta totalmente indefeso, instado a nem julgar a situação por que passa, e tomado inesperadamente de pânico, e ainda para mais concordando em ingenuamente registar os melindrosos momentos da sua vida: «E indo eu assim tão desatinado com o grande medo que levava, que não sabia por onde ia, como quem vira a morte diante dos olhos e a cada

---

22 P., pp. 115-16.
23 P., p. 117.

passo cuidava que a tinha comigo»[24]. A este «olhar ingénuo» sobredeterminado tematicamente pelo medo e até pelo horror, voltaremos a referir-nos mais adiante. Por enquanto, interessa continuar com a sobredeterminação pela calma transparência da constatação calma, e principalmente a subitamente deslumbrada.

No longo itinerário de vinte e um anos por muitas terras do longínquo Oriente, desde o dia 11 de Março de 1537, muitas foram as ocasiões de calma anotação das paisagens e dos representantes humanos do Outro. Após a notícia da armada em que seguia, e só referindo como etapa principal da viagem a passagem por Moçambique, o narrador só vai preocupar-se com fornecer maior número de pormenores a partir da chegada a Diu. Assumidas muito sinceramente as razões[25] do empreendimento da partida para o Oriente («E porque a moradia que então era costume dar-se nas casas dos príncipes me não bastava para minha sustentação, determinei embarcar-me para a Índia...» ou «sair eu dela muito rico, que era o que eu então mais pretendia que tudo»), o autor-narrador confessa como foi ingénuo quando começou as suas deambulações: «Confiado eu nesta promessa, e enganado com esta esperança»[26].

E o primeiro episódio é narrado sob o signo da boa-fé. Perto de Maçuá, encontram uma vela, o que leva Mendes Pinto a escrever[27]: «E querendo nós, por via de boa amizade, haver fala do capitão dela...», o que não conseguem. Por isso, e perante a recepção agressiva, aprecia o narrador: «Com a primeira vista destas suas fanfarronices, ficámos nós algum tanto embaraçados».

A partir do capítulo IV, a constatação do cenário e da sua novidade logo se instala no texto, ora muito brevemente, ora com desenvolvimentos entusiasmados do que se ia desenrolando à frente dos olhos vindos de outras paragens: «E continuando daqui, por nossas jornadas de cinco léguas por dia, por campinas de trigo muito grandes e muito fermosas, chegámos a uma serra que se dizia Vangaleu, povoada de judeus, gente branca e bem proporcionada mas muito pobre, segundo o que nos pareceu dela»[28].

---

24 *P.*, p. 118.
25 *P.*, p. 120.
26 *Per. - I*, p. 24.
27 *Per. - I*, p. 25.
28 *Per. - I*, p. 28.

Mendes Pinto vai habituar-nos à exaltação do olhar pelas extensas paisagens orientais: não era de admirar que, perante episódios e cenários tão diferentes e, muitas vezes, tão grandiosos, o narrador viesse a sentir-se como «o pobre de mim».

E este aspecto merece um parêntese muito especial. Assim, retirando toda e qualquer conotação negativa a esta expressão, isto é, a que frequentemente se lhe atribui (o «coitado», numa piedosa autocomiseração, mesmo o «miserável»), julgamos que ela é, sim, bem representativa do «sentimento de pequenez» perante a realidade englobante, e sobretudo se identifica com o modo como ele se olhava a si próprio: um misto de consciência de indignidade de condição, de inocência e pureza elementares, e de, apesar de tudo, prontidão, disponibilidade total em enfrentar o que viesse a suceder. Esse primeiro «olhar», em relação a si mesmo, torna-se fundador no que há-de ser dito, realça o que de objectivo será depois observado e influencia o próprio olhar do destinatário-leitor. Esse «eu» não se coíbe em manifestar-se completamente desamparado: «Ficando eu (como já disse) tão pasmado e tão fora de mim, que nem falar nem chorar pude por espaço de mais de três horas...»[29].

São bem conhecidas as introduções de Mendes Pinto às suas deslocações orientais, sobretudo as fluviais e marítimas[30]: «Indo nós por este rio acima espaço de sete ou oito léguas, chegámos...» e «Velejando nós pelo rio acima com vento e maré que Nosso Senhor então nos deu, em menos de ua hora chegámos onde os inimigos estavam...». «Por este rio acima» ou «por este rio abaixo», mas também «Continuando nosso caminho a remo e a vela com a proa a diversos rumos...». Empregam-se as formas verbais *chegámos* ou mais frequentemente *vimos*, e logo surge a anotação descritiva breve ou o longo desenvolvimento narrativo do que pretende reter na memória de viajante e protagonista.

Em *Peregrinação* – que, como sublinha Maria Alzira Seixo, constitui «espaço discursivo de recolha de protocolos de visão anteriores e dele condicionadores, mas que simultaneamente propõe e desenvolve uma apreensão da circunstância efectiva em termos de captação da sua

---

29 Trata-se do início do capítulo XXIV.
30 Entre os exemplos possíveis, os que aqui apresentamos contemplam os começos dos capítulos XV, LIX e LXXIII.

novidade, da sua diferença e do seu insólito»[31] – encontramos muitos passos significativos para a ilustração do deslumbramento: não que este seja sempre peremptoriamente confessado. Tal como a beleza e a nudez índias fascinaram Caminha, e ele não o disse claramente, apenas o sugere, a mensagem de Mendes Pinto também capta ora discreta, ora sensacionalistamente, por meios adequados, retórico-poéticos e estilísticos, os momentos maiores do encontro com as novas terras. Mendes Pinto não se deixou muito fascinar com a figura humana, dela realçando apenas o aspecto muito geral, o vestuário ou os adereços. Surpreendeu-o, sim, o espaço, e sobretudo o completamente diverso do seu ou nosso, de modo especial o grandioso e o colorido. O «pobre de mim» de certeza ingenuamente olhou, com especial espanto, a Muralha da China, o pagode de Tinagogó ou os ídolos como a Serpe Tragadora da Côncava Casa do Fumo, as ruas e monumentos de Nanquim e Pequim, e ainda esse lugar ímpar na literatura portuguesa e ocidental que dá pelo nome de «ilha de Calemplui», ainda não identificado na toponímia moderna. Perante todos esses lugares, o espanto e o deslumbramento sobredeterminam, de facto, o «olhar ingénuo», ingénuo porque, ao que tudo indica, não preparado para tamanhas surpresas.

Apreciemos a apresentação de Calemplui.

A terra ou a ilha não se vai lentamente descortinando; antes aparece de súbito, se bem que, entre o primeiro contacto e a descrição mais pormenorizada, se comunique o alvoroço de António de Faria, que, observa o autor, «rodeando-a toda [à ilha], a viu bem à sua vontade, e notou particularmente nela tudo o que a vista podia alcançar»[32]. Diríamos mesmo que, neste passo, há diferenças de olhar: o de António de Faria, cobiçoso e logo motivado para o que depois virá a executar, e o do narrador que integra o *nós* colectivo dos portugueses, surpreendidos, verdadeiramente deslumbrados pela majestade, beleza e, depois, espiritualidade do espaço. E as palavras do início do capítulo 75 são as seguintes: «Dobrada, como tenho dito, esta ponta de Guinaitarão, descobrimos adiante, obra de duas léguas, ũa terra rasa, a modo de lizira, situada no meio do rio, a qual, segundo as

---

31 Maria Alzira Seixo, «Rotas semânticas e narrativas da *Peregrinação*», in Maria Alzira Seixo e Christine Zurbach (org.), *op. cit.*, p. 191.
32 *P.*, p. 157.

mostras de fora, podia ser de pouco mais de ũa légua em roda»[33]. Mais adiante fica a descrição muito precisa, mesmo em termos de medidas e materiais, mas evidentemente conduzida por uma forte presença do mistério e de uma discreta insinuação de mítico (de notar o recurso à inversão inicial da expressão do descritivo): «Era esta ilha toda fechada em roda com um terrapleno de cantaria de jaspe de vinte e seis palmos em alto, feito de lágeas tão primas e bem assentadas que todo o muro parecia ũa só peça, cousa de que todos se espantaram muito [de realçar a mudança de um *nós* para uma terceira pessoa, *todos eles*], porque até então não tinham visto em nenhua parte, nem da Índia, nem de fora dela, cousa que se parecesse com aquela. Este muro vinha criado de todo o fundo do rio até chegar a cima à água em altura de outros vinte e seis palmos, de maneira que a sua altura era de cinquenta e dous palmos, e, em cima, no andar de terrapleno em que o muro acabava a sua altura, tinha ũa borda da mesma cantaria roliça como cordão de frade, da grossura de um barril de quatro almudas que a cingia toda em roda, sobre a qual iam assentadas ũas grades de latão feitas ao torno, que por quartéis de seis em seis braças fechavam nuns balaustes do mesmo latão, em cada um dos quais estava um ídolo de mulher com ũa bola redonda nas mãos, que, por então, se não pôde entender o que isto significava»[34].

3. Também o medo e o horror provocados pelas catástrofes, pelas tempestades, pelas guerras, pelas várias formas de violência paralisam o olhar do viajante, que retoma a sua ingenuidade de espectador que tudo tem de aceitar, que nada pode fazer para alterar o sentido dos acontecimentos, e ao qual, se se propôs a transmissão por escrito, resta tudo registar quer ao vivo na ocasião ou muito próximo da ocorrência, quer posteriormente no calmo exercício da reconstituição do vivido por si mesmo ou do relatado por outrem.

Muitos são os perigos e as ameaças, as situações extremas, transmitidas pela Literatura de Viagens, tendo-se a algumas delas consagrado um grande conjunto de relatos, os ditos relatos de naufrágios. Essas são as desgraças do mar, desde há muito povoado de tormentas e monstros. A maior parte dos naufrágios deve-se a tempestades, os res-

---

[33] P., pp. 156-157.
[34] P., pp. 157-158.

tantes são causados por ataques de inimigos. Em qualquer das circunstâncias, os viajantes impotentes perante a adversidade sofrem a inevitabilidade das consequências e a transmissão desses momentos, se bem que, como demonstrou Giulia Lanciani[35], também obedecesse a uma matriz narrativa, assume a derrota, o sofrimento, muitas vezes a morte, não se dissimula, e funda-se na atitude de tudo aceitar com o olhar resignado e transparente de homens cristãos. Às passagens exemplares destes textos não consagraremos espaço, porquanto são de todas bem conhecidas. Apenas chamamos a atenção para o tratamento que lhes concede Mendes Pinto.

Em *Peregrinação*, encontramos referidos pelo menos onze naufrágios[36], nos quais, pelo menos em nove, o narrador terá sido uma das personagens envolvidas (dos demais, um é contado por Fernão Gil Porcalho, e outro, de António de Faria, é apenas noticiado ou testemunhado). A nossa contagem diverge da de Alfredo Margarido[37], que apenas aponta nove, o que considera já um número muito elevado, «quer dizer, escreve, nada menos de 2/3 dos naufrágios editados por Bernardo Gomes de Brito». O primeiro a ser relatado, anterior à partida de Portugal, no capítulo II, ocorrido «tanto avante como Sesimbra», merece a conclusão de os sobreviventes se encontrarem «nus e descalços» na praia de Melides[38], entre os quais se encontrava o «pobre de mim»... É esta a primeira ocorrência da expressão qualificadora do «eu» narrador da obra. Nos outros, impressiona a cumplicidade colectiva na provação e na desgraça, expressa por uma primeira pessoa do plural.

No naufrágio acontecido à saída da ilha de Samatra (cap. XXII), assim se observa: «e sendo já passado pouco mais de meio quarto da prima nos deu ũa trovoada de Noroeste (que são os temporais que comummente a mor parte do ano cursam nesta ilha Çamatra) que de

---

35 Cfr. Giulia Lanciani, *Os Relatos de Naufrágios na Literatura Portuguesa dos Séculos XVI e XVII*, Lisboa, Biblioteca Breve, ICALP, 1979; id., *Sucessos e Naufrágios nas Naus Portuguesas*, Lisboa, Editorial Caminho, 1997.
36 João David Pinto-Correia, «Os naufrágios na Literatura Portuguesa. Propostas para um estudo», in Maria da Graça Ventura (org.), *As Rotas Oceânicas (Sécs. XV-XVII)*, Lisboa, Edições Colibri, 1999, pp. 221-37.
37 Alfredo Margarido, «Os relatos de naufrágios na *Peregrinação* de Fernão Mendes Pinto», in *Estudos Portugueses. Homenagem a Luciana Stegagno-Picchio*, Lisboa, Difel, 1991, pp. 987-1023.
38 *P.*, pp. 119-20.

todo nos teve sossobrados, e ficando a lânchara a árvore seca, sem masto, nem velas, porque tudo o vento nos fez em pedaços, e com três rombos por junto da quilha, nos fomos logo a pique supitamente ao fundo, sem podermos salvar cousa nenhũa, e muitos poucos as vidas, porque de vinte e oito pessoas que nela íamos, as vinte e três se afogaram em menos de um credo, e os cinco que escapámos somente pela misericórdia de Nosso Senhor, e assaz feridos, passámos o mais que restava da noite postos sobre os penedos, lamentando com bem de lágrimas o triste sucesso da nossa perdição...»[39].

No naufrágio junto da Ilha dos Ladrões (cap. LIII)[40], também assistimos à mesma entrada dramática do agente natural: «veio um tempo tão tempestuoso de chuvas e ventos, que não se julgou por cousa natural», à tempestade e aos estragos que são minuciosamente descritos, a que, numa forte antítese, se segue, como conclusão, a submissão e o conformismo, a ingénua aceitação de um poder e desígnio superior: «não havia cousa que bastassse a nos dar remédio, senão só a misericórdia de Nosso Senhor, por quem todos, com grandes gritos e muitas lágrimas, continuamente chamávamos, mas como, por nossos pecados, não éramos merecedores de nos ele fazer esta mercê, ordenou a sua divina justiça que, sendo já passada as duas horas despois da meia-noite, nos deu um pegão de vento tão rijo que todas as quatro embarcações, assim como estavam, vieram à costa e se fizeram em pedaços, onde morreram quinhentas e oitenta e seis pessoas, em que entraram vinte e oito portugueses, e os mais que nos salvámos pela misericórdia de Nosso Senhor (que ao todo fomos cinquenta e três, de que os vinte e dous foram portugueses, e os mais escravos e marinheiros) nos fomos assim nus e feridos meter num charco de água, no qual estivemos até pela manhã...»[41].

O horror destes episódios narrados em *Peregrinação* atinge o seu auge no passo do capítulo CLXXIX, que se reporta ao naufrágio acontecido perto de Pulo Condor[42]. Após o encalhe da embarcação em que segue o narrador, os portugueses aproveitam a jangada feita pelos chineses sobreviventes: «sobre quatro pedaços de pau atados com duas cordas, nos matámos todos uns aos outros tanto sem piedade,

---

39 *P.*, pp. 137-38.
40 *Per. - I*, pp. 151-55.
41 *Per. - I*, p. 153.
42 *Per. - II*, pp. 192-93.

Deslumbramento, horror e fantasia

como se fôramos inimigos mortais ou outra cousa ainda pior, mas também parece que em parte nos desculpa ser a necessidade tamanha que nos forçou a fazermos tamanho desatino». E, no capítulo seguinte, o Narrador, como se não pudesse fugir a completar o sucedido, muito de passagem escreve[43]: «Desta maneira navegámos quatro dias, sem em todos eles comermos cousa alguma, e quando veio o quinto, pela manhã, forçou-nos a necessidade a comermos de um cafre que nos morreu, com o qual nos sustentámos mais cinco dias, que eram nove a nossa viagem, e em outros quatro dias que nos durou inda mais este trabalho não comemos outra cousa senão os limos que achámos na babugem da água, porque determinámos de nos deixarmos antes morrer que comermos de nenhum português, de quatro que nos morreram». Não queremos interpretar este passo à luz do «olhar ingénuo» referencial, mas talvez não seja destituído de razão avançarmos para uma opinião cautelosa: a de que o registo desse episódio na obra muito tem a ver com uma implícita concepção de transparência, não muito distante da nossa procurada ingenuidade.

A *Peregrinação* constitui, por outro lado, repositório imenso de sensacionais descrições e sequências narrativas: o olhar atento e interessado no invulgar, no prodigioso e no espectacular, pode parecer-nos conter mais perversidade do que propriamente ingenuidade. Mas como saber onde se situa a fronteira entre uma e outra? Ou não será a própria atitude ingénua uma das formas mais oportunas para que o perverso possa invadir os textos?

O horror que amedronta e paralisa tece-se de outras cenas, de outros episódios, obrigando a um olhar de completa estupefacção: são as cenas violentas de combates, de pirataria, de traições, de assaltos a cidades, a fortalezas; são os suicídios colectivos (cap. CLX), os assassínios (cap. CLXXXII), as execuções em massa (caps. CLI e CLV) de inocentes ou de indefesos, as manifestações gigantescas (por exemplo a das mulheres, cap. CXLI). E, perante tudo isso, o narrador e as personagens «pasmam», as «lágrimas» correm abundantemente, e «as carnes tremem».

Duas passagens apenas para comprovação. A primeira apresenta-nos um movimentado e colorido combate: «e chegando os inimigos uns aos outros, se travou entre todos uma tão cruel e tão áspera briga,

[43] *Per. - II*, pp. 194-95.

que, em pouco espaço, o ar se viu arder todo em fogo, e a terra banhada em sangue, e ajuntando-se a isto o resplandor das espadas, e dos ferros das lanças que, por entre as labaredas, de quando em quando reluziam, faziam um tão medonho espectáculo, que nós os portugueses andávamos como pasmados» (cap. CLIV)[44]. A segunda diz respeito aos sacrifícios dos suicidas na festa Xipatilau (cap. CLX): «Indo assi toda esta turbamulta de charolas e carros, com espantosos roídos de tangeres e gritas, e outras muitas diferenças de cousas, saíam de certas casas de madeira que em partes estavam já feitas para isso, seis, sete, oito, dez homens envoltos em muitos cheiros, e encachados com patolas de seda, e suas manilhas d'ouro nos braços, aos quais toda a gente se afastava e dava lugar, e fazendo estes por alguas vezes çumbaias ao ídolo que ia em cima no carro, se arremessavam de bruços no chão, e, passando as rodas por cima deles, os cortavam em dous pedaços, a que toda a gente com ũa grande grita dizia: "pachilo a furão", que quer dizer "a minha alma com a tua"»[45].

4. O «olhar ingénuo» também pode registar de modo consciente ou não o que foi o exercício da fantasia, e, daí, a adopção de estratégias, como a comparação com o já conhecido ou a evidente procura de anteriores propostas de representação literária.

Neste ponto, consideraremos três casos, que se nos revelam como mais importantes. Em primeiro lugar, o reconhecimento imediato de uma primeira fantasia, aqui primeiro engano, logo corrigida pela versão correcta: o que se julgou ver no primeiro olhar é, depois, alterado pela verificação da realidade confirmada. Pensamos no que Diogo Gomes declara, em 1456, ao infante D. Henrique, em Lagos: «E tomámos terra, onde próximo da praia há muitas palmeiras, que tinham os ramos quebrados e eram de grande altura, de sorte que ao longe julgávamos mastros ou varas dos negros e fomos ali, e achámos uma terra cheia de pastagens». Destas ocorrências não trataremos desenvolvidamente nesta exposição.

Em segundo lugar, o que é visto pode apresentar-se com características que são familiares ao observador: então, temos o exercício da comparação com paisagens, animais ou objectos já conhecidos, aquilo

[44] *P.*, p. 206.
[45] *P.*, p. 208.

que Raimondo Cardona designou «homologação do novo»[46]. É óbvio que o olhar não fantasia o visto do mesmo modo que nos outros conjuntos de ocorrências a que nos referimos, mas antes trata-se de uma ajuda ao destinatário na operação de se representar e visualizar a realidade nova, que assim, afinal, não será tão nova como poderia parecer ou, melhor, o que se pretende comunicar vai assentar numa correlação com conhecimentos anteriores do narrador e do destinatário.

Álvaro Velho tem essa preocupação quando repetidamente estabelece comparações do que vai encontrando com o homólogo já conhecido[47]: «e tem muitos cães, como os de Portugal, assim mesmo ladram», e continua: «As aves desta terra são mesmo como as de Portugal: corvos marinhos, gaivotas, rolas, cotovias e outras muitas aves»; ou «ali resgatámos um boi negro por três manilhas, o qual jantámos ao domingo; e era muito gordo, e a carne dele era saborosa como a de Portugal»; ou «e ali lhes mandou papas de milho, que há muito naquela terra, e uma galinha como as de Portugal». Também os espaços merecem a mesma referenciação: «Esta vila de Melinde está em uma angra e está assentada ao longo de uma praia, a qual vila quer parecer com Alcochete».

Caminha também utiliza o mesmo processo[48]: «Disse que não vira entre eles senão umas choupaninhas de rama verde e de fetos muito grandes, como as de Entre-Douro-e-Minho»; esta região portuguesa é mais adiante citada para fazer imaginar os «bons ares» do Brasil: «a terra em si é de muito bons ares, assim frios e temperados como os de Entre-Douro-e-Minho, porque neste tempo de agora os achávamos como os de lá».

Igualmente Mendes Pinto vai reconhecer o novo por comparação com o já conhecido[49]. Assinalaremos alguns passos: «aos quais se davam duas caixas, que eram três reis da nossa moeda» (cap. CIX); «Das portas para fora de toda esta casa (que seria quasi do tamanho da igreja de São Domingos de Lisboa)» (cap. LXXXIX); ou «andam pelas

---

46 Cfr. Giorgio Raimondo Cardona, «I viaggi e le scoperte», in Alberto Asor Rosa (dir.), *Letteratura Italiana*, vol. V: *Le questioni*, Turim, Giulio Einaudi editore, 1986, pp. 687-716 (sobretudo 706-7).
47 *Rel.*, p. 10, 13, 16, 27-28.
48 *Carta*, pp. 19, 25.
49 *Per. - I*, pp. 318, 251, 280, 316 (correspondentes em *P-FMP*, pp. 293, 251, 226, 291--92).

ruas tangendo em ũas taboinhas como quem pede para São Lázaro» (cap. xcviii); e ainda: «Das principais duas povoações destas atravessam duas ruas de mais de tiro de falcão cada ũa, que chegam até os aposentos do Chaém, todas com arcos de pedraria cobertos por cima como os do esprital de Lisboa» (cap. cviii).

No entanto, mais pertinente e enigmático será o terceiro caso: o que é visto torna-se tão estranho ao olhar do observador que nem parece deslumbrar-se nem tem qualquer hipótese de proceder à comparação com qualquer realidade conhecida. Submete-se, então, ao despertar de mecanismos intertextuais, os quais possibilitam a projecção de uma construção fantasiosa, feita talvez de fragmentos retidos de leituras ou derivas imaginárias sobre o efectivamente visto. Para nós, a ocorrência mais representativa é, sem dúvida, a que encontramos em no capítulo xiv de *Peregrinação*, mais concretamente no trajecto pelo rio Guateangim[50]. Aí, testemunha-se a presença de répteis e animais muito estranhos: primeiro, vão «vendo por entre o arvoredo do mato muito grande quantidade de cobras, e de bichos de tão admiráveis grandezas e feições, que é muito para se arrecear com tal, ao menos a gente que vio pouco do mundo, porque esta como vio pouco também costuma a dar pouco crédito ao muito que outros viram». Assim preparado o destinatário, comunica-se a estranheza de toda aquela fauna. Em primeiro lugar, dá-se notícia de uma espécie de «lagartos»: «Em todo este rio, que não era muito largo, havia muita quantidade de lagartos, aos quais com mais próprio nome poderia chamar serpentes, por serem alguns do tamanho de ũa boa almadia, conchados por cima do lombo, com bocas de mais de dous palmos, e tão soltos, e muitas vezes arremetiam a uma almadia quando não levava mais que três, quatro negros, e assossobravam c'o rabo, e um e um os comiam a todos, e sem os espedaçarem os engoliam inteiros».

Logo de seguida, a estranheza intensifica-se: «Vimos aqui também ũa muito nova maneira, e estranha feição de bichos, a que os naturais chamam caquesseitão do tamanho de ũa grande pata, muito prestos, conchados pelas costas, com ũa ordem de espinhos pelo fio do lombo do comprimento de ũa pena de escrever, e com asas de feição das de morcego, c'o pescoço de cobra, e ua unha a modo de esporão de galo na testa, c'o rabo muito comprido pintado de verde e preto, como são

---

50 Os passos referidos encontram-se em *P.*, pp. 135-36.

os lagartos desta terra. Estes bichos de voo, a modo de salto, caçam os bugios, e bichos por cima das árvores, dos quais se mantêm».

E mais duas espécies de bichos são citadas, cada uma delas introduzida pelo anafórico *vimos*: «Vimos também aqui grande soma de cobras de capelo, da grossura da coxa de um homem, e tão peçonhentas em tanto extremos, que diziam os negros que se chegavam com a baba da boca a qualquer cousa viva, logo em proviso caía morta em terra...»; e ainda: «Vimos mais outras cobras que não são de capelo, nem tão peçonhentas como estas, mas muito mais compridas e grossas, e com as cabeças do tamanho de ũa vitela...». E omitimos o resto para não sobrecarregar esta exposição com demasiadas citações.

Julgamos, como leitores modernos, que Mendes Pinto não terá visto realmente o que minuciosamente descreve. Perante a realidade presenciada, o seu testemunho acrescenta com certeza pormenores de proveniência diversa. E estamos em crer que alguns não menos decisivos constituíram projecção de restos do imaginário, medieval principalmente (e, neste caso, de modo muito concreto, do tão influente bestiário), quer nos répteis realmente vistos, quer, de modo muito mais elaborado, na sua transposição para a escrita.

E concluímos. Na Literatura de Viagens portuguesa (a que mais se reporta à Expansão), o olhar viajante começou muito possivelmente, ou mesmo com toda a certeza, pela disponibilidade total para a contemplação ou o esquadrinhamento dos novos espaços (mar, rios, terra, florestas, cidades). Era o olhar limpo, transparente, puro, ingénuo a dirigir-se para as novas fronteiras do conhecido, a cobri-las ou a realçá-las, tal como elas eram, ou tal como puderam ser apreendidas nesse total desprendimento de apenas ver, documentar, registar.

Essa era apenas a primeira das modalidades. Porque também foi possível, como os textos o testemunham, essa mesma natureza de olhar, mas provocada por sobredeterminações temáticas que irromperam ou se interpuseram no contacto do homem cristão, ocidental, descobridor ou marinheiro, capitão ou escrivão de bordo, comerciante ou pirata, sacerdote ou diplomata, com o Diferente ou o Outro: e aí ver significava a operação que se seguia a olhar ingenuamente, mas sob a forte intensidade do deslumbramento, do horror ou da emergência da fantasia.

O fascínio do diferente nos relatos de viagens pelo Oriente

Horácio Peixoto de Araújo

Para levar a efeito uma reflexão concreta e fundamentada sobre o olhar do viajante, pareceu-nos imprescindível, antes do mais, proceder à identificação e delimitação dum *corpus* textual preciso que constituísse simultaneamente o ponto de partida e a referência recorrente dessa reflexão. Assim, entre os numerosos relatos de viagens de portugueses pelo Oriente a que temos prestado alguma atenção no decurso dos últimos anos, decidimos seleccionar três narrativas, todas elas referentes a viagens realizadas entre o início do último quartel do século XVI e o final do primeiro quartel do século XVIII, a saber: o relato da viagem de António de Almeida pelo interior da China, em 1585; o relato da viagem de Bento de Góis através da Ásia Central, em demanda do Reino do Cataio e do Preste João, realizada entre 1603 e 1605; e, finalmente, o relato da primeira viagem de António de Andrade ao Tibete, em 1624.

Numa primeira abordagem deste *corpus*, a conclusão que de imediato se impõe é a de que demonstrará não pequena dose de ingenuidade quem pretender falar do «olhar ingénuo» destes viajantes. Com efeito, no que toca às viagens propriamente ditas, qualquer delas é realizada com objectivos previamente definidos e bem precisos, o que, à partida, representava já uma forte condicionante do «olhar». Além disso, todos os seus protagonistas são missionários jesuítas, estatuto já então pouco condescendente com a ingenuidade. A prová-lo está o facto de todos viajarem disfarçados, usando trajos regionais e outros adereços propositadamente escolhidos para encobrirem a sua verdadeira identidade. António de Almeida e o seu confrade italiano Michele Ruggieri avançaram pela China adentro envergando túnicas de monges budistas[1], e Bento de Góis percorreu diversos reinos asiá-

---

[1] «Vestidos como chinas nos embarcamos em a Metropoli de Cantam para a cidade chamada Nan Hium, ultima da Provincia para o Norte» (Carta de António de Almeida, in António de Gouveia, *Asia Extrema*, Segunda Parte, Livros II a VI, p. 58). Através de textos paralelos, quer de Matteo Ricci quer de António de Gouveia,

ticos «em forma e título de mercador arménio»[2]. Aliás, referindo-se expressamente ao processo de transformação do seu «visual» para esta viagem, Bento de Góis informa que as alterações não se limitaram apenas ao vestuário, mas incluíram também o aspecto físico e a substituição do próprio nome: «Despi a roupeta que trazia, para vestir os trajos da terra. Eles são os que trago agora. [...] Para mais dissimulação, ando com huma barba que me dá pollos peitos e o cabello comprido conforme ao costume da terra. [...] O nome que agora tenho he Banda Abedulá»[3]. E para provar que o disfarce obtinha o êxito esperado, acrescenta: «Pello caminho, huns me tinhão por *saide*, que quer dizer parente de Mafamede, outros por grande no Reyno de Meca»[4].

Informação semelhante é veiculada por António de Andrade no passo em que relata o início da sua viagem rumo ao Tibete: «Com todo o segredo possivel nos partimos da cidade de Deli, h madrugada, indo vestidos como os Mogores por baixo das lobas, e logo em saindo das portas pera fora, como era escuro, as despimos e aparecemos com toucas e cabayas, sem disto terem notícia os próprios christãos e moços nossos, que até li nos tinhão acompanhado caminho de Laor»[5].

Por uma questão de coerência e tendo em conta a importância das empresas em que se encontravam envolvidos, a encenação desta «duplicidade» de personalidades e de intenções devia ser salvaguardada a todo o custo por cada um dos referidos viajantes, mesmo se para tal se impusesse o recurso a uma piedosa mentira, como aconteceu com António de Andrade, quando, em Siranagar, se viu confrontado com dificuldades que punham em risco a prossecução do seu projecto: «Nesta cidade, nos fizerão grandes exames de quem nós eramos, de nossa pretenção; não podíamos dizer que [eramos] merca-

---

sabemos que a expressão de Almeida *vestidos como chinas* se refere ao trajo dos monges budistas adoptado pelos jesuítas nos primeiros tempos da sua presença no Império do Meio.

2 António de Gouveia, *Asia Extrema*, Primeira Parte, Livros II a VI, p. 214.
3 Fernão Guerreiro, *Relaçam Annual das cousas que fezeram os Padres da Companhia de Jesus nas Partes da India Oriental [...] nos annos de seiscentos e dous e seiscentos e tres*, II Parte, Lisboa, por Jorge Rodrigues, 1605, pp. 62v-63.
4 *Ibid.*, p. 63.
5 *O Descobrimento do Tibet pelo P.e António de Andrade da Companhia de Jesus, em 1624, narrado em duas Cartas do mesmo Religioso*, p. 47.

dores, que fora acertado, pois não levavamos fato; respondi que eu era Portuguez, e que hia ao Tibet em busca de hum irmão meu, que havia annos lá estava, segundo as novas que me chegarão, entendendo ser o Rey; e revolvendo-nos o fato de vestir que levavamos, quando virão as lobas pretas, perguntarão a rezão; ao que respondi que levavamos pera as vestir, se acaso aquelle meu irmão fosse morto, em sinal de dó, por ser aquella a côr que se usava nas nossas terras; então ficarão mais persuadidos que teria lá algum irmão, como dizia»[6].

Neste contexto de disfarce e dissimulação, será ainda possível falar do «olhar ingénuo» do viajante?

Contrariamente ao que seria de esperar, as três narrativas em análise apontam claramente para uma resposta afirmativa. De facto, apesar de todas as condicionantes decorrentes dos objectivos previamente traçados e da preocupação quase obsessiva em os atingir, não raros são os momentos em que o viajante se liberta dessa tensão e se deixa fascinar pela novidade do mundo envolvente.

Três aspectos desse mundo novo exposto ao olhar do viajante exercem nele especial fascínio: 1) a exuberância da natureza; 2) a organização social e os hábitos culturais; 3) os artefactos e a indústria dos povos.

1) *O fascínio da natureza.* Quer na serenidade e magnificência das suas formas e cores, quer no espectáculo desordenado e medonho das suas forças primitivas, a natureza constitui, sem dúvida, o motivo e o campo de maior e mais demorada expansão do «olhar ingénuo» do viajante.

Assim, apesar de caminhar rodeado de «muitos gentios que hião em romaria ao seu Pagode»[7] e pelos quais parece nutrir muito pouca simpatia, António de Andrade acaba por se abstrair totalmente das questiúnculas e preocupações imediatas, perante a grandiosidade e o respeito que lhe infundem as montanhas dos Himalaias abruptamente cortadas a pique sobre as caudalosas águas do rio Ganges: «Com muita diligencia e maior alegria, começamos a subir as serras; são ellas as mais fragosas e altas que parece aver no mundo e bem longe estou de poder declarar a V. R. a difficuldade com que por ellas su-

---

6 *Ibid.*, p. 51.
7 *Ibid.*, p. 48.

bimos; basta saber [que] depois de andar dous dias de pella manhãa até noite, não acabavamos de passar hua, cortando pellos mais altos picos, e nelles por caminho tão estreito, que por muitas vezes não he mais largo que quanto cabe hum só pé, andando bõs pedaços assi, pé ante pé, pegados com as mãos pera não resvalar, pois o mesmo he errar o pòr o pé bem dereito que fazer-nos em pedaços pellos ares. [...] Hua serra vi toda de arvores de S. Thomé, sem folha, mas tão carregadas de flores, huas brancas e outras como as da India, e ellas tocando-se huas às outras com os ramos, de sorte que parecia toda a serra hum monte de flores, ou hua só flor; e foi a mais fermosa vista neste genero que em toda a minha vida tive»[8].

Mas se, no decurso de tão longos itinerários, momentos há em que o mundo se desvela e multiplica em cenas que recreiam e de todo cativam o olhar do viajante, noutros passos são a ferocidade e a manifestação ruidosa de uma natureza adversa e aparentemente caótica que suspendem essa visão e a penetram de temor e de espanto. É ainda no relato da primeira viagem de Andrade ao Reino do Tibete que encontramos uma referência bem sugestiva ao olhar do viajante surpreendido pelo espectáculo de uma natureza imponentemente majestosa e, simultaneamente, rude e agressiva. «Passamos o rio Ganga muitas vezes, não por pontes de corda bem difficultosas, como no caminho que tínhamos deixado atrás, mas por sima da neve que o cobria por grandes tratos, indo elle fazendo por baixo seu curso com grande estrondo. Não pude entender como era possivel cair tanta neve que abobadasse tão caudaloso rio, sem serem bastantes suas agoas a leva-la e derrete-la [...], deixando em lugares huas concavidades e aberturas medonhas, que não causão pequeno pavor aos que passão por sima, não sabendo a que hora e ponto cahirão aquellas abobadas, como caem muitas vezes, servindo a muitos de sepultura»[9].

E como que esboçando os traços mais fortes de um quadro dantesco, diante do qual o olhar do viajante já não distingue onde acaba o espanto e começa o temor, acrescenta ainda António de Andrade: «Acontecia-nos muitas vezes ficar encravados dentro na neve, hora até os hombros, hora até os peitos, de ordinario até o joelho, cançando a sair asima mais do que se pode crer, e suando suores frios, vendo-nos

---

8 *Ibid.*, pp. 47-48, 50.
9 *Ibid.*, pp. 51-52.

não poucas vezes em risco da vida. [...] Nos pés, mãos e rosto, não tinhamos sentimento, porque com o demasiado rigor do frio, ficavamos totalmente sem sentido. Aconteceo-me, pegando em não sei quê, cahir-me hum bom pedaço do dedo sem eu dar fee disso, nem sentir ferida, se não fora o muito sangue que della corria»[10].

2) *A organização social e os hábitos culturais.* Não é apenas a natureza nas suas múltiplas formas de manifestação que ocupa os sentidos e, particularmente, o «olhar» do viajante ao longo do seu itinerário ou aquando da fixação por escrito da sua viagem. Tudo o que é novo e diferente tende a transformar-se em objecto de atenta observação, mormente quando essa novidade e o exotismo que lhe está associado dizem directamente respeito à organização social e aos hábitos culturais dos habitantes das regiões percorridas.

Assim, referindo-se às populações das terras que circundavam o Pagode Badrid, para onde se encaminhavam os peregrinos budistas com os quais viajara, António de Andrade fixa o olhar naquilo que neles mais se manifesta como novo e estranho, enfim, naquilo que marca a diferença entre a realidade que agora se lhe desvela e o mundo da sua experiência pessoal. Entre os motivos de maior estranheza destacam-se os hábitos alimentares: «As gentes destas terras [...] comem carne crua, e assi como vão esfolando o carneiro, o vão comendo, principalmente toda a gordura que tem; e os nervos dos pes he pera elles o melhor bocado; as tripas, depois de mal enxagoadas na agoa, as fazem em bocadinhos, e assi as vão logo comendo»[11].

E de tal modo o espectáculo do comer e do que é comido impressiona o olhar do viajante, que este não resiste a intervir pessoalmente, numa ingénua tentativa de atenuar a diferença e de reduzir o impacto dessa estranheza: «Comem a neve como entre nós o pão, ou doce; vendo eu hum menino de dous pera tres annos com hum pedaço nas mãos comendo delle, me pareceo que lhe faria muito mal; mandei-lhe dar huas passas, que actualmente nos mandara dar o Rajá do Pagode, e que lhe tirassem das mãos o torrão da neve; tomou elle as passas, e começando a comer, as botou fora logo, chorando pella sua neve»[12].

Sempre atraído pelo diferente relativamente ao *déjà-vu*, o olhar do

---

10 *Ibid.*, pp. 56-57.
11 *Ibid.*, p. 54.
12 *Ibid.*, p. 54.

viajante passa ao filme da memória as cenas que mais o marcaram, porque carregadas de maior novidade relativamente à experiência vivida, como acontece com a distribuição de tarefas laborais entre os homens e as mulheres de Siranagar, e os objectos de adorno usados por estas últimas: «Aqui lavram e semeiam as molheres; e os homens fião; estas trazem por joias nas orelhas huas folhas como olas de palmeira, enroladas de maneira que representão dous fusos, que saindo das orelhas assim dereitos, lhe correm pello rosto hum palmo e meo de comprido»[13].

Naturalmente sensível ao mundo religioso, o missionário jesuíta foca o seu olhar com especial interesse na execução dos rituais budistas e no *modus vivendi* dos lambás, ou lamas locais, oferecendo-nos uma primeira e simpática descrição do budismo tibetano, ainda que inevitavelmente superficial e marcadamente europeizada: «Os Lambás são os seus sacerdotes, muitos e em grande numero; h s vivem em comunidade como os nossos Religiosos, outros em suas casas particulares, como clerigos entre nós; todos porém professão pobreza e vivem de esmolas; he gente de muito bom viver, não se casão, ocupão-se a maior parte do dia em rezar, e pello menos o fazem pellas manhãas, por espaço de duas horas, e à tarde outro tanto; cantão a nosso modo suavemente, como cantochão entre nós; [...] parece gente muito mansa, e até nos seculares se ouvirá raramente h palavra mal soante; tem casas de oração como as nossas Igrejas, mas muito limpas, pintadas pellos tectos e paredes»[14].

3) *Os artefactos e a indústria dos povos.* A par da diversidade de manifestações da natureza e dos hábitos socioculturais das populações contactadas, o olhar dos três viajantes de que nos vimos ocupando concentra-se ainda com especial intensidade na variedade dos artefactos e na agilidade com que os mesmos são manejados nas tarefas quotidianas, particularmente naquelas que se relacionam com a produção ou recolha de alimentos.

No decurso da sua viagem fluvial através do território chinês, António de Almeida demora-se na observação da engenhosa luta humana pela sobrevivência e das curiosas soluções técnicas inventadas

---

13 *Ibid.*, p. 54.
14 *Ibid.*, p. 71.

pelas populações locais com vista a suavizarem e rentabilizarem o seu esforço. Reavivando essa grande azáfama que se desenrolava diante dos seus olhos, escreverá mais tarde António de Almeida: «Por esta paragem ha muytas barcas que servem de moynhos: surgem na corrente, e alli, tornando os rodizios, ou taboas agoa, moem com grande facelidade e se levão quando querem e para onde querem. Na ribeira, ou beira do rio, ha outros engenhos como pisoens para pilar arroz sem custar trabalho e engenhos de canas de asucar facilimos, em que mostrão os chinas sua industria»[15].

As novidades deste mundo diferente continuam a surpreender o viajante. O seu olhar concentra-se, ainda, numa curiosa técnica de pesca que, a seu parecer, muito se assemelha à «caça de coelhos», exceptuando o pormenor de a função desempenhada pelo cão na caça ser aqui atribuída a um corvo marinho: «Andão muytos chinas em barquinhas com grande numero de huns como corvos marinhos, ou adens do rio, ja domesticos; buscão o pego e paragem de peixe, gritão, batem com varas compridas na agoa; saltão nella os corvos, mergulhão, buscão, seguem o peixe de toda a sorte, ferrão com o bico, vem acima. Se o peixe he pequeno, voão com elle à barquinha; se he grande, andão sobre a agoa até que o pescador lhe acode; paga-lhe logo o trabalho com intestinos e tripas que ja trazem a ponto»[16].

Se o desenrolar da viagem é o momento concreto da abertura do olhar do viajante sobre a novidade do mundo, o relato da viagem constitui o momento da renovação desse olhar e a inequívoca afirmação do fascínio que o diferente sobre ele exerceu. Acresce ainda que, ao retomar o fio dos acontecimentos e ao fixar em texto a imagem das coisas ou acções vislumbradas, o viajante não só selecciona e acentua aquilo que mais demoradamente cativou o seu olhar, como abre portas ao leitor para reiniciar a mesma viagem e lançar, ele também, um olhar sobre esse mundo novo, agora desvelado na paisagem do texto.

Os três protagonistas das viagens aqui evocadas tinham perfeita consciência do papel que a descrição do «diferente», isto é, o retrato daquilo que mais impressionara o seu olhar, exercia como factor ape-

---

15 Carta de António de Almeida, in António de Gouveia, *Asia Extrema*, Segunda Parte, Livros II a VI, p. 59.
16 *Ibid.*, p. 59.

lativo e multiplicador dos leitores europeus. Daí que o novo, o diferente, enfim, o exótico, ocupem naturalmente um lugar de destaque nas suas narrativas.

Assim sendo, e dando como pacífica a existência de um «olhar ingénuo» nestes viajantes, cabe colocar a questão: será que a «ingenuidade» desse «olhar» se mantém no momento em que o viajante se transforma em narrador da sua viagem?

Albuquerque, Luís de, *Navegadores, Viajantes e Aventureiros Portugueses (Séc. XV e XVI)*, Lisboa, Círculo de Leitores, 1987, vol. II.

Almeida, António de, [*Viagem Fluvial através da China*], in António de Gouveia, *Asia Extrema*, Segunda Parte, Livros II a VI, Edição, Introdução e Notas de Horácio Peixoto de Araújo, Lisboa, Fundação Oriente, 2001, pp. 58-60.

Andrade, António de, *O Descobrimento do Tibet pello Padre Antonio de Andrade da Companhia de Jesus, em 1624, narrado em duas Cartas do mesmo Religioso*, Estudo Histórico por Francisco Maria Esteves Pereira, Coimbra, Imprensa da Universidade, 1921.

Araújo, Horácio Peixoto de, «A Longa Travessia Asiática de Bento de Góis», in *Indagación. Revista de Historia y Arte*, Universidad de Alcalá de Henares, n.º 2, Outono de 1996, pp. 49-65.

— «A Viagem de Bento de Góis em busca do Cataio, na *Asia Extrema* de António de Gouveia», in *Literatura de Viagens: Narrativa, História, Mito*, Lisboa, Edições Cosmos, 1997, pp. 19-28.

— «Expansão missionária no Oriente», in *Condicionantes Culturais da Literatura de Viagens. Estudos e Bibliografias*, Lisboa, Edições Cosmos e CLEPUL, 1999, pp. 355-89.

Brazão, Eduardo, *Em Demanda do Cataio. A Viagem de Bento de Góis à China (1603- -1607)*, Macau, Instituto Cultural de Macau, 1989, 2.ª edição.

Didier, Hugues, *Les Portugais au Tibet. Les Premières Relations Jesuítes (1624-1635)*. Paris, Éditions Chandeigne, 1996.

Góis, Bento de, [Viagem em busca do Cataio], in António de Gouveia, *Asia Extrema*, Segunda Parte, Livros II a VI, pp. 213-27.

Guerreiro, Fernão, *Relaçam Annual das cousas que fezeram os Padres da Companhia de Jesus nas Partes da India Oriental [...] nos annos de seiscentos e dous e seiscentos e tres*. II Parte, Lisboa, por Jorge Rodrigues, 1605.

MacLagan, Edward, *Os Jesuítas e o Grão Mogol*, Porto, Livraria Civilização Editora, 1946.

Wessels, C., *Early Jesuit Travellers in Central Asia, 1603-1721*, The Hague, Martinus Nijhoff, 1924.

A escrita de um olhar primeiro: uma re-leitura
do *Roteiro da Primeira Viagem de Vasco da Gama*
de Álvaro Velho e da *Carta do Achamento do Brasil*
de Pêro Vaz de Caminha

Maria Lúcia Garcia Marques

Edições citadas:

A Carta de Pêro Vaz de Caminha, Lisboa, Mar de Letras, 1999,
prefácio do Professor Joaquim Veríssimo Serrão
e estudos das Professoras Doutoras Manuela Mendonça e Margarida Garcia Ventura.

Álvaro Velho, *Roteiro da Primeira Viagem de Vasco da Gama,* Mem Martins,
Publicações Europa-América, 1987, apresentação e notas de Neves Águas.

As passagens consideradas especialmente relevantes foram grafadas em itálico.

«Uma imagem vale por mil palavras», diz-se hoje. Mas quando o comércio da imagem não existia, valiam... as mil palavras! Mais precisamente, e no caso da *Carta* de Pêro Vaz de Caminha, as 1709 palavras diferentes (que, com as suas repetições, atingiram as 7353 ocorrências).

As palavras da notícia.

As palavras do roteiro.

As palavras de dar-a-ver.

As palavras de ler-para-ver e, no rasto do velho aforismo «ver para crer», as palavras de ler-para crer!

As palavras à janela dos olhos – duns olhos marinheiros, duns olhos viageiros:

Senhora, partem tão tristes
meus olhos, por vós meu bem
que nunca tão tristes vistes
outros nenhuns por ninguém [...]
João Ruiz de Castel Branco, *Cancioneiro Geral*

duns olhos limpos e abertos, curiosos e comovidos, vencidos que foram os mares e os medos, desvanecidas as brumas do desconhecido, rasgadas as enseadas do futuro.

Ingénuo este olhar? Cândido, simples, inocente, crédulo, franco, sincero e despretensioso, na sinonímia que o dicionário lhe confere? Com certeza. Di-lo aliás Pêro Vaz, à cabeça da da sua Carta:

Senhor

Posto que o capitão-mor desta vossa frota e assim os outros capitães escrevam a Vossa Alteza a nova do achamento desta vossa terra nova, que se ora nesta navegação achou, *não deixarei também de dar disso a minha conta* a Vossa Alteza, *assim como eu melhor puder, ainda que, para o bem contar e falar, o saiba pior que todos fazer.*

Mas tome Vossa Alteza minha ignorância por boa vontade, a qual bem certo creia que, por aformosentar nem afear, haja aqui de pôr mais do que aquilo que vi e me pareceu.

Olhar que vê mas também olhar que julga, olhar que nomeia mas também olhar que qualifica, olhar que relata mas também olhar que filtra, que compara, que opina…

E assim temos: uma Carta (que analisei com maior profundidade) e um Roteiro (do qual só referirei aqui a primeira parte, correspondendo ao percurso entre a Baía de Santa Helena e o Rio do Infante – antes e depois da passagem do cabo da Boa Esperança – por, de certo modo, e apesar da anterior viagem de Bartolomeu Dias, corresponder a um percurso «de descoberta». O resto da viagem foi já guiado por um piloto local, conhecedor da rota). Dois documentos escritos com dois anos de diferença sobre factos e feitos comparáveis, descritos por homens de boas letras, rodeados por uma realidade caleidoscópica e fascinante e por seres na infância da história, tudo à mercê da sua pena diligente e viva: eram os primeiros jornalistas…!

E assim temos: *o retrato do homem novo* (claramente privilegiado em Caminha), da terra e seus frutos, dos animais e demais valias; e a aventura: *a viagem*. É permanente a «dinâmica de percurso», a caminho da/duma meta, em Álvaro Velho, mas é já «saudosa» a notação final de Caminha, na Carta: «acabado isto, fomos assim perante eles beijar a cruz, despedimo-nos e viemos comer […] porque de manhã, prazendo a Deus, fazemos daqui nossa partida».

O *encontro*, a *troca* e, no caso do Roteiro, a *agressividade* e o *conflito* (de interesses e não só…) que assumiriam proporções graves em Calecut, o que fez com que esta primeira viagem à Índia não tivesse sido, ao que me parece e nesse particular, propriamente um sucesso…!

Vejamos como os nossos «guias» nos apresentam:

1) Os homens
No Roteiro são baços e designados por «(os) negros».
Na Carta são pardos e designados por «eles».

São, aqui, a presença maior de todo o documento, e sempre assim designada (como que ilustrando exemplarmente a natureza do pronome). De notar como, no texto, mesmo quando longe da última referência explícita que lhes é feita, o «eles» aparece naturalmente, como se, em fundo, essa presença fosse uma constante, a qualquer momento recuperável para o campo da atenção (do leitor da Carta). Leiam-se, a título de exemplo, as seguintes duas passagens:

> Enquanto andávamos nessa mata a cortar lenha, atravessavam alguns papagaios [...] outras aves não vimos [...] Cerca da noite nos volvemos para as naus com nossa lenha. Eu creio, Senhor, que não dei ainda conta a V. Alteza da feição de SEUS arcos e setas...

(sendo esta anotação feita num contexto todo dedicado à descrição de fauna local sem incluir qualquer referência aos nativos);

> À quarta-feira nós fomos em terra porque o capitão andou todo o dia no navio dos mantimentos a despejá-lo e a fazer levar às naus isso que cada uma podia levar. ELES acudiram à praia, muitos, segundo das naus vimos.

Como se verá, por razões de circunstância – pacífico o tempo de Caminha... – mas penso que também por razões de óptica – o «novo mundo» foi, para Caminha, ao que mostra este documento, muito mais o «novo homem»... – *o retrato do homem* é muito mais cuidado em Pêro Vaz do que em Álvaro Velho (neste, apenas no que toca evidentemente ao indígena, mais primitivo, da costa de África, porque só esse é comparável ao de Caminha). Leiam-se algumas passagens:

No *Roteiro*:

> *Nesta terra há homens baços* que não comem senão lobos-marinhos e baleias, e carne de gazelas e raízes de ervas. *E andam cobertos com peles, e trazem uma bainhas em suas naturas. E as suas armas são uns cornos tostados, metidos em uma varas de azambujo, e têm muitos cães, como os de Portugal, e assim mesmo ladram.*
> À sexta-feira seguinte, estando nós ainda na dita angra de S. Brás, vieram obra de *noventa homens baços*, de arte daqueles da angra de Santa Helena.
> E o capitão-mor não quis aqui sair em terra, porque esta, onde os *negros* estavam, [era?] um mato grande, e mudou-lhe o posto, e fomos pousar a outro lugar descoberto; e ali saiu. E acenámos aos *negros* que fossem para onde nós íamos, e eles foram.

E ao outro dia fomos em os batéis em terra, onde achámos *muitos homens e mulheres negros, e são de grandes corpos,* e um senhor entre eles.
E esta gente é *negra, e são homens de bons corpos, e andam nus; somente trazem uns panos de algodão pequenos, com que cobrem suas vergonhas, e os senhores desta terra trazem estes panos maiores.*
E as mulheres moças, que nesta terra parecem bem, trazem os beiços furados por três lugares e ali lhe trazem uns pedaços de estanho retorcidos.

Na *Carta*:

E dali houvemos vista de homens que andavam pela praias, cerca sete ou oito, segundo disseram os navios pequenos, por chegarem primeiro. Eram ali *dezoito ou vinte homens pardos, todos nus, sem nenhuma coisa que lhes cobrisse suas vergonhas.* Traziam arcos nas mãos e suas setas [...]
E tomou numa almadia *dois daqueles homens da terra, mancebos e de bons corpos.*
A feição é serem pardos, maneira de avermelhados, de bons rostos e bons narizes, bem feitos. Andam nus, sem nenhuma cobertura, e é-lhes indiferente cobrir ou mostrar suas vergonhas. E procedem nisso com tanta inocência como em mostrar o rosto. Ambos traziam os beiços de baixo furados e neles metidos seus ossos brancos, verdadeiros, com o comprimento de uma mãos travessa e da grossura dum fuso de algodão, e agudos na ponta como um furador. Metem-nos pela parte de dentro do beiço, e o que lhes fica entre o beiço e os dentes é feito como roque de xadrez, e de tal maneira o trazem ali encaixado que não lhe faz doer nem lhes estorva a fala, o comer ou o beber. *Os seus cabelos são corredios e andavam tosquiados,* de tosquia alta mais que de sobre-pente, de boa grandura e rapados até por cima das orelhas. E um deles trazia por baixo da solapa [zona rapada sobre as orelhas], de fonte a fonte para trás uma espécie de cabeleira de penas de ave amarelas, que seria do comprimento de um coto, mui basta e mui cerrada, que lhe cobria o toutiço e as orelhas. E andava pegada aos cabelos, pena por pena, com uma confeição branda como cera, embora não o fosse, de maneira que a cabeleira ficava mui redonda e mui basta e mui igual, e não fazia míngua mais lavagem para a levantar.
Muitos deles ou quase a maior parte dos que andavam ali traziam aqueles bicos de osso nos beiços. E alguns, que andavam sem eles, traziam os beiços furados e nos buracos traziam uns espelhos de pau que pareciam espelhos [tampas de odres de couro que serviam de frascos] de borracha. E alguns deles traziam três daqueles bicos, a

saber, um no meio e os dois nos cabos. *Andavam aí outros quartejados de cores, a saber, metade da sua própria cor e metade de tintura negra, a modos que azulada; e outros quartejados de escaques* [pequenos quadrados como em tabuleiro de xadrez]. *Ali andavam entre eles três ou quatro moças, bem moças e bem gentis, com cabelos muito pretos compridos pelas espáduas, e suas vergonhas tão altas, tão cerradinhas e tão limpas das cabeleiras que de as muito bem olharmos não tínhamos nenhuma vergonha.*
[...] Este que o agasalhou era já de idade e andava por louçainha [vaidoso, exibindo-se], todo cheio de penas pegadas pelo corpo, que parecia assetado como São Sebastião. Outros traziam carapuças de penas amarelas, outros de vermelhas e outros de verdes. *E uma daquelas moças era toda tingida de baixo a cima daquela tintura; e certo era tão bem feita e tão redonda, e sua vergonha, que ela não tinha, tão graciosa, que a muitas mulheres de nossa terra, vendo-lhe tais feições, fizera vergonha por não terem a sua como ela.* Nenhum deles era fanado [circuncidado], mas todos assim como nós.
Andava aí um que falava muito aos outros que se afastassem, mas não que a mim parecesse que lhe tinham acatamento nem medo. Este que os assim andava afastando trazia seu arco e setas e andava tinto de tintura vermelha pelos peitos e espáduas e pelos quadris, coxas e pernas até abaixo, mas os vazios com a barriga e estômago eram de sua própria cor. E a tintura era assim vermelha que a água lha não comia nem desfazia, antes, quando saía da água, era mais vermelha.
Todos andam rapados até acima das orelhas, e assim as sobrancelhas, e pestanas.
Trazem todos as testas de fonte a fonte tintas da tintura preta, que parece uma fita preta larga de dois dedos.
Ali veríeis galantes, pintados de preto e vermelho e quartejados, assim pelos corpos como pelas pernas, que, certo, pareciam assim bem.
Ali, alguns andavam daquelas tinturas quartejados, outros de metades, outros de tanta feição como em panos de armar, e todos com os beiços furados, muitos com os ossos neles e outros sem ossos.
Também andavam entre eles quatro ou cinco mulheres, também nuas, que não pareciam mal. Entre elas andava uma com uma coxa, de joelho, até ao quadril e a nádega, toda tinta daquela tintura preta, e o resto todo da sua própria cor; outra trazia ambos os joelhos com as curvas assim tintas, e também os colos dos pés. E suas vergonhas tão nuas e com tanta inocência descobertas, que nisso não havia nenhuma vergonha.
Também andava ali outra mulher moça com um menino ou menina no colo atado com um pano (não sei de quê) aos peitos, de modo que não apareciam senão as perninhas. Mas as pernas da mãe e o resto não trazia nenhum pano.

Andavam todos tão dispostos, tão bem feitos e galantes com suas tinturas, que pareciam bem.

Notem-se as similitudes dos caminhos descritivos seguidos: o aspecto exterior (cor, etc.) os adornos e as armas. Bem assim como observações, aqui no Roteiro, referentes: 1) ao maior número das mulheres relativamente aos homens.

Esta terra, segundo nos pareceu, é muito povoada, e há nela muitos senhores; e as mulheres nos parecia que eram mais que os homens, porque onde vinham vinte homens, vinham quarenta mulheres.

2) ou os «índios», diferentes dos «negros» e dos «mouros», que, em Melinde, antecipavam já a «visão» da Índia.

Ao dia de Páscoa (15 de Abril) nos disseram estes mouros, que tínhamos cativos, que em a dita vila de Melinde estavam quatro navios de cristãos, os quais eram índios.
Estes *índios são homens baços e trazem poucas roupas. E trazem grandes barbas e cabelos de cabeça muito longos e trazem-nos trançados*, e não comem carne de boi, segundo eles diziam.
E a sua língua é estremada da dos mouros e alguns deles sabem alguma pouca de aravia (a língua árabe) pela contínua comunicação que tem com eles.

2) Os encontros, as trocas, os desencontros
Num primeiro tempo, dão-se «ao mais alto nível» (os indígenas são levados ao capitão-mor). Veja-se como o ritual se repete e se assemelha nas duas viagens:

No *Roteiro*:

Ao outro dia [9 de Novembro de 1498, na baía de Santa Helena] depois de termos pousado, que foi à quinta-feira, saímos em terra com o capitão-mor, e tomámos um homem daqueles, *o qual era pequeno de corpo e se parecia com Sancho Mexia, e andava apanhando mel na charneca, porque as abelhas naquela terra o fazem ao pé das moitas; e levámo-lo à nau do capitão-mor, o qual o pôs consigo à mesa, e tudo o que nós comíamos comia ele. E ao outro dia o capitão-mor o vestiu muito bem e o mandou pôr em terra.*

E ao outro dia seguinte vieram catorze ou quinze deles, aqui onde tínhamos os navios.

E o capitão-mor foi em terra e mostrou-lhe[s] muitas mercadorias, para saber se havia naquela terra alguma daquelas coisas — e as mercadorias eram canela, e cravo, e aljôfar, e ouro, e assim outras coisas — e eles não entenderam naquelas mercadorias nada, como homens que nunca as viram, pelo qual o capitão-mor lhes deu cascavéis e anéis de estanho.

Na *Carta*, com maior cópia de pormenores, e referida mais de uma ocasião, a descrição envolve por isso mais «personagens» que incluem, já então, para além da tripulação, atenta e curiosa, alguns «relações públicas», formados na experiência da viagem à Índia (relatada no Roteiro). Assim:

O capitão, quando eles vieram, estava sentado numa cadeira, bem vestido, com um colar de ouro mui grande ao pescoço e, aos pés, uma alcatifa por estrado. Sancho de Tovar, Simão de Miranda, Nicolau Coelho, Aires Correia e nós outros que aqui na nau com eles vamos, sentados no chão, pela alcatifa. Acenderam-se tochas e entraram. Mas não fizeram nenhuma menção de cortesia nem de falar ao capitão nem a ninguém. Porém, um deles pôs olho no colar do capitão e começou de acenar com a mão para a terra e depois para o colar, como que a dizer-nos que ali havia ouro. Também viu um castiçal de prata e assim mesmo acenava para a terra e então para o castiçal, como se lá também houvesse prata.
Mostraram-lhe um papagaio pardo que o capitão tem aqui, e tomaram-no logo na mão e acenaram para terra, como quem diz que os havia ali. Mostraram-lhes um carneiro: não fizeram caso. Mostraram-lhe uma galinha: quase tiveram medo dela e não lhe queriam pôr a mão; depois a tomaram como que espantados.
Deram-lhes ali de comer pão e peixe cozido, confeitos, fartéis, mel e figos passados. Não quiseram comer daquilo quase nada. E, se alguma coisa provavam, lançavam-na logo fora. Trouxeram-lhes vinho numa taça: mal lhe puseram a boca e não gostaram nada, nem o quiseram mais. Trouxeram-lhes água numa albarrada, e, tomando alguns bocados, não beberam, somente lavaram as bocas e lançaram-na logo fora.
Viu um deles umas contas brancas de rosário. Acenou que lhas dessem, folgou muito com elas e lançou-as ao pescoço. Depois tirou-as e enrolou-as no braço e acenava para a terra e de novo para as contas e para o colar do capitão, como que dizendo que dariam ouro por aquilo.

Isto tomávamos nós assim por assim o desejarmos. Mas se ele queria dizer que levaria as contas e mais o colar, isto não queríamos nós entender, porque não lhos havíamos de dar. E depois tornou as contas a quem lhas dera.
Então estiraram-se de costas na alcatifa a dormir, sem buscarem maneira de cobrir suas vergonhas, as quais não eram fanadas; e as cabeleiras delas bem rapadas e feitas. O capitão lhes mandou pôr por baixo das cabeças seus coxins, e o da cabeleira esforçava-se por a não quebrar. E lançaram-lhes um manto em cima e eles consentiram, ficaram quietos e dormiram. [...] E tanto que as naus ficaram ancoradas, todos os capitães vieram a esta nau do capitão-mor. E daqui mandou o capitão Nicolau Coelho e a Bartolomeu Dias que fossem em terra e levassem aqueles dois homens e os deixassem ir com seu arco e setas, mandando dar a cada um sua camisa nova, sua carapuça vermelha e um rosário de contas brancas de osso, que eles levavam nos braços, seus cascavéis e suas campainhas. E mandou com eles, para lá ficar, um mancebo degredado, criado de D. João Telo, a que chamam Afonso Ribeiro, para andar lá com eles e saber de seu viver e maneira. E a mim mandou que fosse com Nicolau Coelho.

(Estavam estabelecidas as primeiras relações diplomáticas...!)

Quando Sancho de Tovar se recolheu à nau, queriam vir com ele alguns, mas ele não quis senão dois mancebos dispostos e homens de prol [de boa posição social]. Mandou-os essa noite mui bem pensar e tratar. Comeram toda a vianda que lhes deram e mandou-lhes fazer cama de lençóis, segundo ele disse. Dormiram e folgaram aquela noite.
E assim não houve nada mais este dia que para que escrever seja.

e, mais adiante:

À quinta-feira, derradeiro dia de Abril, comemos logo, quase pela manhã, e fomos em terra por mais lenha e água. E, em querendo o capitão sair desta nau, chegou Sancho de Tovar com seus dois hóspedes. E por ele ainda não ter comido, puseram-lhe toalhas, trouxeram-lhe vianda e comeu. Aos hóspedes, sentaram cada um em sua cadeira e de tudo o que lhes deram comeram mui bem, especialmente lacão cozido, frio e arroz. Não lhes deram vinho por Sancho de Tovar dizer que o não bebiam bem.
Acabado o comer, metemo-nos todos no batel e eles connosco. Deu

um grumete a um deles uma armadura grande de porco montês, bem revolta, e tanto que a tomou meteu-a logo no beiço. E, porque se lhe não queria segurar, deram-lhe um pouca de cera vermelha. E ele ajeitou-lhe detrás seu adereço para se segurar e meteu-a no beiço assim revolta para cima e vinha tão contente com ela como se tivera uma grande jóia. E tanto que saímos em terra foi-se logo com ela, e não apareceu mais aí.

E são extensas as notícias do convívio que aos poucos ia nascendo, na esteira dessa natural passagem do primeiro ao segundo olhar — e vêm as trocas, a(s) fala(s), os folguedos, e os cantos, mas também a agressividade e o confronto, frutos da natural desconfiança de quem se vê mas não se conhece... Momentos paralelos nas duas obras que se vêm abordando e que a seguir se citam, um tanto a eito.

Assim, no *Roteiro* (episódio na Angra de São Brás, já depois de dobrado o cabo da Boa Esperança, a caminho da costa oriental de África):

> [...] E ao domingo vieram obra de quarenta ou cinquenta deles, e nós, depois que jantámos, saímos em terra, e com ceitis, que levávamos, resgatámos conchas que eles traziam nas orelhas, que pareciam prateadas, e rabos de raposas, que traziam metidos em uns paus, com que abanavam o rosto; onde eu resgatei uma bainha, que um deles trazia em sua natura, por um ceitil; pelo qual nos parecia que eles prezavam [o] cobre porque eles mesmos traziam uma continhas dele nas orelhas.
> [...] e andavam deles ao longo da praia, e deles ficavam pelos outeiros. E nós estávamos todos, ou a maior parte de nós, a este tempo na nau do capitão-mor.
> E, como os vimos, fomos em terra em os batéis, os quais levávamos mui bem armados. E, como fomos junto com terra, o capitão-mor lhes lançava cascavéis na praia fora, e eles os tomavam, e não somente tomavam os que lhe[s] lançavam, mas vinham por eles a tomá-los da mão ao capitão-mor; do que nós ficámos muito maravilhados, porque, quando Bartolomeu Dias aqui esteve, eles fugiam dele e não lhe tomavam nenhuma coisa daquelas que lhe[s] ele dava, mas antes, um dia, em ele tomando água em uma aguada, que aqui está muito boa à beira do mar, eles lha defendiam às pedradas de cima de um outeiro, que está sobre esta aguada, e Bartolomeu Dias lhe[s] atirou com uma besta e matou um deles. E, ao que [su]pusemos, não fugirem de nós foi

que nos pareceu que houveram novas dos da angra de Santa Helena, onde nós primeiro estivemos – que são de uma terra à outra sessenta léguas por mar – como nós éramos homens que não fazíamos mal, mas antes dávamos do nosso. E ao capitão-mor não quis sair em terra, porque esta, onde os *negros* estavam, [era?] um mato grande, e mudou--lhe o posto, e fomos a outro lugar descoberto; e ali saiu. E acenámos aos negros que fossem para onde nós íamos, e eles foram.
E o capitão-mor, com os outros capitães, saíram em terra com gente armada, onde iam alguns com bestas.
E o capitão-mor lhes mandou então que se apartassem e que viessem um dos dois deles, e isto por acenos. E, àqueles que vieram, o capitão lhes deu cascavéis e barretes vermelhos, e eles nos davam manilhas de marfim que traziam nos braços, porque em esta terra, segundo nos parece, há muitos elefantes, e nós achávamos o estravo deles bem a carão da aguada onde eles vinha[m] a beber.
Ao sábado vieram obra de duzentos negros, entre grandes e pequenos; e traziam obra de doze rezes, entre bois e vacas, e quatro ou cinco carneiros; e nós, como os vimos, fomos logo em terra. *E eles começaram logo a tanger quatro ou cinco flautas, e uns tangiam alto e outros baixo, em maneira que concertavam muito bem para negros, de que se não espera música, e bailavam como negros.*
E o capitão-mor mandou tanger as trombetas, e nós em os batéis bailávamos, e o capitão-mor também, de volta connosco; e, depois de acabada a festa, nos fomos em terra, onde da outra vez, e ali resgatámos um boi negro por três manilhas, o qual jantámos ao domingo; e era muito gordo, e a carne dele era saborosa como a de Portugal.
Ao domingo vieram outros tantos e traziam as mulheres consigo, e moços pequenos. E as mulheres estavam em cima de um alto, perto do mar, e traziam muitos bois e vacas; e puseram-se em dois lugares ao longo do mar, e tangiam e bailavam como ao sábado.
E o costume destes homens é os moços ficarem no mato com as armas. E os homens vieram a falar connosco, e traziam uns paus curtos nas mãos e uns rabos de raposas metidos em uns paus, com os quais aba-na[va]m o rosto.
E nós, *estando assim à fala por acenos*, vimos andar entre o mato os moços agachados e traziam as armas nas mãos.
E o capitão-mor mandou um homem – que se chama Martim Afonso, que já andara em Manicongo – fora, e deu-lhe manilhas [para] que resgatasse um boi.
E eles, depois que tiveram as manilhas, tomaram-no pela mão e foram--lhe amostrar [a] aguada, dizendo que: porque lhe[s] tomáramos nós a

água? – e começaram de lançar os bois para o mato.

E o capitão-mor, quando isto viu, mandou a nós outros que nos recolhêssemos, e também que se acolhesse o dito Martim Afonso, isto *porque lhe pareceu que eles ordenavam alguma traição*.

E então, depois de recolhidos, nos fomos onde da primeira [vez] estivemos, e eles foram depós nós.

E o capitão mandou que saíssemos em terra com lanças, e zagaias, e bestas armadas, e os nossos gibanetes vestidos; e isto mais para lhe[s] fazer mal e que lho não queríamos fazer.

Eles, quando isto viram, começaram de se ajuntar e correr uns para outros, e o capitão, por não dar azo para se matar deles alguns, mandou que se recolhessem todos os batéis; e depois que fomos todos recolhidos, por lhe[s] dar a entender que lhe[s] poderíamos fazer mal, e que lho não queríamos fazer, mandou que se atirassem duas bombardas que estavam na popa da barca.

E eles estavam todos sentados na praia, junto com o mato, e quando ouviram desfechar as bombardas começaram de fugir tão rijo para o mato que as peles com que andavam cobertos, e as armas, lhe[s] ficavam; e depois que foram em o mato tornaram dois por elas, e nisto começaram de se ajuntar e fugir para cima de uma serra, e levavam o gado ante si.

Mas também os portugueses foram, no envolvimento dos primeiros contactos, objectos de um primeiro olhar:

Ainda no *Roteiro*, atente-se no episódio acontecido após a Angra de São Brás, depois de passado o último padrão deixado por Bartolomeu Dias, já na costa oriental de África:

> E o capitão-mor mandou sair em terra um Martim Afonso, que andou em Manicongo muito tempo, e outro homem com ele; e eles lhes fizeram gasalhado.
> E o capitão mandou àquele senhor uma jaqueta, e umas calças vermelhas, e uma carapuça, e uma manilha; e ele disse que qualquer coisa que houvesse em sua terra, que nos fosse necessária, que no-la daria de mui boa vontade. E isto entendia o dito Martim Afonso.
> E aquela noite foi o dito Martim Afonso e o outro com aquele senhor a dormir a suas casas, e nós tornámo-nos para nossos navios.
> E indo aquele senhor pelo caminho, vestiu aquilo que lhe deram, e dizia àqueles que o vinham receber, com muito contentamento: «Vedes o que me deram?!» E eles batiam-lhe as palmadas por cortesia, e isto

fizeram por três ou quatro vezes, até que chegou [à] aldeia, onde andou por todo o lugar, assim vestido como ia, até que se meteu dentro em casa, e mandou agasalhar aos dois homens, que iam com ele, em um cerrado, e ali lhe[s] mandou papas de milho, que há muito naquela terra, e uma galinha como as de Portugal.
E toda aquela noite vieram muito homens e mulheres a vê-los. E, quando veio a manhã, o senhor os foi ver e lhes disse que se viessem, e mandou dois outros homens com eles e deu-lhe[s] galinhas para o capitão-mor, dizendo-lhe[s] que ia amostrar aquilo que lhe deram a um grande senhor que eles tinham, e, segundo nos parecia, que seria o rei daquela terra. *E quando chegaram, ao porto, onde os barcos estavam, já vinham com eles bem duzentos homens, que vinham a vê-los.*

E os «poderes» enfrentam-se:

E esta gente folgava muito connosco e nos traziam aos navios disso que tinham, em almadias que eles têm.
E nós, isso mesmo, íamos à sua aldeia a tomar água.
E, depois de haver dois ou três dias que aqui estávamos, vieram dois senhores desta terra a ver-nos; os quais eram tão alterados que não prezavam coisa [alguma] que lhe[s] dessem.
E um deles trazia uma touca posta na cabeça, com uns vivos lavrados de seda, e o outro trazia uma carapuça de cetim verde.
Isso mesmo vinha em sua companhia um mancebo, que, segundo eles acenavam, era de outra terra, daí longe, e dizia que já vira navios grandes como aqueles que nós levávamos.
Com os quais sinais nós folgávamos muito porque nos parecia que nos íamos chegando para onde desejávamos.
E estes fidalgos mandaram fazer em terra, ao longo do rio, a par dos navios umas ramadas em que estiveram obra de sete dias, [de] onde cada dia mandavam aos navios resgatar panos, os quais traziam umas marcas de almagre. E, depois que se enfadaram de estar ali, se foram em almadias pelo rio acima.

E apraz-me destacar, aqui na pena de Álvaro Velho, a narração do célebre episódio de Fernão Veloso, fonte do nosso poeta maior, nos *Lusíadas*:

Este mesmo dia, um Fernão Veloso, que ia com o capitão-mor, desejava muito ir com eles a suas casas, para saber de que maneira viviam, e que comiam ou que vida era a sua. E pediu por mercê ao capitão-mor que lhe desse licença para ir com eles a suas casas. E o capitão, vendo-se importunado dele, que o não deixava se não que lhe desse a licença, o deixou ir com eles, e nós tornámo-nos ao navio do capitão-mor a cear, e ele se foi com os ditos negros.

E, tanto que eles de nós foram apartados, tomaram um lobo-marinho e foram-se ao pé de uma serra, em uma charneca, e assaram o lobo-marinho, e deram dele ao Fernão Veloso (que ia com eles) e das raízes das ervas que eles comiam; e acabado de comer, disseram-lhe que se viesse para os navios, e não quiseram que fosse com eles, e o dito Fernão Veloso, como veio em direito dos navios, começou logo a chamar, e eles ficaram metidos pelo mato, e nós estávamos ainda ceando.

E, quando o ouvimos, deixaram logo os capitães de comer, e nós outros com eles; e metemo-nos na barca à vela, e os negros começaram de correr ao longo da praia e foram tão prestes com o dito Fernão Veloso como nós. Em nós o querendo recolher, eles nos começaram a atirar umas zagaias que traziam, onde foi ferido o capitão-mor e três ou quatro homens.

E isto porque nos fiávamos deles, parecendo-nos que eram homens de pequeno coração e que não se atreveriam a cometer o que depois fizeram, pelo qual íamos despercebidos de armas.

E passemos à *Carta* e à escrita minuciosa de Pêro Vaz, eivada de notações curiosas e criteriosas, que fazem dele um narrador sensível que soube ver, escrever e contar, maravilhando(-se)! Se não, vejamos:

Convívio com a tripulação

Fomos assim de frecha direitos à praia. Ali acudiram logo obra de duzentos homens todos nus e com arcos e setas nas mãos. Aqueles que nós levávamos acenaram-lhes que se afastassem e pousassem os arcos: e eles os poisaram, mas não se afastavam muito. Mal pousaram os arcos, logo saíram os que nós levávamos e o mancebo degredado com eles, os quais, assim que saíram não pararam mais nem esperava um pelo outro, mas antes corriam a ver quem mais correria. E passaram um rio de água doce que por ali corre, de muita água que lhes dava pela braga e outros muitos com eles. E foram assim correndo, além do rio, entre uma moitas de palmas onde estavam outros e ali pararam. Entretanto foi-se o degredado com um homem que, logo ao sair do batel, o agasalhou e levou até lá. Mas logo a tornaram para nós, e com ele vieram os outros

que nós levávamos, os quais vinham já nus e sem carapuças.
Então se começaram de chegar muitos. Entravam pela beira do mar para os batéis, até que mais não podiam e traziam cabaços de água e tomavam alguns barris que nós levávamos e enchiam-nos de água e traziam-nos aos batéis. Não que eles de todo chegassem à borda do batel. Mas junto a ele lançavam os barris que nós tomávamos e pediam que lhes dessem alguma coisa. Levava Nicolau Coelho cascavéis e manilhas, e a um dava um cascavel, a outros uma manilha, de maneira que com aquele engodo quase nos queriam dar a mão. Davam-nos daqueles arcos e setas por sombreiros e carapuças de linho e por qualquer cousa que homem lhes queira dar.
Dali se partiram os outros dois mancebos, que os não vimos mais.

em grande confraternização e espírito de ajuda e «comércio»

Fomos todos nos batéis em terra, armados e a bandeira connosco. Eles andavam ali na praia à boca do rio para onde nós íamos. E, antes que chegássemos, pelo ensino que dantes tinham, puseram todos os arcos e acenavam que saíssemos. E tanto que os batéis puseram as proas em terra, passaram-se logo todos além do rio, o qual não é mais largo que um jogo de mancal. Mal desembarcámos, alguns dos nossos passaram logo o rio e foram para o meio deles. E alguns aguardavam, outros afastavam-se, mas era a coisa de maneira que todos andavam misturados. Eles davam desses arcos com setas por sombreiros e carapuças de linho e por qualquer coisa que lhes davam. Passaram além tantos dos nossos e andavam assim misturados com eles que eles se esquivavam e afastavam-se. E alguns deles iam-se para cima onde estavam outros.
Então o capitão fez que dois homens o tomassem ao colo, passou o rio e fez tornar a todos.
A gente que ali estava não seria mais que a costumada. E tanto que o capitão fez tornar a todos, vieram a ele alguns daqueles, não por o conhecerem por senhor, pois me parece que não entendem nem tomavam disso conhecimento, mas porque a gente nossa passava já para aquém do rio.
Ali falavam e traziam muitos arcos e continhas daquelas já ditas e resgatavam-nas por qualquer cousa, em tal maneira que os nossos trouxeram dali para os naus muitos arcos e setas e contas.
Então tornou-se o capitão aquém do rio e logo acudiram muitos à beira dele.
[...] Estavam na praia quando chegámos obra de sessenta ou setenta,

sem arcos e sem nada. Tanto que chegámos, vieram-se logo para nós sem se esquivarem e depois acudiram muitos, que seriam bem duzentos, todos sem arcos. E misturaram-se todos tanto connosco que alguns nos ajudaram a acarretar lenha e a meter nos batéis. E lutavam com os nossos e tomavam muito prazer.

[...] Resgataram lá por cascavéis e por outras cousinhas de pouco valor que levavam, papagaios vermelhos muito grandes e formosos, e dois verdes pequeninos e carapuças de penas verdes e um pano de penas de muitas cores à maneira de tecido assaz formoso, segundo Vossa Alteza todas estas cousas verá, porque o capitão vo-las há-de mandar, segundo ele disse.

Como viram o esquife de Bartolomeu Dias, chegaram-se logo todos à água, metendo-se nela até onde mais podiam. Acenaram-lhes que pusessem os arcos, e muitos deles os iam logo pôr em terra, mas outros os não punham.

[...] À segunda-feira, depois de comer, saímos todos em terra a tomar água. Ali vieram então muitos, mas não tantos como nas outras vezes e já muito poucos traziam arcos. Estiveram assim um pouco afastados de nós e depois a pouco e pouco misturavam-se connosco e abraçavam-nos e folgavam, e alguns deles se esquivavam logo. Ali davam alguns arcos por folhas de papel e por alguma carapucinha velha. E em tal maneira se passou a cousa que bem vinte ou trinta pessoas das nossas se foram com eles onde outros muitos estavam com moças e mulheres. E trouxeram de lá muitos arcos e barretes de penas de aves, deles verdes e deles amarelos, de que creio que o capitão há-de mandar amostra a Vossa Alteza.

E, segundo diziam esses que lá foram, folgavam com eles. *Nesse dia os vimos mais de perto e mais à nossa vontade, por andarmos quase todos misturados.* Ali, alguns andavam daquelas tinturas quartejados, outros de metades, outros de tanta feição como em panos de armar, e todos com os beiços furados e muitos com os ossos neles e outros sem ossos.

O diálogo (im)possível: a fala

Nicolau Coelho lhes fez sinal que pousassem os arcos e eles os pousaram.
Ali não pôde deles haver fala nem entendimento que aproveitasse, pelo mar quebrar na costa. Deu-lhes somente um barrete vermelho e uma carapuça de linho que levava na cabeça e um sombreiro preto. E um deles lhe deu um sombreiro de penas de ave compridas, com uma capazinha

pequena e penas vermelhas e pardas como os de papagaio; e outro lhe deu um ramal grande de continhas brancas miúdas, que querem parecer aljaveira, as quais peças creio que o capitão manda a Vossa Alteza. E com isto se volveu às naus por ser tarde e *não poder deles haver mais fala, por causa do mar*.
[...] *Ali por então não houve mais fala nem entendimento com eles, por a berberia deles ser tamanha que se não entendia nem ouvia ninguém.*
Acenamos-lhe que se fossem e assim o fizeram e passaram para além do rio. [...] Depois andou o capitão para cima ao longo do rio, que anda sempre diante da praia, e ali esperou um velho que trazia na mão uma pá de almadia. Estando o capitão com ele, *falou perante todos nós sem nunca ninguém o entender, nem ele a nós*, quantas cousas se lhe demandava acerca de ouro, que nós desejávamos saber se o havia na terra.
Trazia este velho o beiço tão furado que lhe caberia pelo furo um grande dedo polegar e metida nele uma pedra verde, ruim, que cerrava por fora aquele buraco. O capitão lha fez tirar. E ele *não sei que diabo falava* e ia com ela para a boca do capitão para lha meter dentro. Estivemos sobre isso um pouco rindo e então enfadou-se o capitão e deixou-o. E um dos nossos deu-lhe pela pedra um sombreiro velho, não por ela valer alguma coisa, mas por amostra. Depois houve-a o capitão, creio que para, com as outras cousas a mandar a Vossa Alteza.
[...] Era já a *conversação* deles connosco tanta que quase nos estorvavam no que havíamos de fazer.

«Eles» (os índios, na escrita de Caminha) soltando-se e retraindo-se:

Além do rio, *andavam muitos deles dançando e folgando, uns diante dos outros, sem se tomarem pelas mãos, e faziam-no bem*. Passou então além do rio Diogo Dias, almoxarife que foi de Sacavém, que é homem gracioso e de prazer, e levou consigo um gaiteiro nosso com sua gaita, e meteu-se com eles a dançar, tomando-os pelas mãos. E eles folgavam e riam e andavam com ele mui bem ao som da gaita. Depois de dançarem fez-lhes ali, andando no chão, muitas voltas ligeiras e salto real, de que eles se espantavam e riam e folgavam muito. *E, conquanto com aquilo os muito segurou e afagou, tomavam logo uma esquiveza como de animais monteses, e foram-se para cima*. [...]
E então o capitão passou o rio com todos nós outros e fomos pela praia de longo, indo os batéis, assim, ao longo da terra. Fomos até uma lagoa grande de água doce, que está junto com a praia, porque toda aquela

ribeira do mar é apaulada por cima e sai água por muitos lugares.
E depois de passarmos o rio foram uns sete ou oito deles andar entre os marinheiros que se recolhiam aos batéis. E levaram dali um tubarão, que Bartolomeu Dias matou, lhes levou e lançou na praia.
Bastará dizer que até aqui, como quer que eles um pouco se amansassem, logo duma mão para outra se esquivavam como pardais, do cevadoiro, e homem não lhes ousa falar de rijo para não se esquivarem mais; e tudo se passa como eles querem, para os bem amansar. O capitão, ao velho com quem falou, deu uma carapuça vermelha, e com toda a fala que com ele passou e com a carapuça que lhe deu, tanto que despediu e começou a passar o rio, logo se foi recatando e não quis mais tornar de lá para aquém. Os outros dois que o capitão teve nas naus a que deu o que já dito é, nunca mais aqui apareceram.

e «nós» perdendo com a comparação:

Acarretavam dessa lenha quanta podiam, *com muito boas vontades, e levavam-na aos batéis e andavam já mais mansos e seguros entre nós do que nós andávamos entre eles.* […]
Nesse dia, enquanto ali estiveram, dançaram e bailaram sempre com os nossos ao som dum tamborial dos nossos, *em maneira que são muito mais nossos amigos que nós seus.*
Eles não lavram, nem criam. Não há aqui boi, nem vaca, nem cabra, nem ovelha, nem galinha nem qualquer outra alimária que acostumada seja ao viver dos homens. Nem comem senão desse inhame, que aqui há muito e dessa semente e frutos que a terra e as árvores de si lançam. *E com isto andam tão rijos e tão nédios que o não somos nós tanto com quanto trigo e legumes comemos.*

e as nossas ocultas intenções...

Viu um deles umas contas brancas de rosário. Acenou que lhas dessem, folgou muito com elas e lançou-as ao pescoço. Depois tirou-as e enrolou-as no braço e acenava para a terra e de novo para as contas e para o colar do capitão, como que dizendo que dariam outro por aquilo.
Isto tomávamos nós assim por assim o desejarmos. Mas se ele queria dizer que levaria as contas e mais o colar, isto não queríamos nós entender, porque não lhos havíamos de dar. E depois tornou as contas e quem lhas dera.

Dá Pêro Vaz de Caminha em sua *Carta* especial relevo a:

o espanto e a estranheza «deles»

Mostraram-lhe um papagaio pardo que o capitão tem aqui, e tomaram-no logo na mão e acenaram para terra, como quem diz que os havia ali. Mostraram-lhe um carneiro: não fizeram caso. Mostraram-lhe uma galinha: quase tiveram medo dela e não lhe queriam pôr a mão; depois a tomaram como que espantados.
Deram-lhes ali de comer pão e peixe cozido, confeitos, fartéis, mel e figos passados. Não quiseram comer daquilo quase nada. E, se alguma coisa provavam, lançavam logo fora. Trouxeram-lhes vinho numa taça: mal lhe puseram a boca e não gostaram nada, nem o quiseram mais. Trouxeram-lhes água numa albarrada, e, tomando alguns bocados, não beberam, somente lavaram as bocas e lançaram logo fora.
[...] Depois de dançarem fez-lhes ali, andando no chão, muitas voltas ligeiras e salto real, de que eles se *espantavam* e riam e folgavam muito.

mas logo também ao mimetismo:

Ali estiveram connosco a ela [missa] obra de cinquenta ou sessenta deles, assentados todos de joelhos, *assim como nós*.
E quando veio ao Evangelho, que nos erguemos todos de pé, com as mãos levantadas, eles se levantaram *connosco* e alçaram as mãos, ficando assim até ser acabado e então tornaram-se a assentar *como nós*. E quando levantaram a Deus, que nos posemos de joelhos, eles puseram-se *assim todos como nós* estávamos, com as mãos levantadas e em tal maneira sossegados que, certifico a Vossa Alteza, nos fez muita devoção.
Estiveram assim connosco até acabar a comunhão, depois da qual comungaram esses religiosos e sacerdotes e o capitão com alguns de nós outros.
Alguns deles, por o sol ser grande, estando nós comungando, levantaram-se e outros estiveram e ficaram. Um deles, homem de cinquenta ou cinquenta e cinco anos, ficou ali com aqueles que ficaram. Este, estando nós assim, juntava aqueles que ali ficaram e ainda chamava outros, e andando assim entre eles a falar, lhes acenou com o dedo o altar e depois apontou o dedo para o céu, como se lhes dissesse alguma coisa de bem. E nós assim o tomámos.
Quando saímos do batel disse o capitão que seria bom irmos direitos à cruz, que estava encostada a uma árvore, junto com o rio, para se erguer amanhã, que é sexta-feira, e que nos puséssemos todos de joe-

lhos e a beijássemos para eles verem o acatamento que lhe tínhamos. E assim fizemos. Acenaram a estes dez ou doze que aí estavam para que fizessem assim e foram todos beijá-la.

o recontacto ou o «início de um passado (em) comum»:

Um dos que o capitão trouxe era um dos hóspedes, *que lhe trouxeram da primeira vez que aqui chegámos, o qual veio hoje aqui* vestido na sua camisa e com eles um seu irmão, os quais foram esta noite mui bem agasalhados, assim de vianda, como de cama de colchões e lençóis, para os mais amansar.

A inocência: duma relação aberta; de mentes sãs sem preconceitos; de abertura ao divino:

Parece-me *gente de tal inocência* que, se homem os entendesse e eles a nós, seriam logo cristãos, porque eles não têm nem entendem em nenhuma crença, segundo parece.
E portanto, se os degredados, que aqui hão-de ficar, aprenderem bem a sua fala e os entenderem, não duvido que eles, segundo a santa intenção de Vossa Alteza, se hão-de fazer cristãos e crerem em nossa santa fé, a qual praza a Nosso Senhor que os traga, porque, certo, esta gente é boa e de boa simplicidade, e imprimir-se-á ligeiramente neles qualquer cunho que lhes quiserem dar. E porque Nosso Senhor, que lhes deu bons corpos e bons rostos, como a bons homens, por aqui nos trouxe, creio que não foi sem causa. Portanto Vossa Alteza, pois tanto deseja acrescentar a santa fé católica, deve cuidar da sua salvação. E prezará a Deus, com pouco trabalho, será assim.
[...] Entre todos estes que hoje vieram não veio mais que uma mulher moça, a qual esteve sempre à missa e a quem deram um pano com que se cobrisse. Puseram-lho em redor de si. Porém, ao assentar não fazia memória de o muito estender para se cobrir. Assim, Senhor, que *a inocência desta gente é tal que a de Adão não seria mais quanto a vergonha.*
«Andam nus, sem nenhuma cobertura é-lhes indiferente cobrir ou mostrar suas vergonhas. E procedem nisso com tanta inocência como em mostrar o rosto»
Ora veja Vossa Alteza se, *quem em tal inocência vive*, ensinando-lhe o que para sua salvação pertence, se converterá ou não.
E segundo o que a mim e a todos pareceu. Esta gente não lhe falece

outra cousa para ser toda cristã senão entender-nos, porque assim tomavam aquilo que nos viam fazer como nós mesmos, por onde pareceu a todos que nenhuma idolatria nem adoração têm. E bem creio que, se Vossa Alteza aqui mandar que entre eles mais devagar ande, que todos serão tornados ao desejo de Vossa Alteza. E para isso, se alguém vier, não deixe logo de vir clérigo para os baptizar, porque já então terão mais conhecimento de nossa santa fé pelos dois degredados que aqui entre eles ficam, os quais ambos hoje também comungaram.

e a primeira catequese (mais ou menos interessada ou interesseira...)

Esses que estiveram sempre à pregação, quedaram-se assim como nós olhando para ele [o sacerdote oficiante]. E aquele que digo que chamava alguns que viessem para ali, alguns vinham e outros iam-se. E, acabada a pregação, como Nicolau Coelho trouxesse muitas cruzes de estanho com crucifixos, que lhe ficaram ainda da outra vinda*, houveram por bem que se lançasse uma ao pescoço de cada um, pela qual cousa o padre frei Henrique se assentou ao pé da cruz e ali, um por um, lançava a sua, atada em um fio ao pescoço, fazendo-lha primeiro beijar e alevantar as mãos. Vinha a isso muitos e lançaram-na todas, que seriam obra de quarenta ou cinquenta.
Isto acabado, era já bem uma hora depois do meio dia, viemos às naus comer, trazendo o capitão consigo aquele mesmo que fez aos outros aquela mostrança para o altar e para o céu e um seu irmão com ele, ao qual fez muita honra e deu-lhe uma camisa mourisca e ao outro uma camisa das outras.

Não ficam de fora deste(s) quadro(s), nem a fauna, nem a flora, as casas, as armas e as ferramentas, artes e artefactos, produtos e matérias-primas, em apontamentos como os que se seguem.

No *Roteiro*:

Os bois desta terra são muito grandes, como os de Alentejo, e muito gordos à maravilha, e muito mansos; e são capados, e deles não têm

---

* Nicolau Coelho tinha tomado parte na viagem de Vasco da Gama à Índia (1498) relatada no Roteiro que temos vindo a acompanhar. Também Bartolomeu Dias, o primeiro a dobrar o cabo da Boa Esperança (ou das Tormentas) – e precedendo, por isso, Vasco da Gama na busca do caminho marítimo para a Índia –, integrava esta tripulação de Pedro Álvares Cabral que, como se sabe, aportou a terras de Santa Cruz, Brasil, em 1500.

cornos. E os negros, àqueles que são mais gordos, trazem-lhe[s] umas albardas de tábua, assim como as de Castela, e uns paus, assim como andas, em cima da albarda, e andam em cima deles; e àqueles que eles querem resgatar metem-lhe[s] um pau de esteva pelas ventas, e trazem-nos por ali.
Em esta angra está um ilhéu em mar três tiros de besta. E em este ilhéu há muitos lobos-marinhos; e deles são tão grandes como ursos muito grandes, e são muito temerosos e têm muito grandes dentes, e vêm-se aos homens; e nenhuma lança, por força que leve, os não pode ferir; e outros mais pequenos e outros muito pequenos; e os grandes dão urros como leões, e os pequeninos como cabritos. E aqui fomos um dia a folgar e vimos, entre grandes e pequenos, obra de três mil. E atirávamos-lhe[s] do mar com as bombardas.
E neste ilhéu há umas aves, que são tamanhas como patos, e não voam, porque não têm penas nas asas, e chamam-lhe[s] «fortilicaios» [pinguins do Cabo], e matávamos deles quantos quisemos; as quais aves zurram como asnos.
E as casas desta terra são de palha; e as armas desta gente são arcos muito grandes e frechas, e azagaias de ferro.
E há nesta terra, segundo nos pareceu, muito cobre, o qual trazem nas pernas, e pelos braços, e pelos cabelos, retorcidos.
Isso mesmo há nesta terra estanho, que eles trazem numas guarnições de punhais; e as bainhas deles são de marfim.
E a gente desta terra preza muito [o] pano de linho, e nos davam muito deste cobre por camisas, se lhas nós quiséramos dar.
Esta gente traz umas cabaças grandes, em que levam do mar para o sertão água salgada e deitam-[n]a em umas poças na terra, e fazem dela sal.

Na *Carta*:

A flora e a fauna:
Foi o capitão com alguns de nós um pedaço por este arvoredo até uma ribeira grande e de muita água, que a nosso parecer era esta mesma que vem ter à praia em que nós tomámos água.
Ali ficámos um pedaço, bebendo e folgando, ao longo dela, *entre esse arvoredo que é tanto, tamanho tão basto e de tantas prumagens, que homem não as pode contar. Há entre ele muitas palmas, de que colhemos muitos e bons palmitos.*
Enquanto andávamos nessa mata a cortar lenha, atravessavam alguns *papagaios* por essas árvores, *deles verdes e outros pardos grandes e pequenos,*

de maneira que me parece que haverá nesta terra muitos. Mas eu não veria mais que nove ou dez. Outras aves então não vimos, somente algumas *pombas seixas, e pareceram-me bastante maiores que as de Portugal.* Alguns diziam que viram rolas, mas eu não as vi. Mas, *segundo os arvoredos são mui muitos e grandes e de infindas maneiras, não duvido que por esse sertão haja muitas aves.*
Andávamos por ali vendo a ribeira, a qual é de muita água e muito boa. Ao longo dela há muitas palmas, não muito altas, em que há muito bons palmitos. Colhemos e comemos deles muitos.

As casas:
Isto me faz presumir que *não têm casas nem moradas a que se acolham e o ar, a que se criam, os faz tais.* Nem nós ainda até agora vimos nenhumas casas nem maneira delas. [...] Foram-se lá todos, e andaram entre eles. E, segundo eles diziam, foram bem uma légua e meia a *uma povoação em que haveria nove ou dez casas, as quais diziam que eram tão compridas, cada uma, como esta nau capitania. Eram de madeira, e das ilhargas de tábuas, e cobertas de palha, de razoada altura; toda numa só casa, sem nenhum repartimento. Tinham dentro muitos esteios, e, de esteio a esteio, uma rede atada pelos cabos, alta, em que dormiam. Debaixo, para se aquentarem, faziam seus fogos. E tinha cada casas duas portas pequenas, uma num cabo e outra no outro.* Diziam que em cada casa se recolhiam trinta ou quarenta pessoas e que assim os achavam; e que lhe davam de comer daquela vianda que eles tinham, a saber, muito inhame e outras sementes que na terra há e eles comem.

As armas:
Eu creio, senhor, que não dei ainda aqui conta a Vossa Alteza da feição de seus arcos e setas. Os arcos são pretos e compridos, as setas também compridas e os ferros delas de canas aparadas, segundo Vossa Alteza verá que algum que, creio, o capitão a Ela há-de enviar.

As ferramentas:
Enquanto cortávamos a lenha faziam dois carpinteiros uma grande cruz de um pau que ontem para isso se cortou.
Muitos deles vinham ali estar com os carpinteiros. E creio que o faziam mais por verem a ferramenta de ferro com que a faziam, que por verem a cruz, porque eles *não têm cousa que de ferro seja e cortam sua madeira e paus com pedras feitas como cunhas, metidas num pau entre duas talas mui bem atadas,* e por tal maneira que andam fortes, segundo diziam os homens que ontem a suas casas foram, porque lhas viram lá.

Mas em ambos os documentos é vasto o campo concedido à terra, em ambos os autores similarmente evocada:

No *Roteiro*:

Ao sábado seguinte passámos pelo derradeiro padrão*; e assim como nós íamos ao longo da costa, assim começaram de ir correndo em terra dois homens, ao longo da praia, contra onde nós íamos. E esta terra é muito graciosa e bem assentada. E aqui vimos andar em terra muito gado. E quanto mais para diante tanto mais a terra era melhor, e de mais altos arvoredos.
Esta terra segundo nos pareceu, é muito povoada, e há nela muitos senhores; e as mulheres nos parecia que eram mais que os homens, porque, onde vinham vinte homens, vinham quarenta mulheres.
Uma segunda-feira [22 de Janeiro], indo pelo mar, *houvemos vista de uma terra muito baixa e de uns arvoredos muito altos, e juntos; e indo assim nesta rota vimos um rio largo*** *em boca*.
E, porque era necessário saber e conhecer onde éramos, pousámos; e uma quinta-feira à noite entrámos, estando já o navio «Bérrio» do outro dia, que foram oito dias por andar de Janeiro.
Esta terra é muito baixa e alagadiça, e de grandes arvoredos, os quais dão muitas frutas de muitas maneiras, e os homens desta terra comem delas.

Na *Carta*:

Esta terra, Senhor, me parece que da ponta que mais contra o vimos até outra ponta que contra o norte vem, de que nós deste porto houvemos vista, será tamanha que haverá nela bem vinte ou vinte e cinco léguas por costa. Traz ao longo do mar em algumas partes grandes barreiras altas, delas vermelhas, delas brancas e a terra por cima toda chã e muito cheia de grandes arvoredos. De ponta a ponta é toda praia palma muito chã e muito formosa.
Vista do mar, nos pareceu, pelo sertão, muito grande, porque a estender olhos não podíamos ver senão terra e arvoredos, que nos parecia mui longa terra.

---

* Implantado por Bartolomeu Dias. Está-se aqui junto do rio do Infante, última terra que Bartolomeu Dias descobriu depois de ultrapassar o cabo das Tormentas (posteriormente designado, da Boa Esperança).
** Rio de Bons Sinais, ou de Quelimane, onde Vasco da Gama ergue o segundo padrão.

Nela, até agora, não pudemos saber que haja ouro, nem prata, nem nenhuma cousa de metal nem de ferro, nem lho vimos.
Porém, a terra em si é de muito bons ares, assim frios e temperados como os de Entre-Douro-e-Minho, porque neste tempo de agora assim os achámos como os de lá.
Águas são muitas, infindas. Em tal maneira é graciosa que, querendo-as aproveitar, dar-se-à nela tudo, por bem das águas que tem.

Mas o melhor fruto...

Mas o melhor fruto que nela se pode fazer me parece que *será salvar esta gente*. E esta deve ser a principal semente que Vossa Alteza em ela deve lançar.
E que aí não houvesse mais que ter aqui esta pousada para esta navegação de Calecut, isso bastaria, quanto mais disposição para se nela cumprir e fazer o que Vossa Alteza tanto deseja, a saber, o acrescentamento da nossa santa fé.

Porque «eles», os nativos, são, apesar de tudo, o melhor da terra:

Disse tiro *ser gente bestial e de pouco saber* e por isso, são assim esquivos. Porém e com tudo isto, andam muito bem curados e muito limpos. Nisto me faz ainda mais julgar que são como aves ou alimárias, às quais o ar faz melhor pena e melhor cabelo que às mansas, *porque seus corpos são tão limpos, tão gordos e formosos, que não pode mais ser*.

Salvar esta gente – pela Cruz e pelo Padrão – ou, em mais claros termos, pela Fé e pela Civilização.
E desde logo os símbolos estiveram disseminados pelas rotas ou na apropriação dos lugares, mas também enquanto primeira imagem de um poder maior, referente e aglutinador, tutelando um destino que, se não foi isento de glória(s), o não foi também de sofrimento(s); a saga de um povo que, se teve heróis, também fez mártires...
Foi a cruz, que veremos referida na *Carta*:

E hoje, que é sexta-feira, primeiro dia de Maio, pela manhã, saímos em terra com nossa bandeira e fomos desembarcar acima do rio contra o sul, onde nos pareceu que seria melhor chantar [erguer, implantar] a cruz, para melhor ser vista. Ali assinalou o capitão o lugar onde fizessem a cova para chantar.

Enquanto a ficaram fazendo, ele com todos nós outros fomos pela cruz abaixo do rio, onde ela estava. Trouxemo-la dali com esses religiosos e sacerdotes diante cantando, à maneira de procissão.
Eram já ali alguns deles, obra de setenta ou oitenta e quando nos viram assim vir alguns se foram meter debaixo dela, para nos ajudar. Passámos o rio ao longo da praia e fomo-la pôr onde havia de ficar, que será do rio obra de dois tiros de besta. Andando ali nisto, vieram bem cento e cinquenta ou mais.
Chantada a cruz com as armas e divisas de Vossa Alteza, que primeiramente lhe pregaram, armaram altar ao pé dela. Ali disse missa o padre frei Henrique, a qual foi cantada e oficiada por esses já ditos.

Foi a cruz e o padrão, no *Roteiro*:

Estando nesta angra de São Brás [imediatamente a seguir à passagem do cabo da Boa Esperança] tomando água, uma quarta-feira, pusemos uma cruz e um padrão* em a dita angra de S. Brás, a qual cruz fizemos de uma mezena, e era muito alta.
E à quinta-feira seguinte, estando nós partir da dita angra, vimos obra de dez ou doze negros, os quais, ante[s] que nós dali partíssemos, *derribaram assim a cruz como o padrão.*

O segundo padrão foi erigido no Rio dos Bons Sinais:

E aqui pusemos um padrão, ao qual puseram nome «O Padrão de São Rafael», e isto porque ele o levava; e ao rio [demos o nome]: dos «Bons Sinais».
Daqui nos partimos um sábado, que eram 24 dias do mês de Fevereiro; e fomos aquele dia na volta do mar, e a noite seguinte em leste — por nos arredarmos da costa, a qual era muito graciosa de vista.

E a cruz dos homens, o e s c o r b u t o :

E nós estivemos neste rio trinta e dois dias, em os quais tomámos água e alimpámos os navios, e corregeram ao «Rafael» o mastro.
E aqui nos adoeceram muitos homens, que lhe[s] inchavam os pés e as mãos, e lhe[s] cresciam gengivas tanto sobre os dentes que os homens não podiam comer.

---

* O primeiro implantado por Vasco da Gama, a 6 de Dezembro.

calvário que se repete, de forma ainda mais calamitosa, na viagem de regresso.

Cabe aqui dizer que a presença do sofrimento é bem mais nítida no *Roteiro* e, mais do que esquecida, parece mesmo apagada na *Carta*. Vejam-se as reacções descritas aquando do desaparecimento de uma das naus da armada, em momentos paralelos nas duas viagens.

Na *Carta* é friamente referida, sem qualquer comentário:

> E à noite seguinte, á segunda-feira, quando amanheceu, se perdeu da frota Vasco de Ataíde com sua nau, sem haver aí tempo forte nem contrário para poder ser. Fez o capitão suas diligências para o achar, a umas e a outras partes, e não apareceu mais.

No *Roteiro* é ruidosamente festejado o seu reencontro:

> Ao domingo seguinte, em amanhecendo, houvemos vista da ilha do Sal, e logo daí a uma hora houvemos vista de três navios, os quais fomos demandar e achámos a nau dos mantimentos, e Nicolau Coelho, e Bartolomeu Dias, que ia em nossa companhia até à Mina. *Os quais também tinham perdido o capitão-mor.*
> E, depois de sermos juntos, seguimos nossa rota; e falece[u]-nos o vento e andámos em calmaria até à quarta-feira pela manhã.
> *E, às dez horas do dia, houvemos vista do capitão-mor, avante nós obra de cinco léguas; e sobre a tarde nos viemos a falar com muita alegria, onde tirámos muitas bombardas e tangemos trombetas, e tudo com muito prazer pelo termos achado.*

E, ainda na óptica mais optimista de Pêro Vaz e denotando um espírito desde logo conciliador e, por que não?, humanista *de factu*, é curioso observar o avisado bom senso do conselho dos capitães da frota, na decisão de não tomarem reféns quando tornassem ao reino e as boas razões que a tal respeito aduziram:

> E tanto que comemos, vieram logo todos os capitães a esta nau, por mandado do capitão-mor, com os quais ele se apartou, e eu na companhia. E perguntou a todos *se nos parecia ser bem mandar a nova do achamento desta terra a Vossa Alteza* pelo navio dos mantimentos, para melhor a mandar descobrir e saber dela mais do que nós agora podíamos saber,

por irmos de nossa viagem. E entre muitas falas que no caso se fizeram, *foi por todos, ou pela maior parte dito que seria muito bem, e nisto concluíram.* E tanto que a conclusão foi tomada, perguntou mais se seria bom tomar aqui por força um par destes homens para os mandar a Vossa Alteza, e deixar aqui por eles outros dois destes degredados. *Quanto a isto acordaram que não era necessário tomar por força homens, porque era geral costume dos que assim levavam força para alguma parte dizerem que há ali tudo o que lhe perguntam, e que melhor e muito melhor informação da terra dariam dois homens destes degredados que aqui deixassem, do que eles dariam se os levassem, por ser gente que ninguém entende. Nem eles tão cedo aprenderiam a falar para o saberem tão bem dizer que muito melhor estoutros o não digam, quando Vossa Alteza cá mandar. E que portanto não cuidassem de tomar ninguém nem fazer escândalo, para de todo mais os amansar e apacificar, senão somente deixar aqui os dois degradados, quando daqui partíssemos. E assim, por melhor a todos parecer ficou determinado.*

Afinando um pouco mais o ponto-de-mira sobre os textos que vimos observando, na perspectiva do OLHAR com que eles «recebem» e/ou «iluminam» os novos mundos que pretendem descrever, terá talvez interesse destacar dois processos, curiosos por muito expressivos e apelativos, utilizados na descrição por ambos os autores.

1) *A descrição por gradação*, denotando o gosto do pormenor e o enlevo na descrição que se surpreende quer nos processos hiperbólicos quer no uso afectivo dos diminutivos.

Exemplos encontrados no *Roteiro*:

...e em este ilhéu há muitos lobos-marinhos: e deles são tão grandes como ursos muito grandes [...]
e outros *mais pequenos*
e outros *muito pequeninos*
e os *grandes* dão urros como leões
e os *pequeninos* como cabritos.

(esta disposição gráfica não é, obviamente, a de Álvaro Velho, mas pretendo com ela chamar a atenção para as características que atrás apontei). E na *Carta*:

«*choupaninhas* de rama verde e de feitos muito grandes»
«ali davam alguns arcos por folhas de papel e por alguma *carapucinha* velha e por qualquer coisa...»

«também andava aí outra mulher moça com um menino ou menina ao colo atado com um pano não sei de quê aos peitos que não lhe aparecia senão as *perninhas*»

«e um deles lhe deu um, um [sic] sombreiro de penas de aves compridas com uma *copazinha pequena* de penas vermelhas e pardas como a de papagaio...»

«vinha um *muito grande* camarão e *muito grosso que em nenhum tempo eu vi tamanho*»

2) *A descrição por comparação*, em que se pretende dar a medida da diferença a partir do padrão da semelhança tendo como referente Portugal – a terra-mãe – na sua geografia, nas suas gentes, na sua língua, na sua fauna... é o cordão umbilical que não se corta e, ao mesmo tempo, ajuda a absorver, com alguma segurança – que mais não seja, psicológica – as novas vivências. Alguns exemplos:

No *Roteiro*:

«e têm muitos cães *como* os de Portugal e *como assim ladram*»

«e ali resgatámos um boi negro por 3 manilhas, o qual jantámos ao domingo; e era muito gordo, e a carne dele era saborosa *como a de Portugal*»

«e ali lhes mandou papas de milho, que há muito naquela terra, e uma galinha *como as de Portugal*»

«vieram duas almadias a ele e a nós, as quais trouxeram muitas laranjas, muito doces e muito boas, *melhores que as de Portugal*»

«Esta vila de Melinde está em uma angra e está assentada ao longo de uma praia; *a qual vila se quer parecer com Alcochete*»*

«a qual ponta, ao longo da costa, tem um arvoredo alto *que parecem ulmeiros...*»

«e neste ilhéu há muitas aves que *são tamanhas como patos e não voam porque não têm penas nas asas*»

«e chamam-lhes fortilacaios (pinguins) e matámos delas quantas quisemos *as quais aves zurram como asnos*»

«e em este ilhéu há muitos lobos-marinhos: e deles são *tão grandes como ursos muito grandes* [...] e *os grandes dão urros como leões e os pequeninos como cabritos.*

---

* Álvaro Velho, o presmível autor do *Roteiro*, seria natural do Barreiro, a poucos quilómetros de Alcochete.

Na *Carta*:

«Disse que não vira lá entre eles senão umas choupaninhas de rama verde e de fetos muito grandes *como de Entre-Douro-e-Minho*»
«Porém a terra em si é de muito bons ares, assim frios e temprados *como os de Entre-Douro-e-Minho**, porque neste tempo de agora assim os achávamos como os de lá»
«e trouxeram papagaios verdes e outras aves pretas *quase como pegas senão quanto* tinham o o bico branco e os rabos curtos»
[os ossos] «metem-nos pela parte de dentro do beiço, e o que lhes fica entre o beiço e os dentes é feito *como roque de xadrez* e de tal maneira o trazem ali encaixado que não faz doer nem lhes estorva a fala, o comer ou o beber»
«outras aves então não vimos somente algumas pombas seixas (pomba pocaçar, torcaz) e pareceram-me bastantes maiores *que as de Portugal*»

Ainda quanto aos processos descritivos usados, é interessante citar o caso em que o termo de comparação é um elemento da tripulação portuguesa — «Tomámos um homem daqueles *o qual era pequeno de corpo e se parecia com Sancho Mexia*» —, o que nos remete para o microcosmos dos nautas que então começavam a desenhar o caminho do trânsito do «velho» para o «novo» mundo.

APROXIMAÇÃO AO LÉXICO DA *CARTA* DE VAZ DE CAMINHA

Mas a análise do «olhar primeiro» levou-me ainda, na busca de uma maior precisão, ao levantamento das palavras com que ele se escreveu. Desta aproximação ao léxico se retirariam decerto algumas observações com interesse, na linha desse ponto de vista.

Dispondo no Centro de Linguística da Universidade de Lisboa, onde sou investigadora, de meios informáticos adequados, pude fazer, relativamente ao texto de Pêro Vaz de Caminha, o levantamento das formas de sentido pleno — substantivos, adjectivos e verbos — que nas páginas seguintes se apresentam, listadas por frequência decrescente e, dentro de cada frequência, por ordem alfabética.

* Pêro Vaz é de Caminha, vila situada nesta região.

Da observação das listas é possível salientar os seguintes pontos relevantes:

1) cerca de 52 por cento do vocabulário levantado são constituídos, em partes praticamente iguais (26 por cento), por verbos e substantivos;

2) é muito baixa, c. 3 por cento, a percentagem de ocorrências de adjectivos qualificativos (privilegiando as cores mas esquecendo o azul que, provavelmente, se incorporava na luz e essa não é sequer anotada), os quais, em número de lemas diferentes, representam apenas um sexto dos substantivos. De notar, no entanto, que na sua maioria são portadores de sinal semântico positivo. Nesta perspectiva, é curioso notar-se as proporcionalmente altas frequências atingidas pelos determinantes *tão* e *tanto* (17), *tanta* (5), *tantos* (2) e *tamanho/tamanha* (3);

3) do observado nos pontos anteriores fica claro que foi preocupação dominante do autor: a nominalização, e a equivalente referenciação dos processos activos como meios de «dar a ver» a nova realidade emergente;

4) pode ainda confirmar-se o que, neste tipo de apresentação de dados, já se tornou regra geral: *i*) que no topo das listas de frequência se encontram os vocábulos-chave do universo descrito na Carta; *ii*) que nas frequências mais baixas se encontram os vocábulos mais específicos e/ou expressivos, traduzindo a escolha mais refinada que alimenta o estilo, a pertinência e a originalidade. E veja-se como, em qualquer das categorias gramaticais, são numerosos os vocábulos de frequência 1...

A conclusão evidente da simples visualização destas listas é a riqueza do vocabulário agenciado por Caminha neste seu texto, que já fora observada por Sílvio Batista Pereira na introdução ao *Vocabulário da Carta de Pêro Vaz de Caminha*, edição do Instituto Nacional do Livro, Ministério da Educação e Cultura, Rio de Janeiro, 1964: «No que tange à semântica, pode-se dizer que o cronista da expedição de Cabral se serve, *verbi gratia*, da mesma palavra, com inúmeras acepções. Haja em vista o vocábulo TERRA, que é empregado com as seguintes significações: 1) parte sólida do globo terrestre; 2) solo; 3) chão; 4) praia; 5) continente; 6) país; 7) região; 8) domínio. Idêntica riqueza de matizes semânticos observa-se no emprego de certos verbos como, por exemplo, *meter*, *tomar*, *vir* e outros».

Com essa riqueza alimenta Pêro Vaz a curiosidade e o comprazimento do tal «olhar-primeiro»...

Mas é já hora de acabar. Perdoai-me o tempo longo que vos tomei, mas tal como Caminha, «o desejo que tinha de vos tudo dizer mo fez assim pôr pelo miudo»...

E posto o que foi dito e visto, em que ficamos de OLHAR? Ingénuo sim, mas, na minha óptica, e no espectro final de todas as cores e gestos recolhidos, olhar que descobre quase «cientificamente» e na sua ainda incipiente alteridade, o *homem excelente* (porque esse, sim, ainda ingénuo!) desta *vossa terra nova* que «em tal maneira é graciosa que, querendo-a aproveitar, dar-se-á nela tudo»:

    Olhar bene-volente

    Olhar com-placente

Porém Olhar tutelar, que augura e adverte: «Mas o melhor fruto que nela se pode fazer me parece que será salvar esta gente. E esta deve ser a principal semente que V. Alteza em ela deve lançar.»

Consumada a posse desse olhar-primeiro
    desse olhar PARA
  era tempo de olhar POR...

Substantivos
[383]

capitão-mor	60
capitão/ães	55
terra	45
nau/s	30
alteza	26
homem/s	26
arco/s	25
dia/s	23
maneira	22

Também em locução: de maneira que, em maneira que, maneira de

rio	21
água/s	20
batel/éis	
praia	19
mão/s	16
degradado/s	15
setas	14
conta/s continhas	13
noite	13
cruz/es	12
penas	11
senhor	11
carapuça/s carapucinha	10
missa	10
beiço/s	9
gente	9
pregação	9
ave/s	8
esquife/s	8
lenha	8
manhã	8
mar	8
navio/s	8

boca	7
casa/s	7
mão	7
tintura/s	7
arvoredo/s	6
braças	6
costa/s	6
hora/s	6
padre/s	6

[cf. clérigo 1, sacerdote 2]

pé/s	6
altar	5
árvore/s	5
colar	5
dedo/s	5
fala	5
ilha/s	5
inocência	5
léguas	5
mal	5
mancebo/s	5
osso/s	5
ouro	5
pano/s	5
papagaio/s	5
parte	5
pau/s	5
piloto/s	5
sombreiro/s	5
almadia	4
bandeira	4
cabeleira/s	4
cadeira	4
camisa	4
cor/es	4
corpos	
devoção	
evangelho	
fonte	
fé	
mulher/es	

palma/s		abril	2
pedaço		acatamento	
pedra/s		alimária	
pernas/perninhas		ar/ares	
pescoço		areia	
ponta		arma/s	
porto		barbis	
prazer		barrete/s	
vela		bico/s	
velho		braço/s	
vergonhas [cf. vergonha 2]		buraco/s	
vianda/s		cabaços	
vontade/s		cabeça/s	
achamento	3	cama	
alcatifa		camarão/ões	
ancoragem		carpinteiro	
ancoras		cascavel/eis	
cabelo/s		castiçal	
cabo/s		causa	
chá		cera	
colo/s		céu	
cristão/ã		chão	
deus		comprimento	
direitos		conhecimento	
feição	3	coxa/s	
ferro		desejo	
frei		direcção	
gaita/s		domingo	
hospedes		entrada	
ilhéu		esteio	
moça/s		feição	
monte		feira	
orelha		força	
prata		frota	
rosto/s		galinha	
sacerdotes		grumete/s	
sinal/ais		inhame	
sol		irmão	
tempo		joelho/s	
tiro/s		lençóis	
vinho		lugar	

madeira
maio
manilhas/s
mantimentos
medo
menino/a
mercê
mês
navegação
norte
nova
olho/s
pagem
palmitos
partida
peitos
pessoas
pouso
quadril/-is
quarta-feira
recife
revolta
ribeira
rosário
sábado
salvação
sertão
sexta-feira
som
sul
terça-feira
vergonha
vestido
voz
adereço
adoração
aldeia
algodão
aljaveira
almoxarife
altura

ameijoas
anos
apóstolos
armadura
arroz
barreiras
barriga
beijo
berbigões
besta
bocados
boi
borda
buzina
cabra
calma
caminho
campainhas
canas
cargo
carneiro
cascalho
cascas
castanheiros
choupaninhas
chuvaceiros
clérigo
cobertas
cobertura
colchões
companhia
comunhão
conclusão
confeição
confeitos
conversação
copazinha
cortesia
costume
coto
cousinhas

I

cova
coxins
crença
criado
cristo
crucifixos
cunhas
cunho
curvas
diabo
dianteira
diligências
disposição
divisão

encarna = «engodo»
ensino
entendimento
ervas
escândalo
espáduas
espécie
espelhos
esquiveza
estanho
estável
esteios
estômago

feição
ferramenta
festa
figos
fio
fita
folhas
força
frecha
fruto
fura-buxos
furo

fuso

gaiteiro
genro
grandura
grossura

história
honra
idolatria
ignorância
ilhargas
jogo
jóia
lã
lagoa
lavagem
legumes
local
mãe
maneiras
manto
março
mareantes
marinhagem
marinheiros
marisco
mata
mel
memória
menção
metades
metal
modo
moradas
mortas
mostrança
nádega
narizes
obediência
opressão

ordem
ouriços
ovelha
pá
palha
pão
par
pardais
páscoa
pascoela
pêgas
peixe
pena
perninhas
perpel
pestanas
polegar
pombas
popa
porco
portas
pousada
povoação
proas
procissão
propósito
prosseguimento
prumagens
prumo
quantidade
quinta-feira
rabo-de-asno
rabos
rama
ramal
rede
repartimento
rolas
roque
roupa
sal

salto
segunda-feira
seixos
sementes
serras
serviço
simplicidade
singarduras
sobrancelhas
solapa
tábuas
talas
testas
toalhas
tochas
tosquia
toutiço
trabalho
traves
travessa
trigo
trombetas
tubarão
vaca
valor
vestimenta
viagem
voltas
xadrez

Adjectivos qualificados
[66]

		maior	
		montês	
		moça/s em ("mulher-moça")	
		rijo	
		tamanho	
		abrigado	2
grande	20	cristão	
		curto	
bom	15	cheio	
		disposto 'capaz' 'animoso'	
vermelho	14	doce	
+ avermelhado 1		frio	
		galante	
longo	12	gracioso	
		grosso	
pequeno	11	infindo [só: infindas]	
		manso	
verde	9	miúdo	
preto	7	quartejado	
		religioso	
alto	6	redondo	
branco			
novo		alvo	1
nu		amigo	
pardo		aparado	
		armado	
santo [Santa Missa]	5	contente	
formoso		derradeiro	
primeiro		descoberto	
seguro		["suas vergonhas descobertas"]	
velho (também substantivo)		destro	
dito		esquivo	
		forte [só: fortes]	
baixo	4	gordo	
comprido		ledo	
furado		ligeiro	
largo		melhor	
		mourisco	
amarelo	3		
limpo			

nédio
quieto (só: quietos)
ruim
singular
solene
vazio
verdadeiro
virtuoso
vivo

verbos [202]

ser 86

ir 80

fazer 62

haver 42
vir

andar 41
dar

ver 38

dizer 37
trazer

mandar 34

tomar 28

estar 27
ficar

parecer 26

querer 24
ter

comer 22
levar

poder 18
meter 16

passar			
sair		amansar	4
		aparecer	
lançar	15	assentar	
saber		bastar	
		beijos	
crer	14	correr	
		cortar	
acabar	13	dever	
pôr		recolher	
		viver	
achar	12	volver	
acenar			
chegar		amainar	3
falar		armar	
		chantar = plantar	
folegar	11	comungar	
		cuidar	
levantar	10	descobrir	
		desembarcar	
afastar	8	entrar	
dormir		furar	
entender		ouvir	
		pedir	
beber	7	perguntar	
chamar		prégar	
cobrir		rir	
deixar		segurar	
		tirar	
começar	6	topar	
desejar		tratar	
tornar			
		acarretar	2
acudir	5	agasalhar	
atar		ajudar	
dançar		apontar	
esquivar		aprender	
misturar		aproveitar	
mostrar		buscar	
pousar		cantar	
sentar		causar	

cerrar	alongar
colher	amanhecer
consentir	amarrar
contar	ancorar
cozer	apacificar
demandar	apagar
despedir	apartar
determinar	apear
duvidar	aprestar
erguer	arribar
escrever	assentar
espantar	assinalar
esperar	atravessar
estender	avezar
estirar	bailar
estorvar	baptizar
fugir	caber
juntar	causar
lavar	certificar
oficiar	concluir
olhar	conformar
parar	conhecer
partir	converter
prouver	convidar
querer	cumprir
receber	desfazer
resgatar	despejar
seguir	doer
servir	embarcar
subir	encaminhar
	encher
abraçar	encostar
acender	enfadar
acolher	enrolar
acordar	ensinar
acrescentar	enviar
aformosentar	esforçar-se
aguardar	espraiar
ajeitar	falecer
alçar	faltar
alevantar	gostar

I

implicar
imprimir
julgar
lavrar
lutar
matar
molhar
ousar
pegar
pensar
perder
perdoar
pertencer
pintar
poisar
precaver

presumir
proceder
provar
quedar
queixar
rapar
recatar
saltar
salvar
sondar
surgir
tanger
tocar
valer
ventar

Frei Cristóvão de Lisboa,
primeiro missionário naturalista da Amazónia

Maria Adelina Amorim

Frei Cristóvão de Lisboa – de seu nome secular Cristóvão Severim – chegou ao antigo Estado do Maranhão em 1624 para exercer o cargo de superior dos Franciscanos naquele território. Criado a 13 de Junho de 1621, após a expulsão dos Franceses que aí tinham fundado a França Equinocial, aquela ordem religiosa fora a escolhida para erigir uma nova custódia, à semelhança do que já acontecera no Estado do Brasil.

Dava-se início ao processo de instalação dos Frades Menores em termos de uma fixação efectiva, lançando-se bases para a sua acção evangelizadora no vasto espaço amazónico. A presença franciscana manter-se-ia até à independência, retirando-se os últimos missionários para o Reino em 1829, uma vez que nunca criaram uma estrutura autónoma da Província de Lisboa, ao contrário da Custódia de Santo António do Brasil, que passou a província independente durante o seu processo de desenvolvimento[1].

No decurso da sua actividade no Maranhão e Pará, uma vez que acumulava as funções de Vedor e Qualificador pelo Tribunal da Mesa da Consciência e Ordens e Comissário e Visitador do Santo Ofício, Frei Cristóvão percorreu os infindáveis caminhos da Amazónia. Quer fosse no âmbito do seu labor catequético, para visitar as missões de índios aldeados, quer em visitas pastorais entre São Luís e Belém, o missionário viajava incessantemente. Já o havia feito do Reino para Olinda, onde estava instalada a primeira custódia franciscana do Brasil, e a partir daí percorrera o território cearense antes de chegar ao Maranhão.

Aí fixado, inicia a instalação da Ordem e procede à edificação do convento de Santa Margarida, a primeira casa dos Franciscanos Capu-

---

1 Veja-se Maria Adelina Amorim, *Missão e Cultura dos Franciscanos no Estado do Grão-Pará e Maranhão (Século XVII). Ao Serviço de Deus, de Sua Majestade e Bem das Almas*, tese de Mestrado apresentada à Faculdade de Letras da Universidade de Lisboa, 1998 (no prelo).

chos portugueses em São Luís, no local onde estiveram albergados os Capuchinhos franceses enquanto vigorou a colónia normanda.

Frei Cristóvão empenhou-se em lançar os fundamentos do projecto missionário, sobretudo ao implantar o sistema da administração temporal das aldeias dos ameríndios, faculdade que havia sido concedida pelo monarca Filipe II à Ordem de São Francisco. Procede, então, à fundação de uma série de aldeias e faz a primeira grande viagem missionária, descendo os rios Tocantins e Araguaia até Goiás.

É durante essas deslocações que o missionário observa as espécies zoológicas e botânicas, e recolhe os testemunhos da sua investigação, para preparar a obra que haveria de o consagrar como o primeiro naturalista da Amazónia. O resquício desse desiderato está consagrado naquela que hoje se conhece como *História dos Animais e Árvores do Maranhão*[2].

De facto, a preocupação em divulgar as espécies animais e vegetais da *selva selvaggia* amazónica – na feliz expressão de Araújo Lima – ocupou Frei Cristóvão de Lisboa logo nos primeiros tempos da sua instalação. Levantados os dois conventos, entre 1624 e 1625, em São Luís do Maranhão e em Belém do Pará, e fundadas as aldeias-missões ao longo dos afluentes do grande rio-mar, o Amazonas, Cristóvão selecciona elementos que lhe permitiriam elaborar a obra hoje reconhecida como a primeira História Natural amazonense.

Aquele tratado foi composto entre os anos de 1624 e 1627, como o próprio frade deixa testemunhado em carta escrita a seu irmão Manuel Severim de Faria, a 20 de Janeiro de 1627: «O tratado das aves, plantas, peixes e animais ando apurando e concertando. E vai isto debuxado também e não se pode arriscar porque já não hei-de poder tornar a reformar»[3].

É fundamental para a elaboração desta obra o papel de Severim de Faria, Chantre da Sé de Évora na época em que o irmão Cristóvão Severim se encontrava no Brasil. Para além das funções religiosas, Manuel Faria dedicava-se a estudos históricos e recolhia informações

---

2 Frei Cristóvão de Lisboa, *História dos Animais e Árvores do Maranhão*, Lisboa, Comissão Nacional para a Comemoração dos Descobrimentos Portugueses, 2000; Id., *ibid.*, Lisboa, Arquivo Histórico Ultramarino, 1967 (1.ª ed.).
3 Carta de Frei Cristóvão de Lisboa a seu Irmão, Manuel Severim de Faria, BNL, Fundo Geral, ms. 29, n.º 28 (publ. *Anais da Biblioteca Nacional do Rio de Janeiro*, 1905, vol. 26, pp. 406-10).

dos territórios sob administração portuguesa[4]. É nesse contexto que se deve analisar um documento contido no seu acervo existente na Biblioteca Nacional de Lisboa, intitulado *Apontamentos de Manuel Severim de Faria sobre o Modo como se Deve Elaborar Uma História Escrita* e que se pode datar de meados do ano de 1622 (ano em que Cristóvão fora nomeado Custódio dos Franciscanos no novo Estado brasileiro recentemente criado). O texto dá indicações rigorosas sobre o modo de se redigir a História daquele território, designando com precisão a que espaço geográfico se referia: *Ordem Como Se Tratará a História do Maranhão* [...]. Neste ponto, o autor explicita em que moldes historiográficos se deve organizar a obra, quais os métodos e autoridades que deve seguir, quais os princípios com que se deve reger, qual o estilo de escrita e critérios que devem nortear o autor, entre uma plêiade de outras considerações. Severim de Faria enuncia claramente: «Deve-se repartir esta História em três livros. O primeiro livro da descrição, coisas naturais da terra. O segundo, do sucedido nela, até à entrada deste socorro. O terceiro, do que mais suceder, até à conclusão da empresa»[5].

A obra completa seria, portanto, constituída por três tomos. O primeiro deveria tratar dos aspectos «naturais» da terra, que se podem entender como a descrição das espécies dos três reinos da natureza, nela existentes. Seguir-se-ia um segundo livro, com a relação dos acontecimentos históricos aí ocorridos até à instalação das forças portuguesas, efectuada após a expulsão dos Franceses; e o terceiro volume deveria relatar os factos que viessem a ter lugar desde a fundação da Feliz Lusitânia[6] até ao estabelecimento pleno da administração lusa.

Para cada uma das três partes, o Chantre da Sé de Évora fornecia indicações detalhadas que deveriam ser seguidas por Frei Cristóvão de Lisboa. Embora o nome do custódio não seja referido no documento,

---

4 Veja-se José Leite de Vasconcelos, «Severim de Faria: notas biográficas-literárias», in *Boletim da Segunda Classe da Academia das Ciências de Lisboa*, vol. III, fasc. II, Abril a Julho de 1914, pp. 235-66; Joaquim Veríssimo Serrão, *História Breve da Historiografia Portuguesa*, Lisboa, 1962, pp. 205-7.
5 «Partes e Preceitos da História», BNL, Severim de Faria, *Obras Várias*, cod. 917.
6 *Feliz Lusitânia*: núcleo português com sede em Belém do Pará, fundado depois da expulsão dos Franceses. Veja-se Lucinda Saragoça, *Da Feliz Lusitânia aos Confins da Amazónia*, Lisboa, Edições Cosmos e Câmara Municipal de Santarém, 2000.

são vários os indícios que permitem concluir a quem se dirigiam as recomendações, tanto pela análise intrínseca do texto, como a partir da correspondência trocada entre os dois irmãos, de que subsistiram alguns exemplares, incluídos no fundo arquivístico já referido.

Nas «Advertências Gerais» que se seguem à indicação dos conteúdos de cada livro, Severim de Faria refere, a determinado passo, que o autor desta História do Maranhão é religioso e parte integrante do processo histórico aí em curso: «O autor falará de si, as menos vezes que puder, e quando o fizer seja em ocasiões grandes que lhe passarem pela mão, ou quando nomeia os que entram na empresa e sempre com modéstia. Não escreverá de si por primeira pessoa, mas por terceira, nomeando-se como qualquer outro homem da História»[7].

O autor não deveria emitir opiniões pessoais, mormente sobre assuntos oficiais («de Estado») e militares («matérias da guerra e fortificações»), e as afirmações que fizesse deveriam sustentar-se em testemunhos de autoridades abalizadas na matéria. Porém, «o que toca ao fruto espiritual e conversão e esperanças que pode haver dos engenhos dos gentios, dirá em nome próprio». A evangelização dos ameríndios constituía-se, assim, pela sua importância, no elemento de excepção relativamente à metodologia do autor, que nesse ponto falaria pessoalmente da sua obra religiosa. Missionário e autor confluíam, portanto, na mesma figura: Frei Cristóvão de Lisboa.

Parece ficar esclarecida a autoria da História do Maranhão, cujo plano redactorial e estrutura estavam rigorosamente traçados por Manuel Severim de Faria, um dos nomes maiores da historiografia seiscentista.

Mais do que analisar em profundidade cada um dos pontos apresentados nestes «Apontamentos» do eclesiástico de Évora – tarefa para um contexto diferente – importa para o presente estudo a avaliação do ponto referente ao primeiro livro. Severim sugere que se inicie o «Exórdio» com uma pequena introdução, a que se seguirá o índice de matérias e as razões que justificam a importância das questões tratadas. Determina o historiador que o livro inicial comece com uma «digressão para dar notícia da região, em que se dirá de suas demarcações, clima, montes, rios, coisas notáveis naturais como fon-

---

7 «Partes e Preceitos da História», *op. cit.*

tes, frutos, plantas, minerais, animais terrestres, aves, peixes, feições dos homens, seus costumes, religião, política, milícia, discursando sobre o que a terra pode dar de si aos conquistadores e ao Reino»[8].

Severim adverte-o também que as descrições devem ser extensas, porque «como as províncias do Maranhão são, para nós, coisa tão nova, deseja-se delas mais particular notícia do que em tempo dos Romanos se requeria de África».

A avidez com que se sorviam as notícias daquele espaço brasílico equivalia à do século anterior, quando os textos dos viajantes encantavam a Europa ávida de novidade. Repetem-se para o Estado do Norte as condicionantes que geraram um *corpus* de textos de viagem, híbrido de intenções na sua produção e de interpretações na sua recepção. O desconhecido, o outro lugar, o *alter-mundus* constituíam-se como motivações para o leitor da época. Novidade ainda era sedução.

Cruzando as disposições deste documento de Severim de Faria com a carta que Frei Cristóvão lhe escreveu em Janeiro de 1627, resulta claro que a *História dos Animais e Árvores do Maranhão* fazia parte do «primeiro Livro» que o superior franciscano preparava sob as orientações de seu irmão. São várias as menções a esta actividade literária de Frei Cristóvão. Nas cartas trocadas com alguns dignitários do Reino e de Castela, o missionário mantém uma constante actualização de informações que vai recolhendo, tanto no decurso das suas funções religiosas quanto no de homem das letras e das ciências. Os destinatários principais da sua epistolografia – a partir dos exemplares encontrados – são, para além do irmão Manuel de Faria, um superior da sua Ordem, a irmã Dona Joana Severim, D. Duarte, do Conselho de Estado em Madrid e o duque de Caminha (Marquês de Vila Real), benfeitor dos Franciscanos.

Em carta enviada de São Luís do Maranhão torna a referir-se às coisas naturais da terra, não só à sua descrição, como ao envio de produtos e objectos, que pede sejam entregues, também, a D. Duarte e ao duque de Caminha. Na altura da sua nomeação para o cargo de custódio dos Franciscanos no Maranhão, ambos lhe escreveram para o felicitar e pediram que o prelado lhes escrevesse com frequência sobre aquela terra nova («dando-me novas do descobrimento dela e de suas

[8] Id., *ibid*.

curiosidades»; «espero que Vossa Paternidade me avise de tudo que julgar eu posso desejar dela»[9]).

Dirigindo-se ao irmão, após uma longa exposição sobre os factos ocorridos durante a sua permanência, Cristóvão escreve: «Mando também as amostras de todos os paus e das cabaças que é a baixela dos índios do Pará, uma cortiça de um pão que cheira»[10]. O frade enviou, ainda, contas, sinetes e «capelas» que os ameríndios usavam nas suas cerimónias rituais, bem como peles de animais da Amazónia. Conforme acrescenta, cumpria assim a obrigação de enviar produtos – coisas da terra – para o Reino. Para além da mera descrição das espécies e artefactos observados, o missionário naturalista enviava amostras que, para a época, se constituem de grande valor etnográfico e científico.

No entanto, perdurou durante muito tempo a ideia de que a *História do Maranhão* estava a ser elaborada pelo próprio Manuel Severim de Faria. Em conferência proferida em 1726 na Academia Real da História Portuguesa, o 4.º conde da Ericeira, D. Francisco Xavier de Menezes, apresentou uma relação de manuscritos que pertenciam à Biblioteca do conde do Vimieiro, em cuja colecção se havia integrado parte do acervo do Chantre de Évora[11]. Nesse inventário – correspondente ao levantamento do dia 18 de Março de 1686 – o conde alude à existência de uma *História do Brasil* em dois volumes, a um *Tratado dos Preceitos de História* relativa ao Maranhão, que Severim estaria a redigir, e à *História Geral do Brasil* em que consideraria a história natural, os usos e costumes dos ameríndios e as guerras ocorridas no território desde 1500 até 1624. D. Francisco informa que, desta obra, estaria já escrito o primeiro capítulo sobre a fertilidade da terra; o segundo e o terceiro sobre os índios, a que se acrescentava um catálogo de governadores do Estado do Brasil. O mesmo rol incluía ainda uma *Relação da Conquista do Maranhão, Pará e Ceará em 1625*.

---

9 Carta do Duque de Caminha para Frei Cristóvão de Lisboa sobre a Fundação da Custódia do Maranhão, Vila Viçosa, 7 de Maio de 1622; Carta de D. Duarte a Felicitar Frei Cristóvão de Lisboa Pela Escolha Que Seus Confrades Fizeram Para Exercer o Lugar de Custódio do Maranhão, Madrid, 9 de Junho de 1622, ANTT, *Convento de Santo António de Lisboa*, Mç. 6.
10 Carta de Frei Cristóvão de Lisboa, 20 de Janeiro de 1627, *op. cit.*
11 A maior parte da livraria do conde do Vimieiro foi destruída durante o Terramoto de 1755.

Todas estas obras manuscritas seriam, de acordo com o Conde da Ericeira, da autoria de Manuel Severim de Faria.

Da mesma opinião comungou Diogo Barbosa Machado, autor da *Biblioteca Lusitana*, que, ao referir-se ao já citado manuscrito «Partes e Preceitos da História», diz que o chantre trata naquele documento da ordem com que «distribui a do Maranhão *que estava compondo*»[12].

No entanto, ao tratar da produção bibliográfica de Cristóvão de Lisboa, Barbosa atribui-lhe a *História Natural e Moral do Maranhão e Grão-Pará*, «manuscrito», com indicações dos autores que dela já haviam feito menção: Duarte Madeira na *Nova Filosofia*, Nicolau António na *Biblioteca Hispânica* e Antonio de León em aditamento à *Biblioteca Ocidental*.

O próprio custódio franciscano esclarece ser ele o autor da *História do Maranhão*. Na já referida carta escrita de São Luís ao irmão, em 20 de Janeiro de 1627, faz uma clara referência à história «daquelas partes» que estava a redigir e cujo original lhe enviava, pedindo-lhe que aprimorasse a qualidade literária do texto: «e tirei o caderno dos que vou fazendo da história daquelas partes. Não me fica original mais que as relações escritas e ouvidas. O estilo limareis vós lá, que eu não tive tempo para isso e guardai-mo»[13].

Frei Cristóvão de Lisboa pedia-lhe também que guardasse o manuscrito, prevendo, naturalmente, para breve o seu regresso ao Reino. O custódio terminara o triénio, período que, segundo os estatutos, duraria o seu mandato. No entanto, tal facto não se verificaria, porque durante muitos anos o missionário não seria substituído no cargo e só voltaria a Portugal depois de ter viajado, de *motu proprio*, para Sevilha, «por Índias de Castela», em 1635[14].

---

12 Grifo nosso. Barbosa Machado, *Biblioteca Lusitana*, 2.ª ed., tomo III, Lisboa, 1933, pp. 362-68.
13 Carta de Frei Cristóvão de Lisboa, 20 Janeiro de 1627, *op. cit.*
14 Os dados relativos à biografia de frei Cristóvão de Lisboa mantêm-se com algumas incorrecções na edição da CNCDP de 2000. Se, de facto, se procedeu a uma nova organização conducente a uma maior clareza de leitura, com a introdução de rectificações e acrescentos de carácter científico, ao optar-se por manter *ipsis verbis* os estudos da primeira edição, sem outros, complementares, perdeu-se a oportunidade de se clarificar determinados erros relativos a aspectos da Ordem Franciscana no Maranhão (por exemplo; a não distinção entre Capuchos e Capuchinhos; a duração da sua estada no antigo Estado do Maranhão e Grão-Pará; o destino do seu cartório provincial, entre outras questões). Os dados concernentes a Frei Cristóvão

Regressado ao Reino, Cristóvão manteve intensa actividade, quer eclesiástica quer literária, ainda ligada ao Estado do Maranhão, onde se distinguira no campo catequético, mas, sobretudo, enquanto protagonista de uma luta incessante a favor dos ameríndios. Em Madrid e em Lisboa, depois da Restauração, o missionário delata as más condições de vida dos índios da Amazónia e continua a produzir manifestos e pareceres contra as autoridades portuguesas e os moradores brancos. Nesse contexto, publica ainda em vida o *Santoral dos Vários Sermões de Santos*[15], em que reproduz muitos dos sermões proferidos durante a sua estada no Maranhão[16].

Durante esse período de intensa produtividade (de si próprio diz: «eu como homem pouco ponderado gastei o principal da minha vida em letras e compor livros»[17]) deixa preparados uma série de trabalhos de Oratória, Prédica e outros géneros de literatura sacra. Este frenesim de criação literária não o desviou do seu intuito de terminar a obra histórica sobre o Estado brasileiro do Norte. Na mesma epístola, pouco tempo antes da sua morte, ocorrida a 14 de Abril de 1652, esclarece: «Compuz também a História Natural e Moral do Maranhão, em quatro volumes». Seguira assim as indicações das *Partes e Preceitos da História: Como Se Deve Elaborar uma História do Maranhão* enunciados por seu irmão, ao dividir a obra em quatro livros. Nessa carta dirigida ao Provincial de Santo António, Frei Diogo de Penalva, em 1650, o antigo custódio do Maranhão alude também aos dois volumes que deixara prontos para a impressão com estudos bíblicos,

---

de Lisboa apresentam múltiplas contradições entre os vários estudos. Cite-se como exemplificação Alberto Iria no Prefácio: «poucos anos viveria no Brasil frei Cristóvão, pois em 1632 havia praticamente desaparecido, com a retirada de todos os frades de Santo António para o Reino, a Custódia do Maranhão. E Frei Cristóvão já saíra antes desta data» (!). No entanto, na mesma edição, Jaime Walter dá-o como chegando a Portugal em 1635, sem, contudo, esclarecer que ele não regressara ao Reino após a partida do Maranhão, mas fora para Espanha.

15 *Santoral de Vários Sermões de Santos Oferecidos a Manuel Severim de Faria Chantre da Sé de Évora*, Lisboa, por António Álvares, 1638.
16 Sobre o sermonário de Frei Cristóvão e a escravatura no Maranhão, veja-se Maria Adelina Amorim, «Os Primórdios da Missionação na Feliz Lusitânia: o Caso de Frei Cristóvão de Lisboa, Superior da Custódia do Maranhão», Separata da revista *De Cabral a Pedro I*, Porto, Universidade Portucalense, 2001.
17 «Carta em que Frei Cristóvão de Lisboa Escreveu ao Provincial Estando para Morrer sobre os Seus Livros», ANTT, Convento de Santo António, Mç 7 (*apud* Jaime Walter, «Estudo», in Cristóvão de Lisboa, *História* cit., p. 51).

Frei Cristóvão de Lisboa, naturalista da Amazónia

cujo primeiro tomo saiu a lume em 1653, um ano após a sua morte, sob o título de *Jardim da Sagrada Escritura*[18].

Cristóvão deixou também asseguradas as despesas com a edição de ambas as obras que compusera, enumerando quem eram os doadores e respectivas quantias deixadas para o efeito. Para a *História do Maranhão* mencionava António de Albuquerque, com cem cruzados, e pedia ao superior que intercedesse junto do Rei para que fossem aplicadas na impressão as côngruas que lhe eram destinadas por ser Bispo eleito de Angola, cargo que não pudera ocupar devido à suspensão, na época, das relações diplomáticas entre a Santa Sé e a Corte portuguesa. O missionário particulariza, entre esses benfeitores, o capitão Baltasar Rodrigues de Fontes, que lhe doara o Sítio da Graça, em Belém do Pará, onde erguera o convento de Santo António e lhe prometera ajuda para publicar o livro do Maranhão: «esta memória se eu não a deixar feita no livro o Irmão Definidor Frei Gabriel está à sua conta faça lá»[19].

Para além das considerações respeitantes aos beneméritos, importa reter a informação relativa à posse do manuscrito, pronto para o prelo, nas mãos de Frei Gabriel do Espírito Santo. Era o mesmo religioso que ultimava para publicação o citado volume do *Jardim da Sagrada Escritura* e que nele escreveu a «Dedicatória» – dirigida ao sobrinho de Frei Cristóvão de Lisboa, Gaspar de Faria Severim, Secretário de Estado das Mercês de D. João IV – e o «Prólogo», datados de Coimbra, Colégio de Santo António da Pedreira, aos 14 de Março de 1653. Cristóvão morrera pouco tempo antes. Nos estudos introdutórios faz-se o historial da Ordem de São Francisco, desde a sua fundação até à entrada em Portugal e respectivas divisões. Nele se expõe a diáspora franciscana no Brasil e a emergência da missão maranhense com a figura e a obra de Frei Cristóvão de Lisboa. Aí pode ler-se: «Os frutos que ali fez, os exemplos que deu de sua pessoa, a

---

18 Frei Cristóvão de Lisboa, *Jardim da Sagrada Escritura Disposto em Modo Alfabético: Com um Elenco de Discursos e Conceitos Sobre os Evangelhos dos Domingos, Quartas e Sextas Feiras da Quaresma e Domingos do Advento. Utilíssimo para Pregadores e Curas d'Almas. Obra Póstuma, Repartida em Dois Tomos. Dado à Estampa por Diligência do M.R.P. Frei Gabriel do Espírito Santo, Ministro Provincial,* Lisboa, Convento de Santo António dos Capuchos, por Paulo Craesbeeck, 1653.
19 Id., *ibid.*

conversão dos gentios, os mosteiros que edificou, os sucessos e descrição daquela dilatada conquista, necessita de um livro inteiro que o dito custódio deixou principiado, que daremos à imprensa, querendo Deus em breve»[20].

O autor faz, portanto, uma síntese do conteúdo da obra de Cristóvão, no tocante ao aspecto religioso – a actividade evangelizadora e a sua obra enquanto superior da custódia do Maranhão – ao aspecto civil – os factos políticos ali ocorridos, e ao aspecto geográfico – a relação física do espaço maranhense, que se ajustava ao plano inicial. Gabriel cita o título do manuscrito: *História Natural e Moral do Maranhão e Grão Pará*, «que temos por imprimir».

Infere-se, assim, que os quatro volumes da obra histórica de Cristóvão estavam, à altura da sua morte, na posse do ministro provincial, Frei Gabriel do Espírito Santo.

Num documento pertencente ao cartório do convento de Santo António de Lisboa, um religioso anónimo considera a hipótese de terem ficado os quatro volumes na livraria de D. António Álvares da Cunha, em que também se encontrava outra obra relativa ao Maranhão, de Frei Jerónimo de São Francisco, missionário daquela região.

A obra que cuidadosamente terminara antes de morrer não chegou a ver a luz da estampa, tendo-se-lhe perdido o rumo. Para a sua edição, o bispo-missionário deixara preparadas as gravuras que o ilustrariam, conforme testemunhou antes de morrer: «para este livro mandei fazer trinta e tantas estampas, das que trouxe tiradas pelo natural, que trouxe num livro, o qual dei a João Baptista ourives do ouro, o qual fez duas estampas que me parece lhe estão pagas»[21].

Cristóvão esclarecia quem era o gravador das estampas do livro que pretendia publicar, o mesmo «ourives do ouro» (conforme o trata) que preparara a gravura «aberta em chapa de metal» da sua obra *O Jardim da Sagrada Escritura* em que assinou «João Baptista faciebad».

Terá sido o exemplar deixado com João Baptista, o gravador dos retratos de D. João IV e abridor de cunhos da Casa da Moeda, que se conhece hoje como a *História dos Animais e Árvores do Maranhão* de Frei Cristóvão de Lisboa, considerando-se perdida a *História Natural e Moral do Maranhão*, que deixara pronta para publicação.

---

20 Id., *ibid.*
21 Carta de Frei Cristóvão de Lisboa ao Provincial, *op. cit.*

Por ser apenas um livro de apontamentos, o manuscrito suscitou desde o seu aparecimento numerosas dúvidas, desde logo pela desproporção entre a qualidade das gravuras e a redacção do texto. Para aumentar as dificuldades, detectava-se a existência de mais do que uma caligrafia e diferentes estilos literários e ortográficos.

Relativamente às gravuras, embora não haja uma alusão directa a qualquer nome, é de crer que não era o missionário o seu desenhador. Cristóvão menciona várias vezes um companheiro que andaria com ele nas viagens apostólicas e visitas pastorais. Como se viu, Frei Cristóvão de Lisboa alude por duas vezes às gravuras e, analisando-se o manuscrito, verifica-se que ele próprio escolhera e assinalara, entre as mais sugestivas, aquelas que queria converter em estampas. Atente-se que as mesmas tinham retoques, ora não passando de simples esboços, ora apresentando as figuras em várias posições, e até sobrepondo-se uns desenhos aos outros. Em muitas havia indicações precisas quanto ao traço que deveria permanecer, como por exemplo: «menos saídas as pontas»; «savoia coelho que tem feição de rato». A mesma tentativa de precisão forçou Frei Cristóvão de Lisboa a reescrever por cima dos nomes nativos que acompanhavam as ilustrações, e que se supõe tenham sido resgatados por audição local.

Se é provável que o custódio do Maranhão não seja o autor dos desenhos, também é evidente que não são dele grande parte das descrições dos animais e plantas, eivadas de grandes falhas ortográficas e falta de qualquer estilo literário. O caderno que ora se analisa é, com certeza, o produto da recolha que Cristóvão fizera nas plagas maranhão-paraenses nos primeiros anos do seu custodiato.

Para a análise deste ponto, é muito útil a informação contida nos *Anais Históricos do Maranhão* de Bernardo Pereira de Berredo, publicados em Lisboa no ano de 1749. Ao descrever a actuação do superior franciscano no Estado brasileiro do Norte, o governador enuncia com precisão, quase em jeito de jornada, a actividade do missionário. Assim, sabe-se que aos sete dias de Março de 1625, Frei Cristóvão de Lisboa parte de São Luís do Maranhão para Belém do Pará, com o escrivão da sua visita, João da Silva. Em Agosto desse mesmo ano, o custódio saiu da aldeia de Una para a grande viagem missionária da descida do rio Tocantins na companhia de Frei Sebastião de Coimbra, de Frei Domingos, de Frei Cristóvão de São José e do escrivão da sua visita João da Silva e de Manuel de Pina, «seculares ambos e excelentes línguas». É crível que o companheiro, a que várias vezes se refere, seja um destes elementos, e tudo aponta para João da Silva, seu escrivão por inerência do cargo de Visitador do Santo Ofício. Atendendo à data das duas viagens, 1625, e à do envio para o Reino das «descrições da terra», pedindo que não se perdessem por só ficar com o original e não ter tempo para as trasladar, o mesmo acontecendo com o seu companheiro («estes papéis vão só por uma via, porque sou pessoa ocupadíssima, não tenho quem me treslade. *Meu companheiro assaz faz em escrever o que escreve*»[22]), ocupado com a redacção dos diários das visitações.

Não é alheio o pormenor de ser o franciscano acompanhado pelo seu secretário e por outro secular, Manuel de Pina, conhecedores das línguas nativas, o que permite concluir que já estavam no Maranhão muito antes da chegada de Frei Cristóvão. Teriam, com certeza, contactado com os franceses que aí haviam estado instalados entre 1612 e 1614, o que justifica a ocorrência de uma ou outra palavra escrita em francês, como *cerises*, por exemplo. Foi durante essas visitas apostólicas que Frei Cristóvão de Lisboa recolheu os informes necessários à redacção da sua obra, quer através de testemunhos orais, quer através de relatos escritos. O códice que sobreviveu seria um desses cadernos de apontamentos que ia colectando para posterior elaboração. O modo como ele organiza o códice sobrevivente, redige o índice final das espécies tratadas na sua *História Natural* e separa aquelas que são do Maranhão das do Pará, revela esse tratamento ulterior.

O facto de conter várias caligrafias também nos induz a pensar no manuscrito como uma espécie de «borrão» de apontamentos, como já tinha sido classificado por Walter Lopes na primeira edição do códice. Frei Cristóvão também alertara que guardava com ele «as relações escritas e ouvidas», o que justifica a existência de diversos modos de escrever, revelando algumas falhas de preparação cultural de quem as redigiu, o que era totalmente contrário ao perfil do missionário. O autor deste códice tem, portanto, um papel de organizador, tanto na pesquisa de informações, quer orais, quer escritas, como na compilação e correcção do manuscrito. Relativamente às ilustrações, tudo indica que não sejam da autoria de Cristóvão de Lisboa e, ao contrário do calígrafo, o rigor, a qualidade e a mestria do traço revelam alguém

---

22 Grifo nosso. Carta de Frei Cristóvão de Lisboa, 20 de Janeiro de 1627, *op. cit.*

com elevada preparação artística e técnica. Atente-se que as próprias gravuras têm indicações do franciscano, o que deixa em aberto a questão. Serão os mesmos «debuxos» referidos na carta a Manuel Severim de Faria, ou estudos elaborados para a publicação? O facto de haver esboços de animais desenhados em diferentes posições revela uma tentativa de atingir a representação mais perfeita e elaborada a partir do mesmo modelo. Não poderia ser já, em algumas, a mão do gravador, o mestre de ourives João Baptista?

Inúmeras anotações de Frei Cristóvão, tanto para corrigir como para acrescentar os «apontamentos», revelam a intenção de preparar uma obra com carácter científico, dentro do espírito naturalista da época. Nela se inventariam as espécies botânicas e zoológicas do Maranhão e do Pará, separadamente, com os seus nomes nativos e, num ou noutro caso, com a classificação botânica, a que se acrescenta uma breve descrição de cada espécie.

Se, pelas modernas concepções da Ciência, se reconhecem falhas na obra deixada por Frei Cristóvão, o lugar que lhe é reservado na História Natural da Amazónia é de primeira linha. É certo que, antes dele, Claude d'Abbeville[23] inventariou algumas espécies do Maranhão, mas faltou-lhe a tentativa de sistematicidade de Cristóvão de Lisboa, e as profundas corruptelas dos nomes nativos impedem a classificação das espécies, além de que não fez acompanhar as suas descrições de desenhos, um pormenor fundamental a marcar a diferença e a sublinhar a importância do códice deixado pelo missionário naturalista português.

O pioneirismo de Frei Cristóvão nas ciências naturais do Brasil é tanto mais evidente se se pensar que a grande obra de História Natural de George Marcgraf e William Piso, a *Historia Naturalis Brasiliae*[24], teve a sua génese durante a época nassoviana. João Maurício de Nassau, príncipe holandês que se estabeleceu como governador nas terras açucareiras do Nordeste entre 1637 e 1644, fez-se acompanhar de uma comitiva de artistas e homens de ciência, onde se incluem, além dos citados, Frans Post e Albert Eckhout. Foi durante esse período,

---

23 Claude d'Abbeville, *Histoire de la Mission des Pères Capucins en l'Isle de Maragnan et Terres Circonvoisins*, Paris, François Huby, 1614.
24 George Marcgraf e William Piso, *Historiae Naturalis Brasiliae*, Lugdun. Batavorum, apud Franciscum Hackim et Amstelodami, apud Lud. Elzevirium, 1648.

cerca de vinte anos depois de Frei Cristóvão de Lisboa, que os naturalistas holandeses inscreveram os seus nomes na História Natural brasileira e europeia.

Estava-se em presença de novas concepções artísticas, novas marcas estéticas, novos tratamentos plásticos. O modo de ver a natureza e o estudo das ciências obedeciam a padrões totalmente diversos, também diversamente consignados em múltiplas linguagens narrativas e plásticas. No entanto, a qualidade inquestionável da *Historia Naturalis Brasiliae*, que inclui relatos de investigação científica sobre História Natural, Geografia, Meteorologia e Etnologia do Brasil, e que se constituiu como modelo até ao século XIX, não retira pioneirismo à obra de Frei Cristóvão. A prioridade dos estudos de História Natural do Brasil cabe, de facto, aos portugueses, pela mão do missionário capucho, primeiro custódio do Maranhão, Frei Cristóvão de Lisboa.

Fontes

Abbeville, Claude d', *Histoire de la Mission des Pères Capucins en l'Isle de Maragnon et Terres Circonvoisins*, Paris, François Huby, 1614.

Berredo, Bernardo Pereira de, *Anais Históricos do Estado do Maranhão em que se Dá Notícia do Seu Descobrimento, e Tudo o mais que Nele Tem Sucedido desde o Ano em que Foi Descoberto até o de 1718*, 4ª ed., Rio de Janeiro, Alumar, [198-].

Evreux, Pères Yves d', *Voyage dans le Nord du Brèsil, Fait Durant les Années 1613 et 1614*, Leipzig-Paris, Libraire A. Franck, ed. M. Ferdinand Denis, 1864.

Jabotoão, Fr. António de Santa Maria, O.F.M., *Novo Orbe Seráfico Brasílico ou Crónica dos Frades Menores da Província do Brasil* (1761), Rio de Janeiro, Recife, Assembleia Legislativa, 1979.

Laet, Jean de, *L'Histoire du Nuveau Monde ou Description des Indes Occidentales*, Leide, Chez Bonaventure o Abraham Elseviers, 1611.

Lisboa, Frei Cristóvão de Lisboa, O.F.M., *História dos Animais e Árvores do Maranhão*, Lisboa, Comissão Nacional para a Comemoração dos Descobrimentos Portugueses, 2000. Primeira edição: Lisboa, Arquivo Histórico Ultramarino, 1967.

— *Jardim da Sagrada Escritura Disposto em Modo Alfabético: Com um Elenco de Discursos e Conceitos Sobre os Evangelhos dos Domingos, Quartas e Sextas Feiras da Quaresma e Domingos do Advento. Utilíssimo para Pregadores e Curas d'Almas. Obra Póstuma, Repartida em Dois Tomos. Dado à Estampa por Diligência do M.R.P. Frei Gabriel do Espírito Santo, Ministro Provincial*, Lisboa, Convento de Santo António dos Capuchos, por Paulo Craesbeeck, 1653.

— *Santoral de Vários Sermões de Santos Oferecidos a Manuel Severim de Faria Chantre da Sé de Évora*, Lisboa, por António Álvares, 1638.
Marcgraf, George, e Piso, Willem, *Historiae Naturalis Brasiliae*, Lugdun / Batavorum, apud Franciscum Hackim et Amstelodami, apud Lud. Elzevirium, 1648.
Salvador, Frei Vicente do, o.f.m., *História do Brasil 1500-1627*, 6.ª ed. revista, São Paulo, Melhoramentos, 1975.

Estudos

Amorim, Maria Adelina, *Missão e Cultura dos Franciscanos no Estado do Grão-Pará e Maranhão (Século XVII). Ao Serviço de Deus, de Sua Majestade e Bem das Almas*, Tese de Mestrado apresentada à Faculdade de Letras da Universidade de Lisboa, 1998 (no prelo).
— «Os Primórdios da Missionação na Feliz Lusitânia: o Caso de Frei Cristóvão de Lisboa, Superior da Custódia do Maranhão», Separata da revista *De Cabral a Pedro I*, Porto, Universidade Portucalense, 2001.
Costa, J. C. Rodrigues da, *João Baptista, Gravador Português do Século XVII (1628--1680)*, Coimbra, Imprensa da Universidade, 1925.
Cristóvão, Fernando, «A Literatura de Viagens e a História Natural», in Fernando Cristóvão (coord.), *Condicionantes Culturais da Literatura de Viagens. Estudos e Bibliografias*, Lisboa, Edições Cosmos e CLEPUL, 1999, pp. 183-218.
Fonseca, Luísa, «Frei Cristóvão de Lisboa, o.f.m., Missionary and Natural Historian of Brasil», Separata da revista *The Americas*, Washington, vol. VIII, n.º 3, Janeiro de 1952, pp. 289-303.
— «Maranhão e Frei Cristóvão de Lisboa», in Frei Cristóvão de Lisboa, *História dos Animais e Árvores do Maranhão*, Curitiba, Universidade Federal do Paraná, 1968, pp. 7-24.
França, Carlos, «Os Portugueses do Século XVI e a História Natural do Brasil», *Revista de História*, vol. XV, Lisboa, 1926, p. 17.
— «Os Homens da Igreja na Ciência Nacional», *Brotéria*, Lisboa, vol. XXIII, 1936, pp. 152-173.
Pina, Luís de, «Para a História Natural Brasileira», Separata de *Brasília*, vol. I, Coimbra, 1942.
Saragoça, Lucinda, *Da Feliz Lusitânia aos Confins da Amazónia*, Lisboa, Edições Cosmos e Câmara Municipal de Santarém, 2000.
Willeke, Fr. Venâncio, o.f.m., «Frei Cristóvão de Lisboa, Primeiro Naturalista do Brasil», *Revista do Instituto Histórico e Geográfico Brasileiro*, Rio de Janeiro, vol. 289, 1971, pp. 112-36.

O poder dos mapas

Alexandra Curvelo

O presente texto tem como ponto de partida
A Imagem do Oriente na Cartografia Portuguesa do Século XVI,
Dissertação de Mestrado em História da Arte
apresentada à Faculdade de Ciências Sociais e Humanas
da Universidade Nova de Lisboa em Junho de 1997,
a qual contou com o apoio do Programa Práxis XXI.

A utilização da cartografia pelo poder laico e religioso e como meio de enquadrar, colocar e situar publicamente os protagonistas no lugar que lhes era próprio sob a forma de *tableau vivant* foi uma constante histórica, sobretudo nos séculos XII a XVII.

Na Inglaterra medieval, Henrique II exigiu que se colocasse um mapa-mundo na parede que se encontrava atrás do seu trono e, ainda de forma mais expressiva, a sala de audiências da condessa Adela de Blois, irmã de Guilherme *o Conquistador*, encontrava-se revestida de mapas pintados no chão, cenas bíblicas, clássicas e da história contemporânea nas paredes, e a representação do céu na cobertura do aposento, tradição pictórica que pela eficácia visual manifestada alcançou nova vitalidade no cerimonial da Corte da Borgonha no século XV e grande impacte na corte de Eduardo VI, irmão de Carlos *o Calvo*[1].

A cartografia mural, na sua variante dos mapas-tapeçaria, está documentada em Inglaterra, onde um mapa da cidade de Londres e da região do Middlesex foi encomendado nos finais do século XVI pela família Sheldon a partir de um original de Christopher Saxton[2]. Estes trabalhos, e especialmente os de carácter corográfico, eram utilizados com um fim claramente político e propagandístico.

Em Portugal, o conjunto das Tapeçarias das Esferas, assim designado por representarem inúmeras esferas terrestres, celestes e armilares, encontrava-se na recâmara do Paço da Ribeira, lugar onde decorriam cerimónias de alianças dinásticas entre Casas Reais, ocasiões particularmente propícias a uma encenação que, neste caso concreto, consistia na glorificação das ciências náuticas portuguesas e em

---

1 Peter Barber, «England I: Pagentry, Defense and Government. Maps at Court to 1500», in *Monarchs, Ministers and Maps. The Emergence of Cartography as a Tool of Government in Early Modern Europe*, Chicago-London, The University of Chicago Press, 1992, pp. 26 segs.
2 Leo Bagrow, *History of Cartography*, edição revista e aumentada por R. A. Skelton, Londres, C. A. Watts & Co., 1964, p. 217.

dar a ver D. João III, o encomendador da obra, como verdadeiro arquitecto e senhor de um vasto império[3].

A protecção conferida pela Coroa aos cartógrafos, bem como a disputa destes profissionais pelas principais casas reinantes da Europa, foram recorrentes ao longo do período da Expansão europeia. Se os casos de Pedro e Jorge Reinel, André Homem e Diogo Ribeiro são os mais mencionados, outros cartógrafos portugueses houve que trabalharam no estrangeiro a pedido expresso do poder monárquico. Um dos exemplos mais citados é o de Bartolomeu Velho, dado que se conhecem exactamente as motivações que levaram Carlos IX a chamá-lo para junto de si. O intermediário do processo foi Francisco d'Albagano, mercador estabelecido em La Rochelle, que não só tinha ouvido falar das qualidades de Bartolomeu enquanto cartógrafo e cosmógrafo, como – tão ou mais importante ainda – sabia que tinha conhecimento de todas as descobertas realizadas até então[4].

Outros casos da disputa por parte de potências estrangeiras de figuras «de proa» da cartografia europeia, mas cuja obra se perdeu, têm como protagonistas João Pacheco, piloto e cartógrafo que esteve ao serviço das Coroas espanhola (Carlos V) e francesa (Francisco I); João Dias de Solis, que trabalhou na Casa de la Contratación de Sevilha, tendo sido encarregado, juntamente com João Vespúcio, de fazer um novo padrão real e que foi nomeado em 1512 piloto-mor de Espanha[5] e Francisco Domingues, que ocupou em 1570 o cargo de cosmógrafo do monarca espanhol e que, ao serviço de Espanha, realizou levantamentos

---

3 Barbara von Barghahn e Annemarie Jordan, «The Torreão of the Lisbon Palace and the Escorial Library: an artistic and iconographic interpretation», Separata dos *Arquivos do Centro Cultural Português*, XXII, Paris, Fundação Calouste Gulbenkian, 1986, pp. 44-54.
4 Vide a carta escrita a 8 de Abril de 1566 por Francisco d'Albagano dirigida de Lisboa a Carlos IX, rei de França, documento publicado por Armando Cortesão e Avelino Teixeira da Mota in *Portugaliæ Monumenta Cartographica*, vol. II, Lisboa, 1960, p. 90.
5 Em 1512 Solis foi designado, por capitulação real, comandante de uma esquadra espanhola com destino a Malaca e ao Extremo Oriente com vista à demarcação dos territórios pertencentes a Espanha e a Portugal, decisão à qual se opôs veementemente o rei português D. Manuel I, uma vez que, no seu entender, o comando da missão não deveria ser entregue a um piloto de nacionalidade portuguesa que há muito havia sido expulso do reino e sobre quem recaía uma pena de morte. Vide artigo de Filipe Nunes de Carvalho in Luís de Albuquerque (dir.) e Francisco Contente Domingues (coord.), *Dicionário de História dos Descobrimentos Portugueses*, vol. II, Lisboa, Círculo de Leitores, 1994, pp. 999 e 1000.

topográficos da região da península do Iucatão na América Central[6].

Se a ida de especialistas e técnicos portugueses para outros reinos constituía um problema para a Coroa, também os casos de espionagem adentro das fronteiras nacionais tiveram de ser enfrentados, tendo desde cedo surgido legislação sobre o que era permitido representar nas cartas e mapas. Assim, a acção da política de sigilo posta em prática está claramente patente num édito real da Coroa portuguesa datado de 13 de Novembro de 1504, pelo qual se proibia a realização de mapas que incluíssem informações geográficas para além do rio Manicongo (Zaire).

O episódio mais conhecido de espionagem cartográfica em Portugal foi o que envolveu o célebre planisfério designado «de Cantino». Um agente secreto italiano de nome Alberto Cantino deslocou-se até Lisboa onde conseguiu subornar por doze ducados de ouro um cartógrafo do Armazém da Guiné e Índias, tendo levado consigo o planisfério. Este mapa, que indicava todas as escalas portuguesas da Rota da Índia, acabou por ficar na posse do duque d'Este e, como nota Inácio Guerreiro, as informações nele contidas difundiram-se rapidamente pela Europa, tendo prontamente chegado às oficinas de cartógrafos que as incluíram nas suas obras, como foi o caso de Nicolau Cavério, que no planisfério datado cerca de 1505 reproduz literalmente e por vezes em português estropiado as legendas originais, ou de Waldseemüler que, directa ou indirectamente, transcreveu legendas no seu mapamundo de 1507 e na *Tabula Moderna Indiæ* que preparou para a edição da *Geografia* de Ptolomeu datada de 1513[7].

Porém, este acontecimento não constituiu caso único e a comprová-lo temos exemplos de algumas tentativas não tão bem sucedidas, como a do duque de Lorena, René II (1451-1508), que através de um funcionário italiano a trabalhar em Lisboa procurou obter um mapa actualizado que incluísse as descobertas recentes realizadas pelos portugueses[8], ou a de Juan de la Cosa, mandado a Portugal em 1503

---

[6] Vide artigo de Dionísio David in *Dicionário de História dos Descobrimentos Portugueses*, vol. I, pp. 358-59.

[7] Inácio Guerreiro, «Reflexos Geo-Económicos na Cartografia do Oceano Índico e do Extremo Oriente dos Séculos XIV a XVI», Separata das *Actas do VI Seminário Internacional de História Indo-Portuguesa sobre As Relações entre a Índia Portuguesa, a Ásia do Sudeste e o Extremo Oriente*, Lisboa, Centro de Estudos de História e de Cartografia Antiga, 1993, p. 16.

[8] Hiroshi Nakamura, *East Asia in Old Maps*, Tokyo, The Centre for East Asian Cultural

com a incumbência de levar para Espanha mapas que representassem o Oriente. Ironicamente, foi preso quando regressava a Sevilha e só após um grande esforço de persuasão por parte da Coroa espanhola é que foi libertado[9]. Esta história apresenta algumas semelhanças com a que ocorreu com o português Luís Jorge de Barbuda, que actuou como espião passando para Espanha informações secretas da cartografia portuguesa. Preso em 1575, foi libertado quatro anos mais tarde por Giovanni Battista Gesio, espião italiano que actuava em Portugal ao serviço da Coroa espanhola[10].

A título de curiosidade, refira-se ainda o episódio que teve como protagonista André Freire, filho de João Freire, português que vendia cartas de marear em Sevilha contrariando assim os desígnios da Coroa espanhola que suspeitava que o negócio encobria uma actividade de espionagem. Após uma breve estadia em Portugal, regressou à cidade da Andaluzia e foi imediatamente proibido de fazer e/ou possuir mapas, sob pena de ser forçado a abandonar o reino vizinho[11].

Os mapas, tidos como verdadeiros tesouros, eram conservados num estabelecimento oficial de arquivos e de documentação: no caso português, o Armazém da Guiné e Índia em Lisboa[12], no caso espanhol, a Casa de la Contratación de Sevilha e, nos Países Baixos, a Companhia das Índias Holandesas. Estas instituições não só centralizavam os documentos enviados pelos capitães e os mapas que eram

---

Studies, Col. East Asian Cultural Studies Series, n.º 3, 1962, p. 19.

[9] Arthur Davies, «The Egerton MS. 2803 map and the Padrón Real of Spain in 1510», in *Imago Mundi. A Review of Early Cartography*, vol. XI, Stockholm, E. J. Brill, 1954, p. 51.

[10] Vide artigo de Paulo Nascimento in *Dicionário de História dos Descobrimentos Portugueses*, vol. I, pp. 118-19; e Ursula Lamb, «Nautical Scientists and their clients in Iberia (1508-1624): Science from Imperial perspective», Separata da *Revista da Universidade de Coimbra*, vol. XXXII, 1985, particularmente pp. 54 e 55.

[11] Vide artigo de Francisco Contente Domingues in *Dicionário de História dos Descobrimentos Portugueses*, vol. I, pp. 435-63.

[12] De acordo com Mendes da Luz, o lugar reservado à guarda do padrão das cartas de marear era, de facto, o Armazém da Guiné e Índias, e não a Casa da Guiné, Mina e Índias. Sobre este assunto, veja-se id., «Dois organismos da administração ultramarina no século XVI: a Casa da Índia e os Armazéns da Guiné, Mina e Índias», in *A Viagem de Fernão de Magalhães e a Questão das Molucas. Actas do II Colóquio Luso-Espanhol de História Ultramarina*, Avelino Teixeira da Mota (org.), Lisboa, Junta de Investigações Científicas do Ultramar e Centro de Estudos de Cartografia Antiga, 1975.

posteriormente, e mediante autorização superior, distribuídos aos pilotos, como chamava a si o direito de os censurar, confiscar e destruir[13].

Se não subsistem documentos e informações suficientes para o conhecimento aprofundado da produção cartográfica no Armazém da Guiné e Índias, o mesmo não se verifica para Espanha, que nas suas linhas gerais deveria seguir de perto os procedimentos levados a cabo em Lisboa. A Casa de la Contratación de Sevilha, criada pelos Reis Católicos em 1503, era o centro de controlo do tráfico marítimo, da selecção dos capitães, do recrutamento dos pilotos e da centralização da documentação cartográfica. Em Março de 1508 o sistema foi reforçado pelo encontro em Burgos de uma junta de navegantes composta pelos melhores pilotos de então: Juan de la Cosa, Américo Vespúcio e Vicente Yánez Pizón. Em poucos meses organizou-se um grupo de cosmógrafos, presidido pelo piloto-mestre Vespucci, tendo por missão controlar os instrumentos de navegação e reunir os mapas e os relatos sobre todos os litorais e ilhas até então descobertos. Esses mapas e atlas náuticos ficavam fechados num cofre-forte com um sistema de abertura duplo. As duas únicas chaves existentes eram confiadas, respectivamente, ao piloto maior e ao cosmógrafo-mor. O mesmo acontecia com o selo que atestava a aprovação das cartas de marear e dos instrumentos náuticos pela Casa de Contratación[14].

Era no Armazém da Guiné e Índias em Lisboa, e na sua homóloga espanhola, que se guardava o padrão real. Neste grande mapa, a carta náutica oficial do mundo conhecido, marcavam-se regularmente os

---

13 Mireille Pastoureau, *Voies Océanes. Cartes Marines et Grandes Découvertes*, Paris, Bibliothèque Nationale, 1992, pp. 60 segs.

14 Pastoureau, *op. cit.*, pp. 64-65, e Jose Pulido Rubio, *El Piloto Mayor. Pilotos Mayores, Catedraticos de Cosmografia y Cosmografos de la Casa de la Contratación de Sevilla*, Sevilla, Publicaciones de la Escuela de Estudios Hispano-Americanos de Sevilla, série 2, n.º 19, 1950, p. 444. Sobre o funcionamento da Casa de Contratación e o «Padrão Real», v. Pablo E. Pérez-Mallaína, «Botânica e cartografia: a explosão da ciência!», in *Sevilha, século XVI. De Colombo a D. Quixote, entre a Europa e as Américas: o coração e as riquezas do mundo*, Lisboa, Terramar, 1993, pp. 206-10; Ursula Lamb, «The Spanish Cosmographic Juntas of the Sixtetenth Century», in *Terrae Incognitae. The Annals of the Society for the History of Discoveries*, vol. VI, 1974, Amsterdam, Nico Israel, p. 57, e Marica Milanesi, «Arsarot o Anian? Identità e separazione tra Asia e Nuovo Mondo nella cartografia del Cinquecento», in *Il Nuovo Mondo nella coscienza italiana e tedesca del Cinquecento*, Adriano Prosperi e Wolfgang Reinhard (coord.), Bolonha, Società Editrice Il Mulino, 1992, pp. 21-24.

avanços da expansão marítima, acrescentando-se e indicando-se as terras e ilhas recentemente descobertas. Documento de inestimável valor, só uma minoria a ele tinha acesso. Desta carta-modelo, mediante autorização prévia faziam-se cópias que os pilotos levavam consigo nas viagens a realizar. Numa carta régia de 4 de Dezembro de 1586, depois de examinado por Tomás de Orta e Sebastião Lopes, foi passada carta de ofício a Pedro de Lemos, tendo-lhe sido concedida licença para que «daqui em diante possa usar da dita arte de fazer as ditas cousas e mais não, e com isto declaração que as ditas cartas de marear fará conforme aos padrões que disso há nos meus armazéns da Índia, sem mudar cousa alguma, mares, costas e terras que estiverem lançadas nos ditos padrões»[15].

A escrita do cartógrafo não tem sentido fora do seu referente, a superfície terrestre, o qual, por sua vez, não é imaginável senão com o contraponto do mapa. Este dispositivo torna o espaço assimilável, permitindo apreendê-lo como realidade passível de ser medida, ordenada ou planificada. Reduzindo o globo a um espaço abrangível pelo olhar, a uma escala humana, a cartografia «humaniza» o território e transforma-o num objecto sobre o qual é possível pensar a acção[16].

Neste sentido, é muitíssimo interessante o episódio narrado na *Verdadeira Informação sobre a Terra do Preste João das Índias* da autoria do Padre Francisco Álvares, relação de uma viagem à Etiópia que durou aproximadamente sete anos (1520-27), tendo como figuras principais o próprio Preste João e Francisco Álvares e, como objecto de discussão, um mapa-mundo que havia sido levado pelos portugueses: «Estando nós no lugar de Dara, o Preste João nos mandou um mapa-múndi que havia quatro anos que lhe trouxéramos, que lho mandara Diogo Lopes de Sequeira, dizendo que as letras que estavam naquela carta se diziam as terras quais eram e se isto diziam, que logo ao pé

---

15 Torre do Tombo, *Chancelaria de D. Filipe I*, Livro 11, fl. 381. Transcrito por Cortesão in *Portugaliæ Monumenta Cartographica*, vol. IV, p. 35. Sobre Pedro de Lemos, v. artigo de Francisco Contente Domingues in *Dicionário de História dos Descobrimentos Portugueses*, vol. II, p. 591.

16 Fernando Bouza Álvarez, «Una Història de Mapes, una Història en Mapes», Introdução ao catálogo da exposição *De Mercator a Blaeu. España y la Edad de Oro de la Cartografía en las Diecisiete Provincias de los Países Bajos*, Barcelona, Institut Cartogràfic de Catalunya, 1995, pp. 13 e 14.

O poder dos mapas 115

lhes fizessem as suas para saber quais eram as terras e logo nos pusemos, o frade ambaixador que vai para Portugal e eu, ele escrevia e eu lia. E ao pé de todas as nossas letras, pôs as suas. E porque o nosso Portugal é misto com Castela em pequeno espaço e Sevilha mui perto de Lisboa perto da Corunha, lhe pus Sevilha por Espanha e Lisboa por Portugal e a Corunha por Galiza. Todo o mapa-múndi acabado, que nada não ficou, o levaram. E no dia seguinte mandou chamar o embaixador e a todos os que estávamos com ele e logo nas primeiras razões nos mandou dizer que El-Rei de Portugal e El-Rei de Castela eram senhores de poucas terras e que não bastaria El-Rei de Portugal para defender o mar Roxo ao poder dos turcos e rumes e que seria bom escrever ele a El-Rei de Espanha que mandasse fazer fortaleza em Zeila e El-Rei de Portugal mandaria fazer em Maçuá e El-Rei de França mandasse fazer em Suaquém e todos três com as gentes dele, Preste, poderiam guardar o mar Roxo e tomar Judá e Meca e o Cairo e a Casa Santa e ir por todas as terras que quisessem. Respondeu a isto o embaixador que Sua Alteza está enganado ou mal informado, que se alguém isto lhe dissera, que não lhe disse a verdade e se o tomara pela vista do mapa-múndi, que não tomara bem o conhecimento das terras, porque Portugal e Espanha estão no mapa-múndi como coisas bem sabidas e não como necessárias de se saberem e que olhasse no mapa-múndi como estavam as cidades e castelos e mosteiros e assim estava Veneza, Jerusalém, Roma como coisas bem sabidas e em pequenos espaços e olhasse sua Etiópia como estava coisa não sabida, muito grande e muito espalhada, cheia de montanhas e de leões e de elefantes e doutras alimárias e assim de muitas serranias, sem ela mostrar o mapa-múndi cidade, vila nem castelo e que soubesse Sua Alteza que El-Rei de Portugal por seus capitães era poderoso para defender e guardar o mar Roxo a todo o poder do grão-sultão e do grão turco e os guerrear até à Casa Santa e que outras maiores conquistas trazia nas partes de África com El-Rei de Fez e de Marrocos e outros muitos reis, subjugando todas as Índias e por força fazendo todos os reis delas tributários como Sua Alteza bem sabia, por contrários de El-Rei de Portugal que eram os mesmos mouros da Índia tratantes na sua corte. A isto não veio resposta»[17]. Este texto enuncia, de forma

17 P.e Francisco Álvares, *Verdadeira Informação sobre a Terra do Preste João das Índias*, 2 vols., comentário de Luís de Albuquerque, transcrição em português actual por Maria da Graça Pericão, Lisboa, Publicações Alfa, 1989. Cap. CXV, pp. 75 e 76.

mais ou menos explícita, os vários elementos constituintes da cartografia do período moderno, época em que os mapas passaram a ser sistematicamente projectados e desenhados sobre um pano de fundo de linhas, isto é, os traçados utilizados pelo cartógrafo para construir e projectar o mapa. Os meridianos, ou linhas de rumo, e os paralelos tornaram-se deste modo os princípios organizadores do espaço do mapa. Esta quadrícula que não tem correspondência com o real, que não é visível, foi já na época designada de «linhas imaginárias»: «E começando a dividir todo o marítimo desta Ásia que ao presente faz ao propósito para relação de nossas navegações e conquista, podemos fazer esta divisão em nove partes em que a natureza a repartiu, com sinais notáveis sem lançármos linhas imaginárias; os quais sinais são mares, cabos e rios»[18].

A «armação geométrica», preliminar ao desenho topográfico e que o organiza, tem acima de tudo uma finalidade prática, o que é sobretudo válido quando nos referimos ao mapa-instrumento[19], aquele que era manuseado, emendado, rascunhado, logo efémero. A quadrícula, que é uma pura construção intelectual, serve de ponto de partida a tudo quanto é construído, cabendo-lhe uma função «organizadora» do próprio espaço. Porém, este papel encontra-se directamente associado ao «efeito de autoridade» que tal dispositivo pressupõe, o que pode ser exemplificado através da marcação nalgumas cartas e mapas do meridiano localizado a 370 léguas de Cabo Verde com o fim de delimitar as possessões portuguesas e espanholas.

Ao «espaço geométrico» do mapa agrega-se todo um conjunto de informações diversificadas, com referentes e leituras próprias, designadamente o «espaço textual» ou da escrita («as letras», de acordo com a passagem de Francisco Álvares), e o espaço da imagem propriamente dita, que segundo o episódio narrado na *Verdadeira Informação* tantos mal entendidos gerou e que nos permite entender que as «coisas bem sabidas» correspondiam aos espaços ilustrados pelos sím-

---

18 João de Barros, *Décadas da Ásia*, Década I, Livro IX, cap. 1.
    Deve-se a Christian Jacob um dos estudos fundamentais sobre as múltiplas leituras que a cartografia encerra e que constitui a base de trabalho das questões aqui abordadas: *L'Empire des Cartes. Approche Théorique de la Cartographie à Travers l'Histoire*, Paris, Albin Michel, 1992.
19 Expressão de Georges Jean in *Langage de Signes: l'Écriture et son Double*, Paris, Gallimard, 1989.

bolos civilizacionais por excelência da Europa cristã (cidades, castelos, mosteiros), ao contrário dos espaços ainda inexplorados, logo preenchidos por elementos do mundo natural (montanhas, leões, elefantes e «outras alimárias e assim de muitas serranias»).

O espaço da escrita compõe-se fundamentalmente do título, dos topónimos e das legendas, peças de um *puzzle* intrincado e que não se esgota no simples enunciado. Deste modo, quando lemos o título do planisfério datado de 1529 da autoria de Diogo Ribeiro, um dos cartógrafos portugueses que trabalhou ao serviço da Coroa espanhola, entendemos claramente o sentido político que encerra: «Carta universal en que se contiene todo lo que del mundo se ha descubierto hasta agora. Hizola Diego Ribero, cosmógrapho de Su Magestad. Ano 1529. La qual se divide en dos partes conforme a la capitulación que hicieron los Catholicos Reyes de España y el Rey D. Juan de Portugal en la villa de Tordesillas año de 1494»[20].

Porém, é através da toponímia que a escrita entra no mapa e o projecta numa das suas funções mais importantes: a nominação.

A toponímia é um veículo de saber que se inscreve no mapa, aproveitando-se do seu suporte gráfico e desenvolvendo-se segundo uma lógica diferente da descrição geográfica. O topónimo refere-se ao particular, ao singular, e associa-se a uma superfície de que muitas vezes ele é a única inscrição. Reside aqui um dos paradoxos da nomenclatura toponímica, na medida em que ocupa uma porção, mesmo que ínfima, do espaço que assinala.

Esta função nominativa do topónimo pressupõe uma apropriação simbólica do espaço: o topónimo é, mais do que uma assinatura, uma autêntica reivindicação de posse de um território, ou, para utilizar a metáfora de Christian Jacob, o topónimo desempenha um papel análogo à colocação de padrões nas terras descobertas e conquistadas.

A materialização visual desta metáfora pode ser observada no planisfério de Nicolau Cavério de 1505, no qual a apropriação do território inerente à escrita topográfica é reforçada pela representação dos padrões que assinalam as mais recentes descobertas portuguesas. À mancha do litoral escrita em milhares de topónimos contrapõem-se os espaços vazios do interior, em que, curiosamente, o «duplo» da ima-

---

[20] Citado in Luisa Martín Merás, *Cartografía Marítima Hispana. La Imagen de América*, Madrid-Barcelona, Lunwerg Editores, 1993, p. 97.

gem que nos é dado ver surge em escala reduzida, apelando-se ao olhar simultaneamente centrípeto e centrífugo do observador.

Outro poder da toponímia é, como salienta Jacob[21], incentivar-nos a viajar, já que a sua leitura é, em si mesma, uma viagem. Estando os topónimos ligados entre si pelo fio condutor de um itinerário (não podendo, por isso, ser entendidos como unidades independentes), dirigem o olhar para caminhos por eles traçados e delineados, incitando-nos a contornar a Terra, ou seja, a sair do nosso espaço e a entrar no mapa. Daqui decorre o seu poder performativo.

A carta da Europa do Atlas «Vallard» (1547) é um exemplo paradigmático das múltiplas funções do topónimo e das suas qualidades plásticas. Sinónimo de conhecimento do território, os topónimos enquadram-se prioritariamente nas orlas marítimas dos continentes. A um espaço pontuado pela cor do próprio material de suporte com a intercalação do preto e do vermelho – semelhante a um extenso rolo de pergaminho de contornos sinuosos que se desenrola perante o nosso olhar – opõe-se uma pintura ampla de fundo verde e azul dominada por reis, percorrida por viajantes, povoada de cidades e marcada pela heráldica. Contudo, para a plena percepção do texto e das figuras é necessário deixarmo-nos guiar pela escrita, inverter o mapa, fazer girar o mundo nas nossas mãos. E esta é a chave de leitura da carta: só se nos perdermos é que, de facto, podemos compreender e ver o que ela contém e revela.

A legenda é o espaço de leitura por excelência do mapa, e o seu conteúdo reflecte o saber de uma época, o que se traduz, para a larga maioria da cartografia dos séculos XIV, XV e XVI, num espaço preenchido por um texto de carácter enciclopédico e cumulativo, verdadeiros inventários que tendem a traduzir o que é representado e a aproximar-se, pela sua natureza, da Literatura de Viagens. Numa legenda o cartógrafo tende a resumir ou condensar o *corpus* do saber geográfico sobre uma determinada região.

Data de 1551 o mapa do Oriente da *Carta Universal* de Sancho Gutiérrez, a maior de todas as que se conservam da Casa de la Contratación de Sevilha. A par da inserção de seres monstruosos e fantásticos («os homens que têm olhos no peito» ou «os galos e galinhas que levam lã em vez de penugem»), encontramos também o Gran Kan,

---

21 Christian Jacob, *op. cit.*, pp. 297 segs.

«imperador dos tártaros e que se intitula rei dos reis e senhor dos senhores». A este espaço em que se entrecruzam o mito e a realidade, contrapõe-se uma longa legenda histórico-geográfica com onze números, que correspondem a uma notável característica de algumas regiões. Significativamente os textos reportam-se às figuras de Cristóvão Colombo, João Dias de Solis, Sebastian Cabot, ou seja, dizem respeito ao continente americano e não à Ásia, apresentando, pela associação de imagens como pelo conteúdo, claros intuitos políticos e propagandísticos. Esta característica está sobretudo patente na legenda das ilhas Molucas, que esta *Carta Universal* situa nos domínios espanhóis: «Estas ilhas do Maluco foram descobertas por Fernão de Magalhães, capitão de uma armada como dito é, e por Joan Sebastián del Cano é a saber que o dito Fernão de Magalhães descobriu o estreito de Todos os Santos.» O texto prossegue com o sumário da viagem de Magalhães e termina com a chegada de Elcano a Sevilha: «Juan Sebastian Elcano com a sua nau chamada *Santa Maria de la Victoria* veio a estes reinos de Castela à cidade de Sevilha ano do senhor de MDXXII pelo cabo da Boa Esperança de maneira que claramente parece ter dado o dito Juan Sebastián Elcano uma volta a todo o universo e foi tanto para ocidente que voltou pelo oriente surgindo no lugar ocidental de onde havia partido»[22].

Espantosamente, poucas décadas mais tarde começaram a produzir-se na China e no Japão mapas e biombos cartográficos em que todos estes elementos se conjugam e adaptam a diferentes realidades e contextos religiosos e socioculturais, de modo a veicularem uma nova imagem do mundo e um novo saber.

O moderno entendimento do espaço e do mundo, que tantos problemas colocou e tantas formas de visão alterou na Europa, foi um dos argumentos privilegiados dos missionários jesuítas nas tentativas de evangelização da China e do Japão. E também no «Reino do Meio» e no «País do Sol Nascente», designações que só por si são eloquentes da forma como estes povos se viam a si próprios, a cartografia foi um dos instrumentos de maior eficácia que a Europa utilizou para se dar a conhecer e tentar impor, contribuindo simultaneamente para a autoconsciencialização dos Orientais e para a sua inserção no novo enquadramento que lhes era proposto.

---

22 Tradução livre a partir da transcrição de Martín Merás, *op. cit.*, p. 114.

«Algo de velho, algo de novo e algo de estranho».
Imagens da Nova Holanda de João Maurício de Nassau

Ana Vasconcelos

«Algo de velho, algo de novo e algo de estranho», dizer popular dos canais de Amesterdão em 1649. Citado in Charles Boxer, *The Dutch in Brazil, 1624-54*, Oxford, Clarendon Press, 1957.

A existência no templo de Tenare de um pequeno ex-voto de bronze, representando um homem a cavalo num golfinho, levou Heródoto a admitir a veracidade da história prodigiosa do poeta e tocador de cítara Arion. Na sequência do roubo de que fora vítima a bordo do barco que o levava de regresso a Corinto, os assaltantes concederam-lhe o desejo de cantar uma última vez no convés do barco, vestido com as suas melhores roupas, antes de se atirar à água. E, conta-nos Heródoto[1], enquanto os bandidos rumavam a Corinto (onde a sua história acabou por ser descoberta), um golfinho salvou Arion das águas, transportando-o até terra.

Ao considerar a história, tal como era contada por Coríntios e Lésbios, corroborada pela existência de uma escultura oferecida pelo agradecido chantre ao templo de Tenare, Heródoto referencia a utilização no estudo do passado de imagens e objectos de arte ou de uso quotidiano. Para que estes objectos possam ser considerados fontes históricas, assumindo uma importância fundamental, necessitamos decifrar os vários tipos de discursos neles contidos, ou propostos, relativamente a esse mesmo passado. Estes discursos transportam sonhos e memórias e, na sua essência, constituem versões mais ou menos articuladas que importa examinar na forma como a informação que transmitem foi, consciente ou inconscientemente, manipulada. Inúmeros factores condicionaram ainda a sua criação e recepção.

No estudo das imagens nassovianas procurámos alhearmo-nos, ainda que temporariamente, do encantamento suscitado pela sua observação, procedendo a um inquérito sobre o contexto da sua produção, de modo a extrair elementos para o preenchimento do complexo e, tantas vezes dificilmente reconstituível, *puzzle* do passado. Na análise realizada foi igualmente importante avaliarmos as condições da

---

[1] Heródoto, *História*, Livro I, § 24, texto traduzido e anotado por Andrée Barguet, Paris, Éditions Gallimard, 1964, pp. 48-50.

nossa própria recepção, procurando evitar o que Ernst Gombrich designa por «falácia fisionómica»[2] da arte, que consiste em olharmos o passado de acordo com a sua caracterização dominante, tentando que os objectos artísticos se adaptem a sentidos previamente estabelecidos.

A avaliação da pertinência do testemunho histórico de imagens e objectos leva-nos a considerá-los, já não como mera ilustração de acontecimentos passados, mas como «actores»[3] desempenhando um papel activo paralelo ao das tradicionalmente mais utilizadas fontes escritas. Relativamente a esta avaliação crítica, Francis Haskell alerta-nos para vários erros que podemos cometer, nomeadamente por uma excessiva confiança no valor denotativo das imagens, considerando que elas resultaram da transcrição de um «olhar inocente», ou pela omissão da delimitação do respectivo contexto de recepção (constituído, na maior parte dos casos, por ricos e poderosos que as encomendaram para satisfação de aspirações próprias)[4].

Estas considerações poderiam ter sido tecidas a pensar no conjunto pictográfico criado no contexto do breve episódio colonial neerlandês no Brasil de Seiscentos. Trata-se de um conjunto que reúne mais de mil imagens de inegável beleza, constituindo uma importante fonte histórica para o conhecimento da efémera colonização neerlandesa do Nordeste brasileiro (1630-54), sobretudo, no período correspondente à governação de Nassau (1637-44). À semelhança dos inúmeros textos coevos sobre os acontecimentos, também as imagens nassovianas compõem versões de índole artística, cultural, social, política e até mesmo económica, sobre a colónia neerlandesa. O estudo crítico realizado dependeu, entre outras questões, da resolução dada aos dois erros enunciados por Haskell, designadamente, o que resulta

---

2 Ernst Gombrich, «Art and Scholarship», in *Meditations on a Hobby Horse*, Londres, Phaidon, 1963, p. 108.
3 Vide sobretudo os trabalhos desenvolvidos por W.J.T. Mitchell e David Freedberg, que defendem uma proposta semiótica da imagem enquanto texto – e não enquanto mera ilustração –, no qual não apenas se inscrevem, como actuam, as várias matrizes culturais subjacentes à sua concepção. A proposta de Mitchell da imagem como «actor» do palco histórico, ultrapassando a concepção habitual da imagem como um signo específico, vem aumentar significativamente a nossa compreensão do papel fundamental desempenhado pelas imagens (cf. Mitchell, *Picture Theory*, Chicago e Londres, The University of Chicago Press, 1994).
4 Francis Haskell, *L'historien et les Images*, Paris, Éditions Gallimard, 1995, p. 17.

de uma excessiva confiança no valor documental inconsciente das imagens, dependendo da forma como avaliamos a especificidade do «olhar do viajante» que as produziu, e o erro que resulta de uma defeituosa delimitação do respectivo contexto de produção e recepção, relacionando-se, nessa medida, com o «olhar de poder» que as determinou. Estes dois olhares coexistem nas obras em análise, permitindo equacionar problemas que auxiliam a respectiva decifração[5].

1. *O valor «documental» das imagens.*

O que se supõe ter sido a comitiva que acompanhou o conde João Maurício de Nassau (1604-79) ao Brasil, em 1637, inscreve-se numa linhagem de comitivas que acompanharam as grandes expedições europeias de conquista e colonização (desde a realizada contra a Pérsia e a Índia, por Alexandre *o Grande*, à expedição de sábios levada ao Egipto, em 1798, por Napoleão Bonaparte). Ditadas por interesses políticos e militares, estas comitivas estimularam a obtenção de resultados científicos e técnicos obtidos pelos elementos nelas envolvidos, para os quais levavam missões específicas. Na análise do corpo expedicionário de Bonaparte, Robert Solé refere que a presença de sábios e artistas elevou o estatuto do empreendimento, rodeando o chefe militar máximo de uma equipa pronta a aconselhá-lo e a apoiar a sua actuação com outros meios que não os estritamente militares[6]. Estas comitivas, ou «missões», produziam igualmente trabalhos capazes de surpreender e encantar o público receptor, simultaneamente modificando o nível de representação europeu sobre as regiões conquistadas.

Não sabemos se os artistas que acompanharam Nassau teriam um programa iconográfico pré-definido. Pela divisão temática dos trabalhos actualmente conhecidos, supõe-se ter sido contratado um paisagista, Frans Post (1612-80), responsável pela realização de desenhos

---

5 Procurando-se «libertar» os objectos criados do mistério da sua realização, mediante um conjunto de interpretações que o observador faz, munido com os necessários instrumentos de análise, de forma a tornar o objecto visível (David Richards, *Masks of Difference. Cultural Representations in Literature*, Anthropology and Art, Cambridge, Cambridge University Press, 1994, p. 2).
6 *Les Savants de Bonaparte*, Paris, Éditions du Seuil, 1998, p. 11.

topográficos e paisagens das regiões conquistadas, e um pintor de figuras humanas, zoológicas e botânicas, de nome Albert Eckhout (c. 1610-64). A estes dois artistas podemos acrescentar Georg Marcgraf (1610-43 ou 44), naturalista alemão que chegou ao Brasil em 1638 (coincidindo com o cerco de Nassau à Bahia de Todos-os-Santos). Apto a utilizar o desenho e a pintura como auxiliares das suas pesquisas, dado que tinha tido formação artística, «sendo um Pintor de considerável talento»[7], Marcgraf foi, possivelmente, o autor de vários desenhos de animais e plantas que integram duas colecções iconográficas: os *Manuais*[8], assim designados por terem sido os manuais de consulta sobre questões de história natural de Nassau, e o *Teatro das Coisas Naturais do Brasil*[9], constituído por quatro volumes encadernados com mais de quatrocentas imagens.

À semelhança do que acontecia com vários outros viajantes e estudiosos desta época, encontramos conjugados em Marcgraf o desejo de conhecimento e uma inesgotável curiosidade científica com dotes artísticos desenvolvidos, que lhe permitiam utilizar o desenho como instrumento de pesquisa. A conciliação da aprendizagem do desenho

---

[7] «The Natural disposition, which in him when a boy was presently great and excellent, lay not hid from his Father and Grandfather, who straight with great love engaged to teach him ye Latine & Greek: & when they perceived him to be extremely desirous to learn Musick, & ye Art of Painting they diligently took care to have him instructed in both, so that he attained to be a most excellent Musician both vocal, & instrumental, & a Painter not to be despised» (Christian Marcgraf, *apud* P.J.P.Whitehead, «The biography of George Marcgraf by his brother Christian, translated by James Petiver», in *Journal Soc. Biblphy nat. Hist*, 9 (3), 1979, p. 307).

[8] Contém 351 aguarelas de animais e plantas, provavelmente realizadas do natural e directamente nos dois volumes já encadernados. Muitos dos espécimes têm legendas na caligrafia de João Maurício de Nassau, cf. Whitehead e Boeseman, *A Portrait of Dutch 17th century Brazil. Animals, plants and people by the artists of Johan Maurits of Nassau*, Amesterdão, Oxford e New York, North Holland Publishing Company, 1989, pp. 40-41.

[9] Com o título *Theatrum Rerum Naturalium Brasiliae*, é constituído por pinturas a óleo sobre papel e por alguns desenhos a guache, grafite e lápis de cor. A encadernação foi organizada por ordem do Príncipe Eleitor pelo seu médico, Christian Mentzel, que dividiu as imagens em *Icones Aquatilium*, *Volatilium*, *Animalium* e *Vegetalium*, e refere na dedicatória «o Leitor e não menos Espectador» daquelas pinturas e desenhos, explicando que se tratam de «imagens das coisas que a Natureza produziu, alimentou e fez crescer, feitas nos seus próprios lugares de origem e pintadas com cores vivas e exatas, de modo a reproduzir a própria natureza o mais perfeitamente possível» (*Brasil-Holandês*, Editora Index, 1993, p. 18).

com a de outros interesses e disciplinas foi, aliás, defendida por Constantijn Huyghens (1596-1687), secretário do príncipe de Orange, na sua *Autobiografia*, referindo a importância da prática do desenho porque, entre várias outras aplicações, permitia registar as viagens realizadas[10]. Estas referências revelam a importância atribuída à aprendizagem proporcionada pela viagem – de que são bom exemplo os *Kavalierstour*, como eram designadas as viagens realizadas pelos jovens aristocratas alemães ao terminarem a sua educação universitária –, e à prática do registo pictórico enquanto possibilidade de compreensão activa das coisas do mundo, prática que era estimulada desde a infância[11].

Sublinhando a tarefa de descrição do mundo realizada pela produção pictórica neerlandesa de Seiscentos, Svetlana Alpers contrapõe ao modelo proposto por Leon Battista Alberti[12], da *Ut Pictura Poesis* [na pintura tal como na poesia], em que a pintura é vista como uma superfície emoldurada situada a determinada distância do observador que olha através dela para um mundo alternativo, o modelo de Johannes Kepler, da *Ut pictura, ita visio* [na pintura tal como na visão], em que a visão é identificada a uma imagem[13]. «Ver» equivalia a criar uma imagem, uma pintura, no sentido em que o olho, enquanto instrumento mecânico, fabricava imagens na retina. Centrando-se no estudo do instrumento da visão, o modelo de Kepler contribuiu para que os artistas neerlandeses criassem uma imagem «óptica» que se constituía como alternativa à imagem «perspéctica» de Alberti, e permitiu questionar o estatuto da visão, isto é, a verdade ou a falsidade das imagens observadas. Se o entendimento mais comum relativamente à arte holandesa desta época refere a grande proximidade entre o representado e a realidade observada, não apenas a utilização

---

10 Svetlana Alpers, *The Art of Describing. Dutch Art in the Seventeenth Century*, Londres, Penguin Books, 1991, p. 24.
11 Mariët Westermann, *The Art of the Dutch Republic, 1585-1718*, Londres, Calmann and King, 1996, p. 82.
12 Modelo que estruturou a pintura do Renascimento italiano, em que o mundo substituto representado pela pintura «funcionava como um palco no qual figuras humanas desempenhavam acções significativas baseadas nos textos dos poetas. Era uma arte narrativa» (Svetlana Alpers, *op. cit.*, p. XIX).
13 «"Thus vision is brought about by a picture (*pictura*) of the thing seen being formed on the concave surface of the retina"» (*Paralipomena* de Kepler, 1604, *apud* Alpers, *op. cit.*, 1983, p. 34).

de novas e aperfeiçoadas tecnologias que, de certo modo, deturpavam a realidade – aproximando-a do observador com o microscópio e o telescópio[14], ou dando-lhe maior nitidez, recortando-a, com a *camara obscura* –, como o excesso, conscientemente procurado, de verosimilhança, suscitaram considerações sobre até que ponto esta arte mimética poderia, também ela, ser considerada verdadeira ou falsa. Poder-se-ia reproduzir a «verdade» do mundo?

Embora reúna trabalhos muito diferentes entre si, a iconografia nassoviana partiu de uma base comum na sua elaboração, que se pode definir como o esforço na representação naturalística da «realidade», ou realismo. Desde as ilustrações de história natural de Eckhout e Marcgraf, às vistas panorâmicas e desenhos de Post, aos retratos, naturezas-mortas e desenhos «etnográficos» de Eckhout, encontramos diferentes níveis de representação relativamente às qualidades imitativas da «realidade», tal como eram trabalhadas pelos artistas holandeses. Aliás, a qualidade imitativa ou verosimilhante na reprodução da realidade é a característica mais comum e recorrentemente apontada a este conjunto de imagens, na assumpção de uma colagem entre aquilo que os artistas viam e o que representaram, e que tem sido responsável pela sua utilização meramente documental[15]. Este carácter

---

14 Os problemas de escala, de tamanho, eram já frequentemente observáveis na pintura norte-europeia, aceitando os pintores que tanto o homem como as coisas não tinham uma medida fixa. Este contínuo equacionamento entre o próximo e o afastado tornou-se na própria condição humana durante o século XVII. Por outro lado, aceitava-se que mesmo as mais «verdadeiras» imagens provinham de distorções da realidade: «The instance of a real-looking, but still in some aspects false, representation is situated right on the borderline between reality and artifice, which, on the evidence of their eye-fooling pictures, intrigued the Dutch. Far from minimizing the importance of pictures, it suggests how much they depended on them» (Svetlana Alpers, *op. cit.*, 1983, p. 23).

15 Entre os vários estudos consultados, Rüdiger Joppien refere o registo factual e objectivo das paisagens e edificações de Post e a verdade étnica dos retratos de Eckhout, considerando que as oito figuras representadas constituem um «mapa» humano do país («The Dutch Vision of Brazil» in *Johan Mauritius van Nassau-Siegen 1604-1679: a Humanist Prince in Europe and Brazil*, E. Boogart et al. (eds.), Haia, Johan Maurits van Nassau Stichting, 1979, p. 300). Foi este também o sentido da apreciação delas feita por Alexander von Humboldt (1769-1859), ao admirar a exactidão conscienciosa da sua execução, a sua qualidade descritiva, assinalando que estas pinturas constituíam obras ímpares no campo da iconografia geográfica. Foi, aliás, Humboldt quem salvou do esquecimento os nomes de Post e Eckhout, ao referir na

Imagens da Nova Holanda de Nassau (1637-44)

documental que lhe é atribuído resulta em grande medida das opções técnicas dos artistas, que privilegiavam a representação de texturas quase tangíveis das coisas, no sentido da maximização do «efeito de realidade», sendo a credibilidade do conjunto acentuada pelo carácter minucioso dado à representação de cada pormenor[16].

Nas suas pinturas, Post parece empenhado em documentar a paisagem pernambucana, favorecendo a criação de paisagens do quotidiano que nos transmitem a cadência da rotina diária, nos múltiplos acontecimentos sem história das liliputianas[17] e anónimas figuras humanas representadas. Embora valorizando uma pincelada minuciosa e precisa, destinada à tradução mimética dos motivos observados, Post distancia-se do representado, silenciando comentários mais pessoais. Relativamente à utilização da cor, bem como à estrutura compositiva utilizada, é necessário diferenciar as pinturas que se conhecem datadas da viagem brasileira (sete pinturas realizadas entre 1637 e 1640), e as realizadas após o regresso do pintor à Holanda (cento e trinta e duas pinturas entre 1648 e 1669). Enquanto nas primeiras, talvez por dificuldades práticas na obtenção de pigmentos, Post utiliza uma suave modulação cromática, de tonalidade algo mortificada (fig. 1, cfr. p. 141), e um esquema compositivo que faz do observador um viajante que, tal como o pintor, observa de muito perto a cena representada, as paisagens realizadas em Haarlem utilizam uma muito mais rica e variada paleta cromática, de maior luminosidade, apresentando-se como um cenário fechado que exclui a convocação da presença física do observador, e dispõe animais, plantas, pessoas e arquitecturas como se se tratasse de um cenário (fig. 2, cfr. p. 141).

Post foi um pintor paisagista de grande apetência arquitectónica,

---

sua obra *Kosmos*, a inovação proposta pelas suas obras relativamente à conciliação da pintura de paisagem com o estudo da natureza.
De forma mais cautelosa, Joaquim de Sousa-Leão, apesar de assinalar a precisão do pormenor com que Post registou as várias etapas do ciclo do açúcar, paraleliza o seu trabalho, enquanto cronista pictórico, às descrições textuais de Ambrósio Fernandes Brandão (*Frans Post, 1612-1680*, Amesterdão, A.L.van Gendt & Co., 1973, p. 5). Por último, Whitehead e Boeseman levantam a questão relativamente a qual o ponto de intersecção nas obras de Eckhout e Post entre o esforço documental e a arte.

16 Lyckle de Vries, «The changing face of realism», in *Art in history. History in art. Studies in Seventeenth Century Dutch Culture*, David Freedberg e J. de Vries (ed.), Santa Monica, Getty Center for the History of Art and the Humanities, 1991, pp. 210-11.

17 Ana Maria Beluzzo, *O Brasil dos Viajantes*, 1997.

sendo inúmeras as edificações representadas, desde igrejas católicas arruinadas, com especial destaque para a Sé de Olinda (fig. 3, cfr. p. 142)[18], a casas de colonos e de senhores de engenho, ou ainda a alguns edifícios relacionados com as várias etapas do ciclo de produção do açúcar. Mesmo que, hipoteticamente, lhe tenha sido encomendado um registo pictórico documental da paisagem pernambucana, Post poderia ter realizado trabalhos muito diferentes dos executados, cingindo-se embora às propostas do paisagismo neerlandês, pelo que a escolha e a repetição de um determinado esquema compositivo significou a adopção de uma representação convencionalizada que se revelava eficaz junto do público, determinando a sua especialização num género por ele próprio criado: a paisagem tropical, com ou sem ruínas. Um olhar sobre as suas paisagens, em especial, as realizadas após o regresso à Holanda, leva-nos a perceber que Post não documentou exaustivamente a realidade pernambucana mas se limitou a compô-la, criando paisagens da sua memória brasileira a partir de um conjunto de temas, possivelmente correspondente aos esboços trazidos do Brasil, paisagens que se foram convencionalizando até à repetição quase automática de esquemas compositivos e citações tropicais.

Já os oito retratos realizados no Brasil por Eckhout pressupõem que o pintor tenha trabalhado a partir de, pelo menos, quatro categorias classificatórias, correspondentes a generalizações dos diferentes grupos étnicos representados: índios «Tapuia» e «Tupinambá», africanos e mestiços. No retrato do índio Tapuia (fig. 4, cfr. p. 143)[19], Eckhout adapta a este indivíduo uma iconografia específica que constrói pictoricamente a personagem, definindo-a e caracterizando-a de

18 Realizou seis pinturas sobre este tema, a que se somam as doze paisagens da vila arruinada de Olinda, o que pode significar um interesse particular do pintor pela representação de ruínas e pelas conotações estéticas, e eventualmente políticas, assumidas pelo incêndio de Olinda, perpetrado pelos Holandeses em 1631, ou uma boa recepção do público neerlandês que via nestas imagens tropicalizadas, à semelhança do que acontecia com várias outras representações de ruínas e *vanitas*, uma evocação da transitoriedade da vida e acções do homem e da inconstância e corruptibilidade das suas criações, mesmo se cheias de beleza, contrastando com a constância e eterno esplendor e beleza de Deus (E. John Walford, *Jacob van Ruisdael and the Perception of Landscape*, New Haven e Londres, Yale University Press, 1991, pp. 35-36).

19 Na sequência das lutas pelo domínio do litoral, os índios da família Tupi-Guarani expulsaram populações índias que aí viviam, apelidando-as «Tapuia», vocábulo tupi que significa «selvagens» ou «inimigos bárbaros», designação atribuída a todos os

uma forma específica: selecciona atributos e ornamentos do retratado, da fauna e flora circundantes, e organiza formal e cromaticamente a tela, através da escolha da posição semifrontal e da postura do corpo, das paisagens em primeiro plano e fundeira e de uma paleta tonal de valores muito próximos, com uma luminosidade contida, intensificada na área em torno da cabeça do retratado, de modo a forçar para esse ponto o nosso olhar. Todos estes elementos foram trabalhados numa linguagem naturalista, que está como que cristalizada num momento artifical, de pose, correspondente ao instante em que o pintor capta a imagem do representado. Esta artificialidade da pose, e da representação no seu conjunto, surge-nos reforçada no retrato do Homem negro (fig. 5, cfr. p. 143), em que são visíveis um rigor clássico no desenho excessivamente harmónico das proporções corporais do retratado, um sentido estético evidente que se sobrepõe aos acidentes representativos próprios da linguagem pictórica naturalista. Nesse sentido, estamos mais perante a idealização de um determinado tipo físico do que da sua representação *sur nature*, isto é, do natural, havendo como que uma demasiado óbvia encenação apesar da verosimilhança dos vários elementos representados.

Estes retratos obedecem ao mesmo princípio expositivo e enunciativo das doze naturezas-mortas tropicais que Eckhout terá realizado ainda no Brasil. Nestas composições, também elas de alguma forma idealizadas, o pintor optou por evocar a fertilidade do solo brasileiro e a riqueza móvel proporcionada pelo comércio transatlântico de vários produtos naturais (africanos, brasileiros, europeus e até mesmo orientais; fig. 6, cfr. p. 144), criando estruturas compositivas equilibradas a partir de jogos de oposição de volumes, texturas e cores.

membros de outros troncos linguísticos que não tinham atingido o estádio civilizacional dos Tupi-Guarani. Este epíteto depreciativo foi mais tarde transmitido e aceite pelos europeus (Jorge Couto, *A Construção do Brasil. Ameríndios, Portugueses e Africanos, do Início do Povoamento a Finais de Quinhentos*, Lisboa, Edições Cosmos, 1997, pp. 54 e 60). Segundo Peter Mason, esta designação significava também «ocidentais», querendo na realidade dizer «não-Tupi». Deste modo, a caracterização dos «Tapuia» foi feita por antinomia com os Tupi, invertendo-se várias das características atribuídas a estes últimos: como não cultivavam a mandioca foi-lhes negada qualquer prática agrícola, como não dormiam em redes teriam que dormir no chão, etc. («Betrayal and Portrayal. The colonial gaze in seventeenth century Brazil», in *Culture & History*, n.º 6, 1989, pp. 43-44).

Podemo-nos então interrogar sobre qual terá sido o referente utilizado para a realização destes trabalhos, como é que estes artistas negociaram, conceptual e artisticamente, a representação naturalista de um mundo até então praticamente inédito? Recorrendo sobretudo à activação de um forte dispositivo pictórico de produção de verosimilhança, ou «efeito de real», muito característico da pintura neerlandesa desta época, e que pode ser aplicado a tudo o que se queira representar, desde objectos e pessoas familiares a seres imaginários ou míticos. Como nos diz Peter Mason, o que se torna então o principal objecto de investigação não é a relação entre o artista e a realidade observada, sobre a qual nunca poderemos saber muito, mas a forma como estas imagens conseguem construir, de um modo plausível, um mundo ficcional ou imaginário[20], utilizando para o efeito diversos elementos validados enquanto possibilidade representacional de determinados seres, ambientes ou acções.

Post e Eckhout trabalharam no terreno pelo que terão tido a possibilidade de partirem de observações directas para a execução das suas obras. Uma análise dos trabalhos realizados revela que, tal como acontecia com inúmeras pinturas executadas na Europa, os artistas nassovianos trabalharam sobre uma realidade ficcionada, partindo de categorizações previamente estabelecidas e criando, segundo uma linguagem naturalista, composições tão artificiais quanto as paisagens, retratos, cenas de género, interiores domésticos e naturezas-mortas da restante pintura neerlandesa de Seiscentos. Por mais que a evidência, isto é, a informação literal da nossa visão, pareça indicar o contrário.

2. *Difusão das imagens nassovianas.*

No Brasil, João Maurício de Nassau desenvolveu uma estratégia de poder baseada numa *política de aparato*, que se destinava a incentivar o reconhecimento da sua soberania pelas várias populações da colónia[21]. Compreendendo como a autoridade do príncipe se estabe-

---

20 Peter Mason, *op. cit.*, p. 47.
21 Cf. Marianne L. Wiesebron, que refere a complexa diversidade populacional do Nordeste pernambucano durante a ocupação neerlandesa em «Confrontos durante a ocupação holandesa no Brasil», in *Cultura Portuguesa na Terra de Santa Cruz*, Maria Beatriz Nizza da Silva (dir.), Lisboa, Editorial Estampa, pp. 91-108.

Imagens da Nova Holanda de Nassau (1637-44)

lecia e mantinha nos delicados meandros de algumas cortes europeias que frequentara, Nassau decidiu criar, com os limitadas meios de que dispunha, uma *corte nos trópicos*, onde o sentido da festa e da comemoração reforçassem o sentido da lealdade e da disciplina, sempre difíceis de manter. Comprazia-se em proporcionar aos seus súbditos prazeres que ele próprio partilhava, desde a amenidade de um passeio no jardim tropical mandado plantar nas margens do Capibaribe [22] a festas públicas organizadas sob diferentes pretextos, como a inauguração da ponte sobre o Beberibe [23] ou as comemorações da independência de Portugal da Coroa espanhola e a aclamação de D. João IV [24]. Esta política de aparato parece, no entanto, ter estado mais relacionada com algumas obras arquitectónicas e celebrações efémeras do

[22] «pôs neste jardim dois mil coqueiros (...) e deles fez umas carreiras compridas, e vistosas, a modo da alameda de Aranjués, e por outras partes muitos parreirais, e tabuleiros de hortaliça, e de flores, com algumas casas de jogos, e entretenimentos, aonde iam as damas, e seus afeiçoados a passar as festas no verão, e a ter seus regalos, e fazer suas merendas, e beberetes, como se usa em Holanda, com seus acordes instrumentos; e o gosto do Príncipe era que todos fossem ver suas curiosidades, e ele mesmo por regalo as andava mostrando, e para viver com mais alegria deixou as casas aonde morava, e se mudou para o seu jardim com a maior parte dos seus criados» (Gaspar Barlaeus, *op. cit.*, p. 111).

[23] Espectáculo ainda actualmente conhecido no Recife como o episódio do «boi voador»: «E para o primeiro dia que a gente havia de passar por a ponte grande para o Recife, ordenou o Príncipe uma festa, (...) mandou esfolar um boi inteiro, e encher-lhe a pele de herva seca, e o pôs encoberto no alto de uma galeria que tinha edificada no seu jardim; e logo pediu a Melchior Alures emprestado um boi muito manso, que tinha; o qual como se fora hum cachorro andava entrando por as casas, e o fez subir ao alto da galeria, e depois de visto do grande concurso de gente que ali se ajuntou, o mandou meter dentro em um aposento, e dali tiraram o outro couro de boi cheio de palha, o fizeram vir voando por umas cordas com um engenho, e a gente rude ficou admirada, e muito mais a prudente, vendo que com aquela traça ajuntara ali o Conde de Nassau tanta gente para a fazer passar por a ponte» (Frei Manuel Calado, *O Valeroso Lucideno e o Triunfo da Liberdade*, 4.ª edição, Recife, Fundarte, 1985, p. 243 [1.ª edição: 1648]).

[24] Nassau mandou celebrar grandes festas que duraram três dias do mês de Abril de 1640: no primeiro dia houve um torneio a cavalo, com uma quadrilha de holandeses, franceses, ingleses e alemães, capitaneada por Nassau, e uma quadrilha de portugueses, capitaneada por Pedro Marinho Falcão; no segundo dia houve um enorme banquete, com muitos brindes e música; e no terceiro dia, Nassau ordenou um jogo de canas e laranjadas, realizado na praça dos coqueiros da ilha Maurícia, e à noite, após a ceia, mandou representar uma comédia em língua francesa «com muita ostentação, suposto que poucos, ou nenhum dos portugueses entendeu a letra da comédia» (Frei Manuel Calado, *op. cit.*, p. 208).

que com a utilização directa da sua Brasiliana. Apesar de se ter colocado a hipótese de os oito retratos «etnográficos» realizados por Eckhout decorarem a grande entrada do palácio de Friburgo[25], assumindo então uma imagética actuante relativamente à felicidade do seu «reinado» tropical, o conjunto pictográfico e as recolhas naturalistas reunidos por artistas e estudiosos só terão alguma visibilidade após o regresso de Nassau à Europa.

Uma vez instalado no seu palácio de Haia, Nassau decidiu divulgar alguns dos objectos trazidos do Brasil. Composta por espécimes humanos[26], zoológicos, biológicos, minerais, por objectos e materiais diversos, por desenhos e pinturas, a colecção reunida testemunhava não apenas da riqueza e diversidade da terra colonizada, mas a exemplaridade do seu governo, preocupado, para além de conquistas militares e lucros imediatos, com o estabelecimento de uma relação de autoridade e conhecimento entre o novo colonizador e a terra e os seus habitantes. Nestas primeiras encenações do exótico, definiam-se alguns parâmetros de uma imperialização ainda embrionária da vontade europeia, servindo os espécimes apresentados a demonstração do poder e superioridade da colonização neerlandesa e do governo de Nassau que, através dos meios à sua disposição, criavam o *seu selvagem*, ao mesmo tempo que reduziam a sua força potencialmente desestabilizadora.

Inúmeras obras foram desenhadas, pintadas, gravadas, tendo sido editados vários livros, isto é, foi posto a circular conhecimento, não apenas sobre a experiência colonial de Nassau, mas também sobre o conhecimento da natureza brasileira, paulatinamente angariado. Referindo apenas as edições que foram encomendadas ou patrocinadas por Nassau, temos a *Historia dos Feitos recentemente praticados durante oito anos no Brasil* de Gaspar Barlaeus[27], que se pode considerar o principal

---

25   J. J. Terwen, «The buildings of Johan Maurits van Nassau», in *Johan Mauritius van Nassau-Siegen, 1604-1679: a humanist prince in Europe and Brazil*, E. Boogart et al. (eds.), Haia, Johan Maurits van Nassau Stichting, 1979, p. 96.

26   Sabemos que trouxe consigo do Brasil alguns índios «Tapuia» que executaram uma dança na grandiosa festa de inauguração do seu palácio (cf. Joppien, *op. cit.* e Peter Mason, «Imaginary Worlds», in *Deconstruccting America. Representations of the Other*, Londres e New York, Routledge, 1990).

27   Gaspar Barlaeus (1584-1648) foi um escritor holandês de grande prestígio, fortemente imbuído de cultura clássica, como aliás é visível em todo o texto. Barlaeus tinha recentemente escrito epigramas ao teatro anatómico de Tulp em Amesterdão –

livro de carácter político sobre o governo de Nassau, impresso em 1647, isto é, três anos após o seu regresso do Brasil. Esta publicação justificativa e apologética foi amplamente ilustrada com um conjunto de sessenta gravuras, entre as quais trinta e três executadas a partir de desenhos originais de Frans Post, incluindo ainda a reprodução do mapa do Nordeste brasileiro – *Brasilia qua parte paret Belgis* –, traçado por Georg Marcgraf[28] e ilustrado com vinhetas cuja autoria é atribuída a Frans Post. Foi igualmente impressa uma história natural, intitulada *Historia Naturalis Brasiliae* [História Natural do Brasil], considerada a primeira história natural completa da América do Sul, com duas edições diferentes no espaço de dez anos, respectivamente, em 1648 e em 1658 (nesta última edição com o título *De Indiae utriusque re naturali et medica libri quatuordecim*), e ilustrada com numerosos desenhos, possivelmente da autoria de Georg Marcgraf e de Albert Eckhout.

Edições luxuosas destas publicações integraram os «presentes» oferecidos por Nassau a três casas reinantes europeias. Estes três grandes conjuntos retirados da sua Brasiliana, contribuíram para divulgar em círculos restritos as iconografias e objectos trazidos do Brasil, estimulando o interesse pelo conhecimento do novo continente ao mesmo tempo que contribuíam para a constituição de um gosto do exótico, de dimensão áulica e expressão luxuosa, que foi sustentado pela criação e difusão da nova imagética proposta pelas tapeçarias realizadas na Real Fábrica dos Gobelins, em Paris, sob os auspícios da Coroa francesa e designadas por *Tentures des Indes*, subdividindo-se em *Anciennes Indes* e *Nouvelles Indes*[29].

celebrizado pela pintura de Rembrandt *A Lição de Anatomia do Dr. Nicolaes Tulp*, de 1632 –, bem como o volume, esplendidamente ilustrado, sobre a entrada de Maria de Médicis em Amesterdão, *Medicea Hospes* (1638). Era amigo de longa data de Constantijn Huygens.

28 Este mapa desenhado em 1643 por Georg Marcgraf, foi impresso por Johan Blaeu em 1647, em Amesterdão, com o formato de mapa mural acompanhado de três textos em latim, alemão e francês, sendo o texto em latim retirado do livro de Barlaeus. Na biografia que escreveu sobre o irmão, Christian Marcgraf refere que este mapa foi o maior dos «monumentos das suas observações registadas no Brasil (...) e que por quase todo o lado decora as entradas e salas dos mais ricos cidadãos holandeses» (Christian Marcgraf, apud P. J. P. Whitehead, *op. cit.*, p. 309). De facto, além da sua evidente utilidade prática como mapa administrativo, geográfico, narrativo e carta náutica, este mapa constitui um importante monumento ao governo de Nassau.

29 Relativamente à primeira versão destas tapeçarias, foram realizadas duas séries para a

Grande parte destas pinturas e objectos viria a ser encerrado em *Kunstkammer* reais, assumindo o estatuto, atribuído por Nassau, de curiosidades. No entanto, até esse destino museificado, a maior parte dos trabalhos realizados desempenhou uma eloquente função política. Esta função reiterava a magnitude do empreendimento nassoviano, prestigiando a própria casa reinante dos Países Baixos, a Casa de Orange, e aumentava o estatuto civilizacional dos coleccionadores relativamente ao manancial imagético representado que era, deste modo, possuído, disfrutado e arquivado numa Europa progressivamente mais autocentrada e dominadora relativamente ao resto do mundo.

O primeiro destes grandes presentes foi oferecido, em 1652, ao Príncipe Eleitor de Brandeburgo, Friedrich Wilhelm I, estando directamente relacionado com uma série de atribuições políticas e nobiliárquicas de extrema importância para a carreira europeia de Nassau. O Príncipe Eleitor de Brandeburgo fora educado na Holanda e o seu casamento com uma filha do príncipe de Orange predispunha-o favoralmente à cultura, arte e política neerlandesas, admirando os seus variados e dinâmicos empreendimentos comerciais. Ambicionava vir a possuir colónias, pelo que se tornara um activo parceiro no comércio ultramarino, reunindo avidamente toda a informação relativa a produtos naturais e a povos não-europeus. Com este presente, Nassau separou-se de várias peças de mobiliário em marfim executadas no Brasil bem como de peles de animais, pau-brasil, livros de plantas, fortificações e armaria, e numerosos trabalhos artísticos entre os quais os preciosos *Manuais* e o *Teatro das coisas naturais do Brasil*, e «Friedrich Wilhelm enriqueceu e ampliou as suas *Kunstkammer* e biblioteca, o que

---

Coroa francesa (em 1687-88 e 1689-90); uma terceira foi oferecida ao Czar Pedro o Grande, que visitou a França em 1717; uma quarta série foi encomendada pelo Grão Mestre da Ordem de São João para a sala do conselho do palácio da Ordem em La Valetta, Malta, sendo a única série actualmente completa e que continua exposta no local para onde foi encomendada; a quinta série não foi vendida; a sexta série, tecida entre 1723 e 1725, foi enviada ao director da Academia Francesa, em Roma, «o que demonstra o reconhecimento estético que as tapeçarias tinham entretanto adquirido, sublinhando a importância dos estudos da natureza como alternativa aos estudos da antiguidade clássica» (Joppien, *op. cit.*, p. 356). Finalmente a sétima e última série das *Anciennes Indes* foi realizada em 1731. A segunda versão das *Tentures des Indes* conheceu um enorme sucesso, tendo sido realizada a partir de 1753 por François Desportes, pintor régio especializado na representação de animais. Desta segunda versão foram realizadas um total de 103 tapeçarias e da primeira versão foram feitas 67 tapeçarias.

tinha para ele significado político. Brandeburgo ganhava então importância internacional e como Estado esta aquisição de objectos raros e esplêndidos trabalhos artísticos era a melhor maneira de demonstrar o novo estatuto»[30].

O segundo grande presente foi oferecido em 1654 ao rei Frederico III da Dinamarca[31], primo de Nassau. Incluía, entre várias obras de arte e uma colecção de artefactos brasileiros, oito retratos, uma dança Tapuia, doze pequenas naturezas-mortas e dois retratos do conde (actualmente desaparecidos), realizados por Albert Eckhout. Pinturas e objectos terão pertencido à *Kunstkammer* real[32].

O último destes presentes foi enviado a Luís XIV em 1679, alguns meses antes da morte de Nassau[33]. Na apresentação das obras que o constituíam, Nassau tentou convencer o delegado do rei a mandar executar grandes tapeçarias a partir do repertório iconográfico estabelecido pelos seus artistas, tapeçarias que constituiriam a mais digna apresentação das obras realizadas no Brasil: «les dites raretés représentent tout le Brésil en pourtrait, à sçavoir la nation et les habitants du Pay, les animaux à quatre pieds, les oiseaux, poissons, fruits et herbes, tout au grandeur de vif, aussi la situation du dit Pay, villes et Fortresses, en perspective, de quels pourtraits on peut former une tapisserie pour meubler une grande sale ou galerie, ce qui seroi une chose très rare, quie ne se trouve plus au monde [...] et si un curieus

---

30 Rüdiger Joppien, *op. cit.*, p. 323.
31 Possivelmente em agradecimento de favores prestados a um irmão de Nassau, podendo a recompensa ter sido a atribuição a João Maurício de Nassau da mais alta condecoração dinamarquesa, a Ordem do Elefante Branco.
32 Cf. os inventários realizados em 1673-4 e em 1766-75, indo, no início do século XIX, para o Castelo de Frederiksborg, onde foram vistos por Alexander von Humboldt antes de serem transferidos, em 1848, para a Secção Etnográfica do Real Museu de Belas-Artes de Copenhaga, onde ainda se encontram. Peter Mason («Betrayal and Portrayal. The colonial gaze in seventeenth century Brazil», in *Culture & History*, n.º 6, 1989, p. 41) refere que as pinturas de Eckhout nunca foram consideradas nos círculos da história da arte, sem dúvida por essa razão, encontram-se quase esquecidas numa colecção etnográfica em vez de num museu de arte, tendência que recentemente tem vindo a modificar-se pela valorização da sua obra enquanto artista.
33 Certamente na esperança de uma recompensa financeira; cf. Sousa-Leão, *op. cit.*, p. 31 e Erik Larsen, *Frans Post, Interprète du Brasil*, Amesterdão e Rio de Janeiro, Colibri Editora, 1962, p. 54, que referem o pedido de Nassau, dado as enormes dívidas acumuladas, para que a «habitual doçura» fosse rapidamente convertida em metal sonante.

verra ce tapisserie, il n'aura point à faire de passer la mer, pour voir ce beau Pay de Brasil, lequel n'a pas son pareil sous le ciel»[34].

Enviado para Paris em meados de Julho de 1679, o presente de Nassau foi exposto no Louvre, onde foi visto pelo rei no dia 21 de Setembro. No entanto, apesar de o ter impressionado favoravelmente, nenhuma decisão foi tomada relativamente ao fabrico de tapeçarias, e quando Nassau morreu, em Dezembro do mesmo ano, as obras foram guardadas durante cerca de 8 anos até à decisão do fabrico da primeira série das *Tentures des Indes*.

A primeira série, designada por *Anciennes Indes*, obedecia a um programa iconográfico dividido em oito «quadros» ou cenas[35]: *Le cheval rayé*, *Les deux taureaux*, *L'Éléphant*, *Le Chasseur Indien*, *Le combat des animaux*, *Le roi porté par deux maures*, *L'Indien à cheval* e *Les pêcheurs* (fig. 7, cfr. p. 146). As composições caracterizam-se pela profusão de plantas e animais em primeiro plano e por um forte colorido, que contribuem para a criação de cenas fantasiosas, segundo uma organização puramente aditiva, isto é, por acumulação de elementos. As cenas deste modo representadas constituem encenações de «quadros» ilustrativos de aspectos quotidianos de uma imaginária «vida nativa» (fig. 8, cfr. p. 146). Não se conta uma história, nem há qualquer narrativa que percorra as oito composições, que surgem desgarradas entre si, assumindo uma localização difusa algures entre a África e a América do Sul: «Displaying a multitude of natural and artificial objects, the tapestries serve as a visual catalogue, a pictorial map, in which the wealth and the marvel of the oversea world has been riotously assembled»[36].

As imagens nassovianas são hoje a memória visual de um episódio político bem orquestrado, embora pertencente a um projecto colo-

---

34 Carta escrita em 21 de Dezembro de 1678, cf. Rüdiger Joppien, *op. cit.*, p. 329.
35 Relativamente à segunda série, designada *Nouvelles Indes*, três dos «quadros» representados sofreram modificações ao nível do desenho, respectivamente, na tapeçaria *Les deus taureaux*, que passou a designar-se *Les Taureaux*, na tapeçaria *Le roi porté par deux maures* que passou a chamar-se *La négresse porté dans un hamac*, e na tapeçaria intitulada *L'Indien à cheval* ou *Le cheval pommelé* que se passou a chamar *Le cheval pommelé* ou *Le chameau*.
36 Rüdiger Joppien, *op. cit.*, p. 354, que nota o carácter bastante invulgar para a época dos temas e composições das tapeçarias, que se inspiram na vida quotidiana sem recorrerem às habituais fontes históricas, mitológicas ou alegóricas.

nial rapidamente falhado. Contudo, e de acordo com as informações disponíveis[37], elas não resultaram de directivas específicas, sendo, sobretudo, a evocação esteticizada de um «paraíso» criado à dimensão da arte e da cultura neerlandesas de Seiscentos. Post e Eckhout representaram locais aprazíveis e amenos, bem à margem do estado de contínua guerrilha do território, criando cenários evocativos das mais deslumbradas descrições pernambucanas de Nassau[38].

Estas representações colocam o observador perante a possibilidade de coexistência das várias culturas postas em comunicação pelo ímpeto comercial neerlandês, reunindo objectos do Brasil, África, Europa e Ásia, que se constituem como comentários ao importante papel desempenhado pelos neerlandeses, que procuravam transmitir uma visão mais conciliadora e, de certo modo, mais respeitadora do Outro. Encontrar-se-á o «realismo» destas representações históricas neerlandesas travestido de simbologias, ou terão os vários símbolos de riqueza, fertilidade e felicidade da expansão e colonização neerlandesas sido previamente identificados pelos artistas e representados de uma forma tangível, de acordo com as coordenadas naturalísticas desse «novo» mundo?

Enquanto agentes, e também testemunho, do processo europeu de construção do «olhar colonial», estas imagens possuem características específicas, que tentámos enumerar de maneira sucinta, sendo tanto mais eloquentes quanto foram realizadas a partir de uma sólida linguagem artística, de grande confiança e controlo representativos face ao carácter inédito do representado, rapidamente assimilado pelas convenções pictóricas dos artistas neerlandeses. Neste sentido, conciliam o «velho» e o «novo», e assumem o «estranho», cada uma destas categorias ganhando outros sentidos no confronto representacional do novo mundo proposto.

---

37 Note-se a ausência nas fontes documentais coevas de quaisquer alusões à comitiva de Nassau ou às obras realizadas pelos seus artistas.

38 «I do not think that a milder and more temperate climate can be found anywhere. As a rule, the heat of the day on the march is no more severe than the cold at nights, although occasionally we shivered a little. Smooth plains watered by flowing brooks and leisurely rivers extend for over ten miles one after another, and here and there herds of 500, 5.000 or 7.000 cattle can be seen grazing. I was astonished at the sight, and would not have believed it had I not seen it with my own eyes» (carta de Nassau ao Príncipe de Orange *apud* Charles Boxer, *op. cit.*, pp. 70-72).

Bibliografia seleccionada

Boxer, Charles R., *The Dutch Seaborne Empire, 1600-1800*, Londres, Penguin Books, 1990 [1.ª edição: Hutchinson, 1965].

Franits, Wayne (ed.), *Looking at Seveteenth-century Dutch Art. Realism Reconsidered*, Cambridge, Cambridge University Press, 1997.

Freedberg, David, «Science, Commerce, and Art: Neglected Topics at the Junction of History and Art History», in *Art in History, History in Art. Studies on Seventeenth.century Ducth Culture*, Santa Monica, The Getty Center for the History of Art and Humanities, 1991, pp. 377-428.

Gombrich, E.H., *Arte e Ilusão. Um estudo da psicologia da representação pictórica*, São Paulo, Martins Fontes, 1986 [*Art and Illusion. A Study in the psychology of pictorial representation*, 1959].

Herkenhoff, Paulo (org.), *O Brasil e os Holandeses, 1630-1654*, Rio de Janeiro, GMT Editores, 1999.

Honour, Hugh, *The New Golden Land. European Images of America from the Discoveries to the Present Time*, New York, Pantheon Books, 1976.

Huizinga, Johan, *Dutch Civilisation in the Seventeenth century and other essays*, New York, Harper & Row, 1969.

Jacobs, Michael, *The Painted Voyage. Art, Travel and Exploration 1564-1875*, Londres, British Museum Press, 1995.

Mason, Peter, *Infelicities. Representations of the exotic*, Baltimore e Londres, The Johns Hopkins University Press, 1998.

Mello, Evaldo Cabral de, *Olinda Restaurada. Guerra e Açúcar no Nordeste, 1630-1654*, Rio de Janeiro, Topbooks Editora, 1998, 2.ª ed. [1.ª ed.:1975].

Mello, José António Gonçalves de, *O Tempo dos Flamengos. Influência da ocupação holandesa na vida e na cultura do norte do Brasil*, Recife, Fundação Joaquim Nabuco - Editora Massangana, 1987 [1.ª ed.: 1947].

Rice, Tony, *Voyages of Discovery. Three centuries of Natural History exploration*, introdução de David Bellamy, Londres e Hong Kong, The Natural History Museum e Scriptum Editions, 2000.

Schama, Simon, *The Embarrassment of Riches. An Interpretation of Dutch Culture in the Golden Age*, Londres, Fontana Press, 1991.

Zandvliet, Kees, *Mapping for Money. Maps, plans and topographic paintings and their role in Dutch overseas expansion during the 16th and 17th centuries*, Amesterdão, Batavian Lion International, 1998.

1. Frans Post, *Paisagem brasileira com figuras e a ilha de António Vaz*, 1640 (óleo sobre tela, 61,6 x 88,9 cm, assinado e datado).

2. Frans Post, *Claustro franciscano* (óleo sobre madeira, 48 x 70 cm, assinado), Historisches Museum, Frankfurt am Main.

3. Frans Post, *A Sé de Olinda*, 1662 (óleo sobre tela, 107,5 x 172,5 cm, assinado e datado), Rijksmuseum, Amesterdão.

4. Albert Eckhout, *Homem Tapuia*, óleo sobre tela, 266 x 159 cm, Etnografisk Samling, Nationalmuseet, Copenhaga.

5. Albert Eckhout, *Homem Negro*, óleo sobre tela, 264 x 162 cm, Etnografisk Samling, Nationalmuseet, Copenhaga.

6. Albert Eckhout, B*ananas e goiabas*, sem data, óleo sobre tela, 89 x 89 cm, Etnografisk Samling, Nationalmuseet, Copenhaga.

7. Tapeçaria *Les deux taureaux*, *Anciennes Indes*, Academia de França, Roma.

8. Tapeçaria *Les pêcheurs*, *Anciennes Indes*, Mobilier National, Paris.

Ética, ciência e estética do olhar na Viagem de Capelo & Ivens

Alberto Carvalho

> «on ne peut prendre le point de vue de l'auteur […] et le comprendre […] qu'à condition de ressaisir la situation de l'auteur dans l'espace des positions constitutives du champ littéraire».
> Pierre Bourdieu, *Les règles de l'art*, p. 130.

> «L'attitude face à l'"homme simple" et plus spécialement au représentant le plus typique de la simplicité humaine, le "sauvage", a été dans la deuxième moitié du XVIIIe siècle le critère de l'attitude de l'homme face à la lutte interne.
> «La société de cour avait pris conscience depuis longtemps du progrès ainsi accompli: il s'était concrétisé au niveau de l'aristocratie de cour dans des termes comme "politesse" ou "civilité".
> «[…] la révolution bourgeoise en France a brisé les anciennes structures politiques, mais non la continuité de la tradition des mœurs et des habitudes».
> Norbert Elias, *La civilisation des mœurs*, pp. 58, 69, 71.

1. *Colonização / Colonialismo.*

Um facto de assinalável relevo na história dos expansionismos europeus é o que, em forma de contradição aparente, se poderá resumir na frase lapidar do tipo «ficando a África tão perto, ter estado tão longe» durante séculos, muito mais do que as distantes terras da Ásia e das Américas. Num dos seus bem informados estudos, Maria Emília Madeira Santos refere-se-lhe pondo a tónica nas estratégias do capitalismo mais interessado nas rotas que se dirigiam «para a América e o Oriente. Só mais tarde, na segunda metade do século XIX, quando o ocidente se apercebeu da existência de riquezas susceptíveis de lhe darem vantagem, é que a África veio a ser explorada por esse meio»[1].

Na ocorrência, *por esse meio* exprime o exacto sentido de procedimento economicista, porque «muito antes disso [elucida a historiadora] já os cientistas se interessavam pela África. Afinal foi a pesquisa científica que deu a conhecer os recursos naturais africanos»[2]. O que significa poder-se dizer daquela contradição que a sua primeira fundamentação pertence à ordem do conhecimento, *v.g.*, ao défice de conhecimento sobre o continente negro (mas também a razões de poder-Poder, de condições técnicas e de estádio de desenvolvimento da economia).

Sendo certo que «os recursos naturais africanos» viriam a converter-se, em tempo próprio, num objecto expresso das políticas monopolistas de Estado, uma relação de sequência cronológica parece tornar-se evidente entre os dois processos, *a*) do conhecimento elaborado pela «pesquisa científica» e *b*) da sua inclusão no circuito da economia orientada para o lucro capitalista. Em termos simples a questão pode ser integrada no domínio das «necessidades fundamentais da Europa industrializada», como observa Cristóvão Correia de Oliveira em «A visão do negro nos escritos de Capelo e Ivens»[3], e do que para ela representava a África como «reservatório de mão-de-obra escrava», fazendo-a «passar a continente a explorar e, como tal objecto da curiosidade científica dos governos e instituições geográficas de toda a Europa»[4]. O que significa, por dedução em linha directa, que a «preocupação é conhecer para melhor orientar a implantação da presença europeia e consequentemente melhor organizar o enquadramento da economia indígena nos fluxos económicos europeus. Assim se poderá entender a dinâmica das várias sociedades de geografia europeias – nomeadamente, em Portugal, a Sociedade de Geografia de Lisboa – e a orientação e apoio dados por estas e financiados por governos e recolhas públicas, às expedições de cariz científico-geográfico que pululavam a África em meados do século XIX»[5].

---

1 Maria Emília Madeira Santos, *Viagens de Exploração Terrestre dos Portugueses em África*, Lisboa, CEHCA/IICT, 1988, p. 175.
2 *Id., ibid.*
3 In *História*, n.º 144, ano XIII, Setembro de 1991, p. 7.
4 *Id.*, p. 7.
5 *Id.*, pp. 7-8.

Justifica-se esta longa citação sobretudo pelo que, sobre as ideias expostas, permite interpretar a respeito do princípio ordenador dos factos, com especial relevo para os seus operadores lógicos. Se bem entendemos, será do seguinte tipo a cadeia de nexos internos em vista de um sentido programático expresso: *a*) o aparelho capitalista substitui a prática mercantil esclavagista, que cessava, pela exploração de matérias-primas, recorrendo aos serviços propiciados pelas ciências que, *b*) «como tal» (≅ com tal missão), elege para «objecto» a prospecção das riquezas ocultas, *c*) meio eficaz de «conhecer para melhorar» (≅ optimizar) a presença no terreno, *d*) tendo por fim (≅ «consequentemente») organizar em seu proveito a «economia indígena».

Os dados da História tornam por de mais evidente ter sido essa estratégia exploradora que ditou o destino das coisas, tudo facilitado e impulsionado pelo conhecimento revelado pelas ciências, se não mesmo com a sua cumplicidade directa ou indirecta em muitos casos. Mas generalizar, simplesmente, de uma parte dos factores em jogo para a explicação da totalidade do problema parece ser um caminho demasiado redutor. A instrumentalização das ciências assim radicalizada conduz a uma insustentável rasura da ética e da finalidade do conhecimento que tem nelas (ciências) um dos seus campos de desenvolvimento, além de que tal ostensão ideológica releva de um ângulo de visão que não resiste à contraprova dos factos.

2. *Convicções e ideias de época.*

Da complexidade dos motivos que orientaram as relações da Europa com a África, sempre agravadas pelo desequilíbrio e violência dos processos postos em acção, resulta por norma a dificuldade de entendimentos consensuais ou – o que é mais significativo neste caso – de nomeação de práticas que possam ser vistas sem suscitarem interpretações ambíguas. O Abolicionismo é, a este respeito, um tópico muito significativo. Sendo embora a todos os títulos justo admitir que o lançamento do movimento anti-esclavagista[6], em finais do século XVIII, obedecia a imperativos urgentes de consciência moral, não é também

---

6 Jean Suré-Canale, *Afrique Noire: Géographie Civilisation Histoire*, Paris, Éditions Sociales, 1979, p. 226.

irrelevante que tal tenha sucedido num bem determinado momento histórico do desenvolvimento da burguesia liberal inglesa.

E outro tanto se poderá deduzir a respeito da temática dos relacionamentos expressos pelas viagens empreendidas no continente africano ao longo do século XIX (Krapf, Rebman, Livingstone, Chaillu, Burton, Speke, Grant, Serpa Pinto, Capelo, Ivens, Cameron, Stanley, Brazza, Marchand, Nachtigal, Kingsleye, por exemplo). A missionação religiosa encontra outro complemento humanista nas ideias filantrópicas dos abolicionistas e no campo evangelizador protestante, tudo envolvido pelos entusiasmos suscitados pelos mistérios da África que os exploradores afrontavam movidos pela curiosidade da ciência geográfica em efervescência na Europa. No plano dos factos, exprimia-se a convicção certamente sincera de que seria essencial o impulso dito civilizador europeu para salvar a África do seu estado de «barbárie», mal se suspeitando, por certo, em muitos casos, da injustiça destes propósitos e dos malefícios que eles ocultamente favoreciam.

As motivações de proselitismo de missionários e evangelizadores e os gostos românticos pelo risco e pela aventura participavam, de diferentes maneiras, nesse grande ciclo de viagens onde a perquisição científica imediatamente utilizável no trabalho de cartografia serve, de facto, a finalidade do conhecimento em benefício do continente negro. Ao mecenato protagonizado por instituições particulares e científicas, diversamente vocacionadas, e a empresas comerciais se fica a dever o patrocínio destes empreendimentos, ponto de aplicação de uma forma de aliança entre a generosidade humanista, a vocação autonomista do conhecimento e o sentido prático das actividades orientadas para o lucro.

Reconhece-se na longa série de literatura de viagens dos portugueses que esta convergência nada tem de original. A despeito do carácter científico da obra *Esmeraldo de Situ Orbis* de Duarte Pacheco Pereira[7], nem por isso lhe faltam as informações expressamente dadas à intenção do verdadeiro manual destinado à actividade mercantil. E assim também os sentidos panegíricos, mais ou menos evidentes ou implícitos, nos relatos de, por exemplo, André Álvares de Almada[8],

---

7 Lisboa, Academia Portuguesa de História, 3.ª ed. 1988.
8 *Tratado Breve dos Rios de Guiné do Cabo Verde*, Lisboa, Editorial LIAM, 1964.

André Donelha[9] e Francisco de Lemos Coelho[10], que se podem interpretar como claros apelos a práticas de colonização e comércio que nada se aproximam das que a segunda metade do século XIX põe em movimento.

A este propósito, Maria Emília Madeira Santos toma os anos de 1870-76 como baliza temporal da «segunda arrancada do expansionismo colonial europeu»[11], chamando para o Dr. Lacerda e Almeida a prerrogativa de ter dirigido a primeira expedição africana de carácter científico, em 1797[12], no entanto falhada devido à morte do explorador. Anota a autora que a ideia da «formação de um único domínio abrangendo Angola, Moçambique e o sertão adjacente, traduzida no fim do século XIX no Mapa Cor-de-Rosa, é bem antiga»[13], tanto que c. 1616 fora apresentada pelo governador de Angola Luís Mendes de Vasconcelos, a proposta da conquista do Monomotapa.

Deve-se atender, antes de mais, ao que neste objectivo declarado se encontra subjacente como desafio lançado ao conhecimento do continente negro que não deixava de incitar distintas estirpes de portugueses numa obra «empírica, lenta, tantas vezes casual, [...] [que movia] homens de todas as condições, do soldado ao missionário, do degredado ao engenheiro [...] ao sabor de interesses vários, de planos estabelecidos por uns e logo submergidos pelo abandono de outros e principalmente a persistência, sempre retomada de geração em geração»[14]. Dos referidos tempos de vacilante expansão portuguesa até à expansão europeia do século XIX a passagem representa um salto qualitativo que passa do «empirismo imediato» à planificação exacta da pesquisa, «tal como ao explorador adaptado se seguirá o explo-

---

9 *Descrição da Serra Leoa e dos Rios da Guiné do Cabo Verde*, Lisboa, CEHCA/Junta de Investigações do Ultramar, 1977.
10 *Duas Descrições Seiscentistas da Guiné*, Lisboa, Academia Portuguesa de História, 1990.
11 *Ibid.*, p. 267.
12 «Em Maio de 1797, o Dr. Lacerda e Almeida partia para a África austral encarregado de levar a cabo a travessia do continente. O "velho, útil e nunca executado projecto da reunião das duas costas de África..." [...] ia [...] realizar-se sob a protecção [...] do governo. As instruções entregues ao explorador enfermavam da urgência com que tinham sido elaboradas. Os planos para a viagem afastavam-se muito das realidades africanas. A não serem superados pela competência de quem os ia pôr em prática, acabariam por fazer perigar a empresa». *Id.*, p. 191.
13 *Id.*, p. 123.
14 *Id.*, p. 169.

rador científico»[15], segundo «três vias: científica, tecnológica e da exploração económica»[16].

Retomando a questão posta de início, torna-se patente a sua complexidade, por isso irredutível ao papel da exploração científica cingida à simples fórmula de «conhecer para melhor orientar a implantação da presença europeia e consequentemente melhor...». A exploração geográfica por processo empírico, primeiro, e por planificação aparelhada pela ciência, depois, visava um acúmulo de conhecimentos que, embora interessantes para as economias de orientação mercantil e liberal, estabeleciam com elas relações decerto autónomas, frouxas. Nunca todo o conhecimento poderia caber nos limites direccionados para a imediata utilidade, e nem as políticas económicas, muitas vezes aleatórias, sabiam (ou podiam) manejar com proveito o que estaria ao seu alcance, situação que se refinaria com as políticas de Estado perfiladas de acordo com os interesses do capitalismo imperialista, c. 1870.

A exploração científica deu a conhecer os recursos naturais africanos, mas os cientistas já se interessavam pela África «muito antes disso»[17]. Eles e todos os outros (viajantes, exploradores, missionários) devem ser vistos como personagens investidos em papéis que se predicam em acções cumpridas por interesse, por dever, vínculo ético[18] ou gosto, necessariamente associadas a qualificações compensadoras por motivações ideológicas, estéticas, morais, por imagens de relevo mundano gratas à auto-estima pessoal. Ou, nomeando estes atributos numa forma utilizável na análise dos textos documentais, o gosto viril do risco, da aventura e da evasão capazes de suscitar a admiração do europeu sedentário, a vocação evangelizadora, a ética da ciência em fase de afirmação, a presunção de refinamento civilizacional que se dava por missão filantrópica levar até ao negro o bem-estar do século, são elementos tipificadores das ideias humanistas da época, independentemente da sua recuperação utilitária pela exploração do capitalismo monopolista.

---

15 Id., *ibid.*
16 *Id.*, p. 175.
17 Cf. notas 1 e 2.
18 «Il est évident que la science a été précédée par la pratique – empirique ou magique. Comme le dit A. Comte, la science est née des besoins pratiques; mais si elle en est née, elle n'a pu tout de même se constituer comme science qu'à la condition de

3. *Todos se dizem «Eu, Nós...».*

Constituindo o contacto de uns povos com os outros um dos aspectos mais significativos das viagens espaciais, e o olhar o primeiro e mais imediato elemento de relação, uma questão que, por princípio, se deve colocar consiste em indagar a natureza das reacções a esses encontros. Habitualmente encaradas por outro ângulo, são paradigmáticas na historiografia dos descobrimentos nacionais na Ásia, por exemplo, a apresentação da embaixada portuguesa (sob a responsabilidade de Vasco da Gama) ao soberano de Calecute (Samorim) e o nada protocolar acolhimento que este lhe dispensou, a despeito de a representação obedecer aos preceitos da diplomacia e à credenciação em devida forma outorgada pelo soberano português; e a recepção concedida pelo rei do Bongo, no Japão, a Fernão Mendes Pinto e as seus acompanhantes. Embora excelente a cortesia do soberano anfitrião, nem por isso as suas filhas se pouparam à deselegância de fazerem dos portugueses objectos risíveis na peça que encenaram para se divertirem com a boçalidade deles comendo com as mãos. O asiocentrismo não lhes permitia compreenderem a diversidade dos costumes e das civilizações.

Nas terras de Vera Cruz, as admirativas descrições dos índios (e graciosas, das índias) por Pêro Vaz de Caminha, uma vez cotejadas com as de André Thevet (cingidas aos cânones europeus), cerca de meio século depois, acentuam o que era de regra suceder (cfr. a impossibilidade de diálogo), a dificuldade das relações interpessoais, a oriente e a ocidente, com a ressalva nada negligenciável da mudança de sinal de quem objectualiza quem.

Daí o valor completivo de duas sequências de factos a respeito dos primeiros contactos entre negros e brancos na costa oriental de África. As emboscadas, as mortes, os assaltos, os roubos praticados pelos negros sobre os viajantes salvos dos naufrágios da Carreira da Índia, com absoluto desprezo pelo seu estado evidente de destroços humanos, e isto num tempo e lugar em que as hostilidades coloniais ainda não tinham tido início[19], tem por satisfatório equivalente as

---

transcender ces besoins et de devenir connaissance essentiellement désintéressé». Roger Bastide, *Anthropologie appliquée*, Paris, Stock, 1998, p. 7.
19 Cf. as histórias dos naufrágios durante o século XVI in Bernardo Gomes de Brito, *História Trágico-Marítima*, Mem-Martins, Europa-América, s.d.

considerações depreciativas do negro (e do mouro) no relato da expedição de Francisco Barreto aos domínios do Imperador do Monomotapa[20] (por motivo da morte, ordenada por este, do missionário Gonçalo da Silveira).

Deslocando a questão para o campo europeu, reconhece-se no ciclo de viagens geográficas entre os séculos XV-XVI e finais do XIX uma progressiva mutação de objectivos, definidos por relações opositivas e por mediações persistentes. Evoluiu-se da «exploração marítima» (século XVI) para a «exploração terrestre», e do «método empírico» para o «método científico», enquanto o tópico do olhar cognoscente passava da observação pelo exterior das coisas, distanciado delas, para a análise perscrutante do seu interior (século XIX). E pelos documentos impressos se vê que a descrição, sempre predominante porque forma específica do olhar empírico, regista os sentidos daquelas evoluções. Da orientação metonímica primeiro, para encadeamento dos dados da experiência do espaço geográfico e humano comum, interessava-lhe o traçado de roteiros e itinerários e o estabelecimento de regras de contacto comercial. Na descrição que serve o método científico predomina a descrição-relato, sob orientação metafórica, sistematizadora, para distribuição do real em áreas de saber, por exemplo, zoológico, botânico, hidrológico, geológico, climatológico.

O conhecimento dos seres humanos incluídos nos seus espaços e tempos não acompanhava, no entanto, esta progressão das ciências, atraso por isso também repercutido no olhar que continuaria fixado na exterioridade da vida das populações, alheio à descrição compreensiva das formas de cultura próprias. Mas, na lógica do conhecimento positivista, totalizador, o método das ciências da natureza iria servir de álibi para a inclusão do homem nas taxinomias em desenvolvimento[21] sob o princípio da evolução da humanidade, numa dia-

---

20 No ano de 1569; cf. «Expedição de Francisco Barreto», in *Boletim da Sociedade de Geografia de Lisboa*, n.º 10, 11, Lisboa, 1883, pp. 492-508, 542-63.
21 «El afán clasificatorio de los naturalistas se vio estimulado [...] por las distintas formas de manifestação del fenómeno humano [...] hacia mediados de siglo circulaban también las más contradictorias teorías acerca del número y los rasgos característicos específicos de las razas humanas [...] y el hecho de que se creyera obligado el hacer también entrar en juego juicios morales de valor junto a sutiles diferenciaciones físicas, despojaba por complejo a tales intentos clasificatorios de todo valor científico». Urs Bitterlli, *Los «Salvages» y los «Civilizados» El encuentro de Europa y Ultramar*, México, Fondo de Cultura Económica, 1981, p. 252.

cronia que a fazia passar do «vitalismo» à «história» e desta ao «racionalismo», ou das formas «comunitárias» às «sociedades urbanas» e industrializadas[22], acompanhada da elisão da substância das respectivas realidades culturais e civilizacionais.

Os desafios lançados aos Europeus nos encontros com os outros parecem ter assim por base um apetrechamento emocional e cognitivo limitado, dependente dos utensílios, dos dados de época e das convicções culturais (desafio que não poupa asiáticos, africanos, ameríndios, etc.). Qualquer esforço de relacionamento teleológico teria de vencer a barreira do etnocentrismo europeu, tido por absoluto e universal pelas ciências do século XIX[23], mau grado as ideias de relativismo e diversidade a despontar no horizonte. Contra esse passado recente parece que se penitenciam as hoje frequentes exibições da má-consciência europeia, em gestos de auto-recriminação e de auto-justificação, no dizer de Urs Bitterlli[24], ou, como anota Selim Abou, em sentimentos de culpabilidade que não permite reconhecer o que de positivo os países europeus deixaram nos espaços colonizados[25]. Gestos problemáticos na perspectiva da política actual, à vista da sua inocuidade face à lógica da globalização contemporânea que reproduz dialecticamente o universalismo atacado no século XIX pelo relativismo civilizacional.

4. *Preceitos, preconceitos e imagens.*

De entre os livros de viagens da segunda metade do século XIX, o de Henrique Capelo e Roberto Ivens, *De Angola à Contracosta*[26], será instrutivo a respeito da generalidade das ideias acabadas de delinear, nele presentes como moldura e fundo de reflexão e que, resumidas, cabem nos itens: *a)* valores ideológicos da época; *b)* ética da ciência; *c)* estética e a moral da relação; *d)* viagem de experiência iniciática. No plano material, o livro não está isento de ambiguidades devido à injunção do conteúdo documental, verídico, e de uma expressão verbal

---

22 Roger Bastide, *ibid.*, p. 9.
23 *Id.*, p. 11.
24 *Id.*, p. 9.
25 Selim Abou, *L'identité Culturelle*, Paris, Pluriel/Anthropos, 1981, p. 10.
26 *De Angola à Contracosta*, Mem Martins, Publicações Europa-América, vol. I, II, 1998.

marcada pela intencionalidade exposta da escrita e da composição literárias.

Segundo as indicações do título, a obra pertence ao subgénero «itinerário» que fornece o suporte aos conteúdos essenciais, unidos logicamente na ordem do espaço e do tempo para comporem os cenários da experiência viageira. Mas, por se tratar de expedição aparelhada pela técnica, o género «tratado científico» entretece-se na descrição dos espaços globais alinhados em sequência para fazer da viagem um percurso de conhecimento sistemático. Nesse carácter técnico reside o fundamento da intertextualização da «memória descritiva» das áreas científicas da «hidrografia», «geografia física e humana», «zoologia», «botânica», num todo cingido pelas «aberturas» documentais «Prefácio», «Esboço Histórico», «O Congo», «História Política do Congo», e pelo «fechamento», «Apêndice». Razões composicionais indicam que estes elementos devem ser tomados por função a duas vozes, partes integrantes do livro, mas em rigor exteriores à história da viagem nele contada.

Intensifica sobremaneira a matéria informativa acerca da «peregrinação», num percurso de 4500 milhas, o álibi do «diário» a que os autores recorrem, em certos momentos, para impregnarem o texto de um acréscimo de autenticidade ou de matiz estilístico. De enunciação *a posteriori*, como quer o cânone da narrativa, o texto obedece ainda ao preceito romântico da coloquialidade com o leitor, motivo para que a escansão diarística intensifique o sentido do verismo assim como o impulso que converte o tempo da leitura, na comodidade dos lares, em apelo projectivo, por simulação da vivência directa do leitor que acompanhasse os exploradores em viagem entre Março de 1884 e Junho de 1885, entre Moçâmedes e Quelimane: «Concluídas estas considerações, benévolo leitor, resta-nos a tarefa pouco fácil, embora menos escabrosa que uma travessia, de pegar-vos pela mão, e conduzir-vos passo a passo nessa tortuosa vereda por nós trilhada, desde Angola até Moçambique» (I, p. 29)[27].

Um aspecto particular do texto consiste na imaginação de hipotéticos desdobramentos formais do registo primário, «bloco-notas» do cientista, com as informações úteis dispostas ao correr dos dias[28]

---

27 Doravante far-se-á apenas referência ao volume (I, II) do livro e número da página citada.
28 «Mas então quantas angústias torturavam os chefes, confiando à instabilidade de qua-

que terá fornecido temas a «Relatórios Oficiais», «Conferências», «Palestras», «Memorandos», bem como a esta obra para o grande público num «estilo» adequado a um horizonte de leitura que espera um relato interessante. Se o assunto de fundo utiliza os dados da experiência que devem ser divulgados, para também assim a ciência instituir a sua própria necessidade, e se o «diário» contribui para tal função, o «estilo» deverá abrir-se às formas narrativa e descritiva que enformem os eixos das acções romanescas, dramáticas e pitorescas da viagem. Por isso, o discurso tenderá para um específico dialogismo de análise não negligenciável, também ele conotado pela presença insistente da forma diarística. Uma viagem longa de quinze meses, por muitos espaços desconhecidos, não seria plausível se apenas cingida à objectividade descritiva das realidades observadas e narrativa de factos e peripécias protagonizados. Um tópico importante será o que subsume os subjectivismos pessoais, *v. g.* a transformação dos autores--narradores[29]-personagens sofrida na longa experiência de aprendizagem por frequência directa dos mundos de «outrem». E dado ainda o imperativo do relato *a posteriori* da escrita documental, o presente dialógico tem de fingir o efeito de dar a ler-ver, com a expectativa de estar acontecendo à maneira do «em directo» a experiência iniciática já por completo realizada.

Dois eixos isotópicos, em forma de paradigmas opostos, recuperam os itens enunciados:

Eixo A		*Eixo B*
«Valores ideológicos da época»	vs	«Viagem de experiência iniciática»
«Ética da ciência»	vs	«Estética e moral da relação»

realizados de maneira diferente. Enquanto os termos de A compõem o fundo inalterado de valores de referência objectiva, os de B alteram-se com a aprendizagem realizada no decurso dos contactos ao longo da

---

tro ramos as caixas, sacos e instrumentos que os pretos pouco cuidadosos conduziam; quantas ocasiões se suspendia quase a circulação do sangue, vendo qualquer delles hesitar e tremer, prestes a cair à água com o volume dos diários e cadernetas!», II, p. 126.

29 Sem caber no plano deste trabalho a questão da identidade da autoria, e admitindo ser discutível a escrita a duas mãos, não será difícil demonstrar que a escrita pertence a Roberto Ivens.

viagem. Logicamente, os «valores ideológicos de época», representativos das convicções civilizacionais dos autores, têm por lugar próprio o «Prefácio», expressos em, por exemplo, *África selvagem, vida selvagem, preto, branco, produção, consumo, civilização, sol da felicidade pelo trabalho, ignorância, prova de fraqueza, progresso, capital, exploração europeia*. E como condutores da aplicação da ideologia às realidades práticas, os sintagmas *vapor e telégrafo alavancas de progresso, capitais europeus, internacional (capitalista)*, surgem no texto de função propiciatória, «O Congo», em tom de opinião de bom senso político e de crítica elegante às pressões exercidas sobre Portugal pela potências europeias que, sob a capa do paternalismo, escondem uma «pretensão ambiciosa» (I, p. 54).

Contra os restantes países europeus, Portugal possui argumentos históricos únicos para justificar a máxima «E esse preto, que nós prepararemos nos lugares salubres, será o único colono capaz de adaptar-se naquele ponto, o único capaz de ter predomínio no Congo» (I, p. 67). E contra a evidente inexperiência africana deles, Portugal pode exibir o testemunho resumido em «Esboço Histórico». Por sua vez, em «História Política do Congo» fica completa a informação sobre o investimento diplomático realizado em África, assim se justificando o argumento de serem «As tentativas [...] para devassar a África e transpor aquele continente, ligando a província de Angola à de Moçambique [...] de bem velha data» (*id.*, p. 33 – questão também anotada por Maria Emília Madeira Santos).

Ora, à luz desta táctica de organização das matérias, e tendo em atenção a data de publicação da obra, 1886[30], a sua função também deve ser entendida no sentido da «peça de convicção», num processo em trânsito de julgado, demonstrativa, com o melhor fundamento científico, das razões e dos direitos histórico-políticos de Portugal à mesa das negociações para a partilha de África pelas potências europeias. Nesta interpretação tem-se obviamente em conta os princípios da lógica interna do texto e da economia comunicativa. Uma vez que os leitores portugueses do livro são pessoas com instrução, conhecedoras do que fora a história africana de Portugal, inútil seria, portanto, recontar-lha. Logo, por exclusão de partes, estas matérias

---

30 A Conferência de Bruxelas data de 1876, e a de Berlim, que define a política de partilha de África, ocorre de 15 de Novembro de 1884 a 26 de Fevereiro de 1885.

destinar-se-ão primeiramente aos estrangeiros ignorantes delas[31].

Com frequência é associados à publicação por Darwin (1859) da obra sobre a evolução das espécies que alguns dos termos acima referidos ganham sentido conceptual, ampliados pelo princípio único que afirmava a universalidade do devir social, sob proposta de Spencer, e ligados à afirmação de Morgan «do evolucionismo linear [...] da humanidade [a caminho] do estado de selvajaria para o de civilização, passando pelo de barbárie»[32]. Nas teses de Engels e do marxismo, a noção de desenvolvimento surge posta na dependência da tecnologia[33]. Mas, ao que parece, em boa verdade várias destas ideias devem ser ligadas, antes do mais, à realidade intrínseca das sociedades europeias, tal como são descritas por Norbert Elias a partir das noções de «cultura» e de «civilização»: «La notion française de "civilisation" est issue tout comme la notion allemande correspondante de "culture" de ce mouvement d'opposition de la deuxième moitié du XVIII siècle. Les différences de processus de formation, de fonction et de signification entre le concept français et le concept allemand correspondant reflètent les différences de situation et de comportement des classes moyennes dans leurs deux pays»[34].

Respeitando apenas ao espaço europeu, é no seu contexto que a ideia de «homem simples» aparece, no seu primarismo típico, ligada ao termo *selvagem*, que se tornou «dans la deuxième moitié du XVIII siècle le critère de l'attitude de l'homme face à la lutte interne»[35], expressa de maneira exemplar na obra de Rousseau. Assim considerada a questão terminológica e o seu campo primeiro de aplicação (o europeu), as teorizações elaboradas a partir da obra de Darwin mais não parecem fazer do que pôr ao serviço da biologia e projectar para a universalidade dos factos, adaptando-os, os conceitos já antes utilizados

---

31 E assim em *Os Lusíadas*. Sendo necessário contar a História de Portugal, para evitar o absurdo lógico de a explicar ao destinatário português (e ao rei) que a conhecia, que a protagonizara, a solução estética elegante consistiu em atribuí-la às personagens Gama (Vasco e Paulo) que a relatam a estrangeiros de facto ignorantes delas.
32 Claude Clanet, *L'interculturel, introduction aux approches interculturelles en Education et en Sciences Humaines*, Toulouse, Presses Universitaires du Mirail, 1993, pp. 41-42.
33 Georges Vignaux e outros, «Les Recherches Interculturelles: Héritages conceptuelles et nouveaux enjeux», in *Champ multiculturel, Transitions interculturelles*, Paris, L'Harmattan, 1998, p. 65.
34 Norbert Elias, *La civilisation des mœurs*, Paris, Calmann-Lévy, 1995, p. 56.
35 *Id.*, p. 58.

na descrição das sociedades europeias. Portanto, longe de serem cunhados nessa altura, os sentidos de valor pejorativo (ou «racista») da segunda metade do século XIX são o produto ideológico reforçado de ideias bem mais antigas e, sublinha-se, de europeus para europeus.

5. *Civilização e Dever do Trabalho.*

Logo enunciados no capítulo I, à viagem são consignados dois objectivos expressos: um económico, «encontrar um caminho comercial entre as províncias portuguesas de Angola e Moçambique»; e outro científico, «inquirir nas regiões centrais as relações das bacias hidrográficas do Zaire e do Zambeze» (*I*, p. 70). Mas, conforme sugere o conteúdo da primeira citação em epígrafe, e a despeito de o ponto de vista dos autores Capelo e Ivens se poder identificar com aqueles objectivos, não se podem omitir as significações dependentes do texto, alheias à intenção deles. Globalmente, umas derivam das partes que emolduram a narrativa da viagem, não lhe pertencendo, e outras da regência das matérias relatadas que desequilibra profundamente as relações entre espaços e tempos distribuídos pelas páginas:

Moçâmedes-Zambeze, caps. I-XIII
    [O cap. XIV, 12 pp., «não consome tempo»]
        Março-Setembro de 1884   207 páginas   7 meses

«Grande Catanga», caps. XV-XXIX
        Outubro de 1884 - Abril de 1885   218 páginas   7 meses

«Grande Catanga»-Quelimane», caps. XXX-XXXI
        Abril-Junho de 1885   27 páginas   2 meses.

Embora o último percurso, «Grande Catanga»-Quelimane, tenha uma extensão sensivelmente idêntica ao primeiro, Moçâmedes-Zambeze, só ocupa dois capítulos, percorridos em dois meses ao longo do Zambeze, viagem sem «história», porque em caminhos muito conhecidos. O seu registo opõe-se por completo aos das secções anteriores, aqueles em que se cumprem as duas alíneas dos objectivos, no Sul de Angola (caminho comercial) e no «Grande Catanga» (estudo científico das «bacias hidrográficas do Zaire e Zambeze») – comprovando que o objecto da Ciência excede a utilidade prática.

Considerando que os valores dominantes na Europa animada pela civilização do progresso estão presentes nas unidades iniciais «Prefácio», «Esboço Histórico», «O Congo», «História Política do Congo», é função deles orientarem as ideias-mestras dos objectivos das alíneas comercial e científica. A euforia da acumulação de riqueza justifica a bondade do «dever» de os europeus (*I*, p. 28) levarem aos outros o «progresso da humanidade» (*id.*, p. 29) por meio do «trabalho e do capital» (*ibid.*), auxiliado pelas alavancas máquina a «vapor» e «telégrafo» (*id.*, p. 49), instrumentos que favorecem a «colonização do mundo» (*id.*, p. 66). E porque *«hoje o desejo de conhecer e averiguar* [é] *a feição predominante do século, no qual a ignorância é uma prova de fraqueza* [...] [abrir uma] *nova faixa, do continente negro à compreensão de nacionais e estrangeiros* [...] [é mais um benefício cometido] *pelo interesse da humanidade»* (itálico do texto; *id.*, p. 29).

E é este espírito de auto-estima que deve motivar a relação de Capelo e Ivens com o meio africano, a respeito da valorização da realidade nos dois principais planos, o que religa as questões práticas onde ocorrem as transformações pessoais, e o que acolhe quer o olhar científico fiel à deôntica quer as ideias socioculturais que formam o seu carácter. E é neste plano que entra o problema da filantropia tida por expressão da tutela paternalista ao serviço do Abolicionismo e do Negro em geral, e que se arrisca, «para além de certos limites, a descambar em loucura» (*id.*, p. 81), asserção que subjaz ao emprego dos termos *ingrato, pérfido, infiel, torpes faculdades tão comuns nas inteligências rudimentares* (*II*, p. 84) para classificar o negro.

Longe de merecerem a etiqueta simplista de «racismo», estes termos ligam-se de modo directo à questão dos degredados portugueses enviados para Angola e ao tópico do trabalho por dever e por obrigação social. Embora brancos e portugueses, nem por isso deixam de ser vistos pelo prisma da depreciação, incluídos na receita mais radical do trabalho forçado «nesta zona, pois a febre intermitente para o criminoso deve considerar-se a melhor das *medidas sanitárias*, debaixo deste ponto de vista» (itálico do texto; *I*, p. 79-80). Na óptica do determinismo social e biológico, «O criminoso de boa constituição física é em geral um ente de instintos brutais, [...] logo, porém, que a doença o domina, o seu modo de ver modifica-se e sob a suave pressão da morbidez o espírito como que se purifica!

«Não é necessário ir longe para encontrar demonstrações a este facto (aos olhos da filantropia talvez condenável por monstruoso); está ele no ânimo de muitos governadores [...] e diz-no-lo [...] um célebre viajante, que em suas peregrinações passou por Angola, homem insuspeito, atento o carácter religioso que o revestia».

«"É um facto notável", diz ele, "que [...] Se nós, Ingleses [...]"» (*I*, p. 80).

A narrativa da viagem ajusta-se a objectivos determinados por espaços que convém conhecer, em aliança clara entre a ciência e a ordem dos interesses materiais, nos caminhos do Sul de Angola, permitindo descrever a suavidade do clima (*I*, pp. 89, 130) e as riquezas de «Chela» e de «Huíla», motivo para que o discurso do a-propósito e das considerações económicas (*I*, caps. IV e V) sirva de pretexto para se exibirem três ideias-mestras de um programa de política colonial europeia, o capital financeiro (*I*, p. 125), a rede viária necessária ao avanço para o interior do país (*ibid.*) e o estudo e trabalho (*I*, p. 126).

Na lógica do programa, onde cabe o trabalho forçado do degredado, o princípio da civilização implica a substituição do simples «tráfico» da economia recolectora primária («troca de uma bola de borracha por uma jarda de fazenda», *I*, p. 128) pela actividade produtiva, que carece de aprendizagem. Com o estabelecimento dos europeus em zonas salubres de África, aos negros podem ser mostradas «as vantagens a advir da cultura da terra», suscitar neles «pelo gostoso exemplo da posse [...] afinco ao trabalho; infundir-lhes, pela amostra progressiva do bem-estar, o desejo do ganho e a noção da propriedade; ligar com tais princípios a ideia da família, da sucessão, da garantia do trabalho na descendência; constituir sociedades cujo modo de ser se afeiçõem ao que conhecemos nesse sentido, com princípios e necessidades idênticas aos nossos, e só assim teremos conseguido em África dar um grande passo na senda civilizadora; só então travará com ela a Europa um *comércio verdadeiro e regular*» (itálico nosso; *I*, p. 128).

Em vez de instrumentalizadas pelo capital, as ideias dos exploradores cientistas encaram antes a aculturação do negro, embora nos moldes da cultura burguesa e da sociedade capitalista europeia, numa sociedade mista «industriosa e activa [...] branca e de cor» (*I*, p. 129), assente no «elemento social, a família [...] [que constituem] vastos centros civilizados, donde o indígena há-de aproximar-se, seguindo-lhe as leis fatais» (*id.*, p. 129). As ocorrências das expressões «suave pressão da morbidez» e «leis fatais» aplicadas a brancos e a negros remetem sem dúvida para a ideologia do trabalho em modelo social determinado pelo progresso e, obviamente, para o pensamento determinista-mecanicista, contra duas teses em voga, contraditórias e nefastas. De um lado, criticam o código fundamental português que estabelece salvaguardas sobre as «exigências do Branco para com o Preto» (*I*, p. 145) e, do outro, duvidam da bondade das regras da filantropia permissivas da ociosidade do negro que «levando uma vida licenciosa [...] se por um lado se pode considerar louvável no intuito tocante à protecção, é assaz repreensível sobre o ponto de vista moral e económico [...] [não sendo] conveniente conservar [...] o negro num estado de liberdade que nem na Europa [...] só porque alguns ignorantes, interessados pela situação desse chamado infeliz das selvas, clamam ao menor princípio de repressão [...] Permitir-lhes a vadiagem é contrair na ociosidade repugnantes vícios [...] e castigá-lo com a aplicação do código penal do reino, que ele não compreende, nem sente, nem o molesta [...] torna-se [...] calamidade. É digno de estudo este assunto, que nos suscitou a visita pelas terras onde nos achámos» (Id-*I*, p. 145).

Igualizando negros africanos e brancos portugueses degredados, a ideologia do trabalho produtivo atravessa o texto com a virtude da pedagogia civilizacional, absoluta, igualizadora, «Sujeitos aos trabalhos agrícolas e comerciais, os indígenas, sob a *suave* pressão da autoridade, perderam a sua ferocidade nativa, entregando-se a uma vida de certo modo laboriosa, que proporciona ao viajante o modesto bem-estar de que carece» (*I*, p. 185) — razão para que os «Banhanecas [em vez de viciosos, selvagens, ingratos, pérfidos, infieis, inteligências rudimentares, sejam considerados] em geral de boa presença e simpáticos, [posto que] Empregam-se na agricultura e principalmente no mister de pastores, possuindo grandes manadas de gado. Dóceis e laboriosos, é fácil aproveitá-los em muitos géneros de trabalhos» (*id.*, p. 141).

Ao anotarem que é «digno de estudo este assunto que [...] suscitou a visita pelas terras» (*id.*, p. 145) onde andaram (Chela e Huíla), os autores entram numa denegação mitigada. De um lado, diz-se que a visita «suscitou» os conteúdos da escrita, conforme ordena o verídico documental, mas como se anotou acerca do programa, a escolha deste percurso teve por motivo a tal ligação da ciência a um levantamento económico do território. Daí o jogo entre o «dizer-se isto por coerência com a realidade», e, inversamente, «escolher-se esta realidade como pretexto para se apresentar diante de portugueses e outros europeus esta tese sobre a colonização», maneira hábil de fazer «propaganda» (*id.*, p. 125).

Para lá dos ricos territórios do Sul (Humbe, *id.*, caps. VI, VII) e da região do Cunene (*id.*, caps. VIII segs.), espaços desfavoráveis à vida agrícola, como nota o negro ao pedido de indicações sobre «determinada região [...] "É longe, senhor; má gente a de lá; pobre, não tem para si de comer!"» (*id.*, p. 183), deixa de se justificar, na ordem do programa e do texto, o desenvolvimento da isotopia económico-laboral. O seu reaparecimento, apenas aflorado na área central do Luapula, a propósito dos «mercadores de escravos e traficantes de Zanzibar [...] [serve de amostra do que é hoje condenável, em vez da moral do trabalho, a violência que semeia] sempre a desolação e a morte [...] [num] repelente negócio [...] [que os leva] a esquadrinhar todos os sertões» (*II*, p. 148).

6. *Ciência e Ética.*

Ao aparentar ser «a duas mãos», a escrita exprime a atitude da ciência que sobrepõe a individuais protagonismos os objectivos do saber prático e as finalidades do conhecimento novo de interesse para a comunidade científica. Deriva dessa filosofia a retórica da humildade (pacatos) de «pioneiros da ciência» (*I*, p. 104) votados à grandeza do empreendimento, não obstante as lutas a ter de enfrentar com a pequenez das forças próprias, porque enfim «o homem é um pigmeu dotado de enormes atributos criativos, mas em convívio fatal com a incerteza» (*I*, p. 88).

E nas circunstâncias técnicas em que decorre a viagem, a apresentação de hipóteses científicas é rara, mas sempre sob cláusula dubitativa, do tipo «indicações, para que mais tarde alguém trate de aproveitá-las» (*I*, p. 102), portanto em obediência à ética dos artífices do ramo da «ciência de observação»[36]. Daí o vínculo ao discurso do rigor objectivo, como na descrição climatológica do «céu, que du-

---

36 Claude Bernard, *Introduction à l'Étude de la Médecine Expérimentale*, 1ère partie, 5ème ed., Paris, Larousse, s.d., p. 31.

rante o dia se conservara coberto de cúmulos minúsculos, com aquele aspecto que o vulgo designa por pedrento» (*id.*, p. 113). E assim também com a tarefa da elaboração de um mapa de valor científico, implicando o concurso do expediente da intertextualização do «diário» de viagem onde tem de ser norma o emprego de nomenclatura técnica, ou com as descrições espaciais que se expandem em relações metonímicas para coligirem informação de interesse económico e científico, em «observações astronómicas, magnéticas e meteorológicas [...] [e] excursão geológico-botânica e um exercício geral de tiro ao alvo» (*id.*, p. 90).

Os deveres da missão (observações) não impedem, no entanto, os matizes de gratuitidade humana («tiro ao alvo») numa viagem de desafio lançado à coragem contra a incerteza. E é por aspectos circunstanciais que a subjectividade pessoal mais atinge o destinatário (e a leitor) para a reacção de companheirismo, do tipo «Imagine o leitor um vasto terreno pouco alto e formado por soltas e dispersas dunas, tendo pelo norte e a partir da costa, em 10 milhas de extensão, uma faixa arenosa e lisa que [...]» (*id.*, p. 90) ou «Tudo, caro leitor, se encontra no grande continente feito em exagerada escala» (*id.*, p. 118). Ajustada aos momentos particulares da viagem, a descrição pode mesmo conjugar os estatutos «objectivo/subjectivo» da enunciação com o jogo dos tempos narrativos «passado/presente» em busca do efeito da reportagem em «directo» (itálicos nossos): «A serra onde agora nos *achamos*, e que se *estende* numa linha de quase 400 milhas do Cuanza [...] Barreira [...] ajeitada durante as épocas geológicas remotas no gneisse e na quartrite» (*id.*, p. 118); «*Estamos* a 1000 metros de altitude» (p. 119); «Já *são* 1200 metros, depois 1400; a água *salta* por todos os lados; *atolam-se* os pés no húmus balofo [...] os pés *pesam* como duas arrobas [...] ufa, *eis* o plateau. São 1829 metros! Milha e meia adiante *acampámos*» (p. 120).

Com a irrupção da subjectividade nos verbos de «presente», a deôntica da ciência deixa contaminar a sua objectividade por juízos pessoais, assim se matizando o papel dos valores ideológicos e estéticos em circulação no texto. Ao carácter objectivo dos valores de qualidade juntam-se os critérios de gosto particular que variam com as situações, demarcando afinidades e diferenças. Apesar de incómoda para a soberania portuguesa, é «positiva» a personalidade do Cuanhama Nampandi, de «vontade de ferro e a energia de vinte e cinco anos [...] o traço dos heróis, como, por exemplo, o desprezo da vida, a arte de remunerar e o segredo de se impor»; «"Bem parecido [...] Traja sempre à europeia"» (I, pp. 173 e 175). E, embora não incomodando essa soberania, são «negativas» em nível máximo as diferenças sociológicas, estéticas, cultural-recolectivas, dos Bacorocas e Bacuissos de vida pastoril, alimentando-se de leite e vivendo em habitações «miseráveis e sórdidas, bastando-lhes o tronco de uma espécie de carrapateiro [...] para que construam uma cubata [...] supersticiosos em extremo» (*id.*, p. 103), ou dos Mucuancala, ou bushman que vivem nos bosques, «em míseras cubatas; a sua alimentação consiste no mel e na carne; o seu maior prazer é o isolamento»: «Tão revoltante é esta raridade do humano género, tão mesquinho o seu ar, apoucado o vulto e estranho o modo, que degrada e aflige ter de descrevê-lo [...] A descrição das mulheres seria tal que no-la impede um respeito delicado pelo sexo amável» (*id.*, p. 162).

Como se afirma numa citação em epígrafe, embora a revolução francesa tenha desalojado o *ancien régime*, nem por isso a burguesia abandonou os antigos costumes e hábitos, neste caso expressos pelo snobismo mundano e pelo trato refinado com as senhoras. Sob esse olhar afectado o discurso dos autores parece ser incoerente, prisioneiro de cânones de gosto eurocêntricos inadequados à apreensão da tipologia física dos africanos e dos padrões etno-ecológicos da estética feminina, evidente no campo lexical, por exemplo, «horrorosas», «grotesco» desfavor da natureza, agravando com «enfeites de missanga» (*id.*, p. 92), «Uma rapariga [...] com o cabelo [...] carregadas de missanga [...] jovem», de «rosto galante». «As mulheres são «formosas, mas «sórdidas», o que se agrava pela untura de «manteiga» (*id.*, p. 154). O gosto flexível distingue fisionomia ou aspecto horroroso e formoso, mas é radical no que toca ao refinamento do corpo – estética, adornos, sórdidas, manteiga-missangas –, portanto apreendendo do negro(a) o ser positivo em-si mas de valoração negativa se os seus atributos não se identificam, pela civilização, com o trabalho laborioso, e pela civilidade, com os adornos de luxo caro.

Na reflexão sobre a mosca tsé-tsé e seu *habitat*, os autores recorrem a fenómenos da mecânica e da teoria dos fluidos para encontrarem nos efeitos mórbidos das febres nos humanos (apatia palúdica) uma causa do prejuízo na «marcha da civilização», «factor importante para o estado de atraso do indígena das terras interiores» (II, p. 36), ao passo que nas savanas onde é «susceptível a criação do gado [os negros são] mais activos e dextros assim como começando pela vida laboriosa do pastor» (II, p. 36), até rematar «na defesa da sua posse, se mostram superiores àqueles que não o possuem» (*ibid.*, p. 37). Já preconizada para aplicação sob controlo ao degredado português, a questão do efeito palúdico sobre o carácter humano deixa de ser vista no âmbito do determinismo biológico para se alargar ao geográfico, como tese que não precisasse de ser posta sob a cláusula dubitativa que fora invocada a propósito de outros factos.

Na prática das ciências duras os juízos obedecem, de facto, à rigorosa observação da realidade para apuramento exacto da verdade dos dados, por exemplo, no interior do continente o estudo da fauna, da flora e da geografia nunca antes reconhecidas cientificamente na Garanganja, e o percurso dos rios Luapula e do Lualaba (II, p. 84), que se punha como desafio à cartografia do Zaire e do Zambeze: «No curto espaço de três horas bebemos água do Zaire e do Zambeze» (*ibid.*, p. 119); «Estávamos na linha divisória Zaire-Zambeze, havendo no último dia do mês (31/3/1885) almoçado com água do primeiro e jantado com aquela do segundo» (p. 167); «Não nos parece preciso demorar aqui sobre o facto de ter andado sempre este desnivelamento gigante da África Central erradamente colocado nas cartas e havermos sido nós os primeiros que ao certo o colocámos [II, p. 191] e a hidrografia do Lufira que os autores deslocaram meio grau para Leste, mas debatendo-se com o problema da contraprova de certificação. Não podem assegurar-se do cálculo das longitudes confiando a calibração dos cronómetros à observação astronómica, porque «Recorrer a distâncias [entre planetas] para regular cronómetros, e ufanar-se disso em livros de carácter científico, é muito abuso da boa-fé de quem as desconhece» (II, p. 99).

As descrições etnográficas no entanto, não possuindo ainda o estatuto de objectividade científica, dependem de critérios explicados também pelo que se resume numa das citações em epígrafe. Mais do que consequência directa das teorias de Darwin, Spencer e Morgan, a consciência do progresso há muito reconhecida por ingleses, franceses e alemães, liga-a Norbert Elias a *politesse*, *civilité*. Com o desenvolvimento económico e da evolução civilizacional, as relações sociais apuravam-se no «decoro», conforme as regras de «vivência polida», «urbanizada», em radical oposição às ideias de homem simples (cf. o mau e o «bom selvagem»), à rudeza e boçalidade e à falta de respeito pela palavra dada numa relação contratual.

Além de explicar melhor os juízos estéticos sobre os negros(as), a «consciência do progresso», assim ligada a este apuro social, esclarece as ideias implícitas na violenta apreciação dos Mucuancala ou bushman (busquímane), etnia duas vezes descrita pelos autores (*I*, p. 162-64, 192-94). Se «Nada há mais abjecto e repugnante do que esse arremedo de homem» (p. 162), eles não deixam no entanto de suscitar um gesto de compaixão por vagabundearem «em luta pertinaz para se poder alimentar» (*ibid.*). Em oposição a eles, os Amboelas habitam um espaço fértil que lhes permite merecerem a adjectivação de «hábeis pescadores das lagoas, aventurando-se raras vezes a pescar no leito do rio» (p. 202), além disso bons artesãos, «destros ferreiros» e artistas, «grandes músicos» (*ibid.*), mas sem que isso impeça, apenas algumas páginas depois, um cerrado libelo contra o Negro: «Mas, leitor, o Negro é a expressão embrionária do sentimento, e na sua rude incompreensão do *dever* e da *dignidade* faz parênteses em quase todos os princípios da *nobilitação* humana [...] [desconhece] a sublimidade da *prática do bem*. [...] Pois que são a dignidade e a *honra* senão virtudes provenientes do contacto do *homem sociável* [...] no estado da *moralidade inicial* [...] [tem] por companheira uma mulher que desconhece o *pudor*, esse *delicadíssimo* sentimento que primeiro [...] deve ter assomado rubro às faces das *nossas* selvagens antecessoras; sujeito à egoísta *necessidade* de prover à subsistência, presos a quantas *materialidades*, que, por *obcecarem* o espírito, o forçam a rodar num cálculo restrito de satisfações mal remediadas [...] para o homem *selvagem* assim *deve ser*. Ele, que na *escola da natureza* aprende na luta de cada dia só a *defender-se* dos males que lhe *ameaçam* a triste existência, acaba por identificar-se com este estado de coisas» (itálicos nossos; *I*, pp. 207-8).

Alheias ao vínculo da deôntica científica, as considerações étnicas e humanas aplicadas aos negros obedecem, ora ao critério ético pela positividade do trabalho produtivo – e, logo, contra a negatividade da economia recolectora que, logicamente, não promove o avanço da civilização –, ora ao critério ético e estético que, nestas circunstâncias, projecta o juízo negativo sobre a sua aparência ainda presa ao limiar da incivilidade. Em três domínios, portanto, a transcrição acima se dá a ver de maneiras muito distintas a humanidade dos autores cientistas. Em linguagem exaltada, a emoção irrompe exactamente contra a quebra da palavra contratual pelo negro que, por isso, já antes merecera os epítetos de «volúvel», «irrequieto», «vicioso», «frouxo» (*ibid.*, p. 82), «inteligências rudimentares» (p. 84), contratempo de que também se queixavam Stanley, Livingstone e Cameron (*ibid.*), visto que a fuga dos carregadores podia aniquilar por completo o «bom sucesso das expedições». A imagem que compõem da mulher exprime um respeito evidente pelo elemento feminino, (des)valorizado, no entanto, pela injunção do relativismo e diferença das culturas e de evolução que não permitiu elevar-se do estádio por que passaram as «nossas selvagens antecessoras». E, tal como a solidariedade humana compadecida com bosquímanes (odiados pelas tribos africanas: *ibid.*, p. 194) em luta pertinaz para se alimentarem, também a forma concessiva de «assim deve ser» a respeito do carácter dos negros, entra em sintonia compreensiva, desculpabilizante. Singular também a circunstância de todos estes factores de irrupção afectiva terem por fundo motivador a explicação determinista.

7. *Viagem iniciática: Retorno à Origem.*

Além de programa em demanda de conhecimento, a expedição institui ainda um mundo de relações onde o negro tem de ser objectivamente «outrem», visto sob dois ângulos de apreciação. Num, define-se pelo ser-fazer funcionalmente mau, se trai a relação do contrato, e pelo ser-Ser, se o cumpre em solidariedade de grupo, como nos exemplos do criado, cabinda ladino (I, p. 122), de «António Carlos Maria [que] é a pérola dos rapazes africanos» (*ibid.*, p. 133), de «Augusto Mupei [rapaz africano] que hoje passeia contente nas ruas da Europa» (*ibid.*, p. 178).

Por consideração das regras do documento, reconhece-se que, por exemplo, as anotações de sentido humano começam a tornar-se insistentes a partir do capítulo VIII (I, p. 183), quando a expedição se aproxima do deserto, «longe do bulício do mundo civilizado [...] [onde se começa a frisar a] insignificância» (*ibid.*, p. 149) do homem, e onde o apetite por «esses bocados de carne assada na brasa [...] de certa maneira explica as inclinações sôfregas do Preto» (*ibid.*, p. 160).

Progressivamente, a viagem vai obrigando a um ciclo de experiências em espaços onde os desafios lançado à vida «com a fadiga do dia, o frio da noite [...], com a fome» (*ibid.*, p. 212), convertam a «paisagem, ao princípio atraente [...] num mundo [...] [que] cedeu à inquietação nervosa de um cérebro escandecido», até que «a vontade irrequieta pousa variável no mais singelo facto: quer e logo hesita, apraz-lhe a incoerência» (*ibid.*, p. 217). Por influência do cansaço da viagem e da acumulação das dificuldades, o homem vai-se transformando de puro sujeito de acção vigorosa em sujeito-objecto dos elementos que povoam o meio, ao mesmo tempo que, para o sujeito pleno do conhecimento acerca da sua precaridade, começam «a perturbar-se as funções e aparecem os primeiros sintomas da febre [...] o carácter do indivíduo perverte-se; na ânsia de questionar [...] com todos, a gente desconhece-se [...] o homem enfim é outro [...] deixa-se dominar pela ira, encoleriza-se, grita, ameaça [...] arrepende-se. [...] É um meio desmoralizador onde o indivíduo pouco a pouco se despe da soberania dos seus mais nobres sentimentos [...] A percepção dos objectos que o cercam é lenta; momentos se passam antes de relacionar-se com o mundo que o rodeia» (*ibid.*, p. 218).

Demarcado fica, pois, o âmbito do conhecimento que os exploradores não teriam previsto, disseminado no texto como enunciação da consciência deles próprios em complemento do conhecimento que acrescenta um novo saber acerca da África. Se, no plano das realidades práticas, esta experiência pertence ao tópico do efeito mecânico exercido pelo meio ambiente sobre os indivíduos, no da reflexão sobre o destino do homem que a circunstância suscita o tópico alarga-se até à sua compreensão na lógica determinista do meio físico: «Afinal [a mulher (...) infeliz arremedo da humana espécie] era um ente da nossa espécie, uma criatura semelhante a nós, cujos dotes físicos nos podiam ter pertencido, se acaso a natureza se houvesse lembrado de atirar para a África, em vez de pôr na Europa, os nossos respeitáveis progenitores!» (*ibid.*, p. 221).

«O aspecto do acampamento, a ferocidade dos rostos, a ânsia na ingestão e a magreza dos extenuados corpos faziam lembrar ao observador uma cena de campo canibalesco, onde ávido e suspeitoso o homem devorasse o seu semelhante! Nós mesmos não podíamos eximir-nos a um precipitado agarrar do alimento que nos apresentavam, e ao ver exsudando sangue a carne assada nas brasas, que o cozinheiro nos enviava, sentíamos vontade de nos arrojarmos a ela, devorando-a por inteiro» (*ibid.*, p. 224).

«Quem observasse pela noite [...] dezenas de homens de facas em punho e de aspecto patibular [...] extraindo aqui as vísceras de uma zebra [...] mais julgaria estar entre canibais do que entre homens ao serviço da causa da ciência e dirigidos por europeus!

«Nós mesmos [...] não podíamos deixar de reflectir quanto o homem se rebaixa ao nível da animalidade sempre que a falta de recursos o obriga à luta para alimentar-se; e quanto o infeliz perde da superioridade e se apresenta aos olhos do investigador como o mais vil e desprezível dos irracionais» (*ibid.*, p. 273).

«Um prurido glutão nos dominava; esquecêramos tudo ante a asselvajada ânsia de encher o estômago, positivamente animalizados, não diferindo em coisa alguma o nosso modo de pensar do de qualquer companheiro indígena» (II, p. 141).

A ideia de presunção «rácica» dos autores, eventualmente deduzida do seu snobismo civilizacional e dos respectivos preconceitos estéticos dos cânones de beleza refinados pela cultura europeia, atingiu nesta longa transcrição o limite da projecção regressiva até às «nossas selvagens antecessoras». E igualmente se comprova a hipótese citada «da egoísta necessidade de prover à subsistência, da materialidade do homem selvagem na escola da natureza». Na fenomenologia da experiência de que a narrativa de «pioneiros da ciência» é testemunho cabal, o «mesmo» fica agora identificado com o «outro» no plano comportamental.

Mas falta ainda, no entendimento simples da lógica da experiência humana, completar esta vivência aculturante com o reconhecimento da inteligência do «outro» para que se torne similar ao «mesmo», ou, inversamente, considerando também necessária a prova-provação da envolvência projectiva no plano dos afecto, para que a semelhança se concretize numa práxis efectiva. Assim sucede, com efeito, na explicação que conceptualiza por abstracção e por deslocação metafórica (de analogia em registo oral) a explicação da abóbada celeste: «Verdade é que às vezes os seus argumentos têm a força de deixar boquiaberto o viajante. Assim, um dia, satisfeitos por ter achado [já possuir disposição para achar] um preto esperto, a quem íamos arrancar noções de cosmogonia, perguntámos-lhe, apontando para abóbada celeste, o que é o céu?, inquirição em verdade a que muito camponês da Europa deixaria de responder, ele disse: "O céu é de pedra, ou melhor, uma serra enorme que está por cima das nossas cabeças [...] vê-

-se azul porque está longe, assim como as serranias quando vistas à distância"» (*II*, p. 234).

E assim também como se corrigisse a crítica aos Bacorocas e aos Bacuissos que viviam habitações sórdidas construídas com um troco de carrapateiro (I, p. 103), a confissão «há muito nos abstinhamos do uso da tenda [...] preferindo a barraca de folhas à moda africana [...] são perigosas e incómodas as tendas de lona» (*II*, p. 31). «É conveniente construir [...] uma cubata à moda do gentio, onde o ar circule bem» (*ibid.*, p. 53). Será, portanto, «normal» que esta caracterização do negro se afaste do modelo preconceituoso anterior, «sim, mas», para o apresentar em toda a positividade, «tal qual»: ora homens «altos e esbeltos» (*I*, p. 257), ora mulheres que «gostam muito da música, mas, principalmente da dança [...] Ao vê-las menear-se com donaire ao compasso das palmas e do canto [...] os tristes autores destas linhas, acocorados junto das tendas, esqueceram por mais de uma vez o rumo a que lhes ficava Moçambique!» (*ibid.*, p. 271).

O tópico romântico da «cor local» está aqui ao serviço da experiência da realidade na sua forma mais incisiva, denunciando o risco de conceptualizar o «outro» fora do contexto. Ao mesmo tempo justifica a eficácia pedagógica do relativismo, contra a generalização universalista, com o exemplo estético da narrativa dos sofrimentos experimentados pela «expedição nesses bosques [...] [difíceis] de apreciar no remanso [na] Europa» (I, p. 305). Da experiência local emerge a consciência de que se é «outro», de que «o isolamento e os obstáculos [...] nos tornaram meros selvagens, identificando-nos com o modo de ser de quanto nos cerca e em que nem um só delicado sentimento tem ensejo de manifestar-se» (*II*, p. 28). Ainda funcional a lição de Rousseau: no «isolamento, embora enfadonho [...] o homem [...] [é levado] a entrever perfeições ou corrigir defeitos que até ali ignorava» (*ibid.*, p. 32).

Na lógica desta experiência iniciática, outra importante correcção consiste na devolução da imagem da mulher à totalidade dos seus atributos, sejam os de sedução perturbante dos sentidos, sejam os mais subtis do afecto suscitado pela mulher-mãe nesse estranho «viver, [que] tem um não-sei-quê de atraente, de cândido, de primitivo, que seduz [...]. Há fibras no coração humano que só vibram naquele meio e nascem e morrem adormecidas no remanso dos empoeirados macadames da velha Europa» (*II*, p. 136): «as mulheres da caravana [...] os filhinhos ao peito [...] Ao atentar nos seus vultos, não puderam deixar de se nos marejar os olhos de lágrimas [...] companheiras dedicadas e fieis [...] E o delicado sentimento da maternidade, tão vivo na mulher selvagem como na elegante habitadora do bulevar, parecia ali [...] merecer-nos mais elevado respeito» (*II*, p. 174).

Com a irrupção do relativismo toma forma o esboroamento das ideias sobre o absoluto cultural e civilizacional europeu, agora em favor da humanidade primitiva perdida, mas reencontrada pelos autores que para isso pagaram o preço da transfiguração temporária: «Ninguém nos reconhecera ao desembarcar, pois, tisnados do sol, com os fatos enxovalhados e rotos, a longa barba e uns farrapos brancos enrolados à cabeça» (*II*, p. 223). Para ficar completo o ciclo de relações, neste retorno ao mundo do homem civilizado que se encontra representado no Governador-Geral Augusto de Castilho, são também os negros que protagonizam o processo transcultural, com a sua transfiguração e acesso ao conhecimento das suas coisas, «A nossa gente, já vestida de matizadas cores, [...] [debruçava-se] da proa, admirada de como o mar podia ter tal extensão que, banhando Angola, ia também banhar Moçambique» (*ibid*.).

Concluindo. Colocado em «Apêndice» o estudo geográfico e histórico sobre o continente africano, o desvendamento dos seus «mistérios», a política do esclavagismo, a distribuição dos grupos étnico e sua caracterização desempenham funções de diversa interpretação. Logo no início indexado ao capítulo XI (vol. I), retomando e ampliando o que lá se diz, tudo se passa no sentido de recompor das ideias antes endereçadas a um público comum, e agora cingidas a um plano de tese modelada pelo discurso da «Conferência». Já no texto da viagem o conteúdo do capítulo tem de singular a adequação ao lugar que ocupa na narrativa, ligar e fazer de compasso entre os espaços conhecidos do «Cunene-Cubango» e os desconhecidos a «Caminho do Zambeze». E, como se viu, este é o momento da expedição em que os exploradores começam a reconhecer a precariedade da condição física e psicológica do homem, sujeitos objectualizados e, assim, eles próprios pacientes das leis deterministas.

Tal como se encontra na obra, destacado do seu texto, o «Apêndice» constitui uma encenação dos discurso de ciência da época, como lição de sapiência fundada no conhecimento experimental, mas jogando também com o seu estatuto na filosofia da ciência. Enquanto discurso autónomo cinge-se à teorização do determinismo e às leis geoclimáticas e etnoculturais de modelo mecanicista [cf. organismo animal (*I*, p. 263); fácies típico das organizações arruinadas (*ibid.*, p. 267)]. Enquanto discurso indexado ao texto geral e dele dependente afasta-se claramente desse modelo mecanicista mediante a exposição de uma dialéctica de transformações que, além de repercutidas nos malefícios dos domínios físico e psicológico, também operam no domínio da consciência e da sensibilidade em sentido positivo, fornecendo substância humana à citada abertura ao relativismo e à intercultural de sentido inovador.

O olhar através do género.
A imagem do índio brasileiro na literatura portuguesa de Quinhentos

Rogério Miguel Puga

«Gender is always a relationship, not a performed category of beings or a possession that one can have [...] differentiated by nation, generation, class, lineage, color, and much else. [...] Gender and race have never existed separately [...]. To be unmanly is to be uncivil [...]. These metaphors have mattered enormously in the constitution of what may count as knowledge».

Donna J. Harraway, *Feminism and Technoscience*,
1997, pp. 28 e 30 respectivamente.

Se é verdade que a distinção entre homem e mulher é universal, também é verdade que as formas como estes seres humanos interagem simbolicamente entre si, bem como a forma como os seus corpos são distinguidos, o papel que cada um tem na reprodução da espécie e os atributos culturais de cada um, variam de cultura para cultura. Assim sendo, a construção social quer da masculinidade[1] quer da feminilidade varia de acordo com os mais diversos factores, sendo a compreensão do conceito género influenciada cultural e até emotivamente, no que diz respeito à interacção e reprodução social[2]. Se o

---

1 Cf. R. W. Connel, Gender and Power, 1993, p. 284: «The physical sense of maleness [and femaleness] is not a simple thing. It involves size and shape, habits of posture and movement, particular physical skills and the lack of others, the image of one's body, the way it is presented to other people and the ways they respond to it, the ways it operates at work and in sexual relations». Miguel Vale de Almeida, *Senhores de Si*, 1995, p. 15: «As relações entre os géneros [são], na base, relações de poder, assimetria, e desigualdade, e não simplesmente relações simétricas e complementares», sendo que o estudo do género se acrescenta aos das relações com base na idade, *status*, prestígio, classe social e outras.»

2 Cf. Roger N. Lancaster e Micaela di Leonardo, *The Gender Sexuality* READER, 1997, p. 5. O estudo do género, de acordo com estes autores, deverá veicular o todo que a Humanidade representa, e não dividi-la. Por uma questão de sistematização do nosso texto, decidimos dividi-lo em capítulos temáticos de acordo com as categorias antropológicas relacionadas com o género abordadas ao longo do mesmo. Esta meto-

termo *sexo* remete sobretudo para as características anatómicas, biológicas e físicas do ser humano, o termo género remete para a articulação e elaboração simbólicas e culturalmente específicas destas mesmas diferenças e categorias, nomeadamente no âmbito da sexualidade ou das práticas sexuais[3].

O conceito de *gender* generaliza-se, sobretudo, no início dos anos 80 no âmbito dos estudos antropológicos, sendo igualmente utilizado nos estudos literários para estudar, não só mas também, a construção e as relações de (des)igualdade entre as personagens e as vozes presentes no texto, sejam elas masculinas ou femininas[4]. Transversais a este tema encontramos temas e tópicos como as relações de poder, a igualdade e submissão; a divisão sexual do trabalho; a reprodução; a socialização; graus de parentesco; os rituais e as crenças; a emotividade; a sexualidade e diversas práticas sexuais, bem como todos os hábitos, comportamentos e atributos que cada cultura atribui quer ao homem quer à mulher, bem como à criança ou ao idoso. Estes mesmos elementos inerentes à cultura nativa encontram-se envolvos de espanto perante o exótico e o diferente, como indica Fernão Cardim (1997: 236) ao referir os costumes dos índios: «É cousa não somente *nova*, mas *de grande espanto*, ver o modo que têm» (itálico nosso). Também os íncolas se mostram (reciprocamente) espantados ao observarem uma exótica galinha levada da Europa, o primeiro animal português a chegar ao Brasil, de acordo com a Carta de Pêro Vaz de Caminha (1974: 40). A viagem, enquanto experiência motivadora de relatos e enquanto discurso e apropriação marcados pelo género, torna-se um «operador cognitivo»[5] à medida que, gradualmente, os

dologia, não tem por objectivo analisar independentemente estes mesmos temas, que se apresentam como um todo, mas sim facilitar a arrumação e comparação dos tópicos em questão. Os conteúdos dos diversos capítulos interagem entre si, complementando-se ao recorrer para o estudo da visão e representação do género do nativo brasileiro, por parte dos autores portugueses quinhentistas. Este conceito é, igualmente, uma concepção cultural, uma leitura que fazemos de nós mesmos e de terceiros (cf. nota 6). Como afirma Nancy Holmstrom, «Race, Gender», 1998, p. 97: «There is no necessary connection between sex and gender, nor between sex, gender, and sexuality. Nor should the sex/gender distinction be understood as pure biology versus pure culture. No aspect of human existence is entirely separable from culture».

3 Cf. M. Bloch, «Gender», 1996, p. 253.
4 V. Rogério Puga, s.v. «Género», in Carlos Ceia (dir.), *Dicionário de Termos Literários*.
5 Expressão utilizada por W. Krysinski in «Discours de voyage et sens de l'altérité», 1997, p. 236.

autores europeus tentam identificar e distinguir grupos indígenas no Brasil quinhentista.

Sobretudo no século XVI, com o encontro e confronto de culturas e de «mundos» até então separados, surgem novas formas de pensar (simbolicamente) que acarretam consigo dicotomias, leis e morais que têm dificuldade em coexistir pacificamente, como veremos adiante. O género, sendo constructo simbólico ou metáfora para diferentes tipos de (inter)acção social, poderá revelar especificidades da representação simbólica do índio brasileiro que se apresenta diante do olhar dos autores renascentistas europeus que tentam captar a essência deste primeiro[6]. Estas mesmas imagens reflectem o modo como a estrutura mental e cultural dos viajantes – todos eles do sexo masculino – filtra toda a panóplia de informações que é necessário sintetizar de forma ordenada, também através da escrita[7]. A variedade de textos nos quais nos propomos estudar (comparativamente) a categoria género associada a muitas outras, é, assim, fruto da «utensilagem mental» e da «consciência possível»[8] de homens do Renascimento, embora o imaginário medieval marque ainda presença nessas mesmas narrativas[9]. A título de exemplo desses mesmos conceitos e referentes transpostos para a realidade brasileira de então, temos, aplicados aos rituais nativos, os conceitos europeus de espada, escudeiro e de armação de cavaleiro (Sousa, 1989: 149; Soares, 1989: 148; Cardim, 189, 204), o que poderá facilmente ser entendido se interpretarmos a vivência local em torno da instituição fundamental da mesma, a guerra[10], uma

---

6 Cf. Serge Gruzinski, *La colonisation de l'imaginaire*, 2000, p. 9 e Claude Blanckaert (org.), *Naissance de l'Ethnologie?*, 1985. Também Dianne Bell *et alii* (eds.), *Gendered Fields*, 1993, discute a questão da influência do género do «observador» (antropólogo) no processo de trabalho de campo e nas dinâmicas interpessoais, convidando os estudiosos actuais a repensar o seu próprio processo de investigação. V. a este respeito: Stuart Hall (ed.), *Representations*, 1997; Jerome Bruner, «The Narrative Construction of Reality», 1991, pp. 1-21. Desde os anos setenta que as feministas acusam alguma Antropologia de ser androcêntrica em relação à ideologia do género.
7 Cf. Serge Gruzinsky, *op. cit.*, 1988, pp. 15-11 e João da Rocha Pinto, «O olhar...», 1992, p. 49.
8 Ambas as expressões por nós utilizadas foram citadas por João Pinto no seu artigo atrás referido, pertencendo, respectivamente, a L. Febvre, *Le problème de l'incroyance au 16e siècle*, Albin Michel, Paris, 1943, e a L. Goldmann, *Marxisme et sciences humaines*, Gallimard, Paris, 1972.
9 Cf. Jean Verdon, *Voyager au Moyen Âge*, 1998, pp. 331-55.
10 Veja-se o estudo de Pierre Clastres, «Arqueologia da violência...», 1980, pp. 9-47.

vez que os títulos atribuídos aos «cavaleiros» nativos distinguem a sua honra e lugar na hierarquia social das tribos[11].

As condições socioculturais de produção destes textos, ou seja, o contexto (interaccional) em que os mesmos foram produzidos, é de extrema importância para se entenderem essas mesmas fontes[12], uma vez que o olhar-filtro do homem que descreve é influenciado pela sua personalidade, classe social, interesses individuais e políticos. O padre, o colono, o mercador ou o inimigo, todos eles nos oferecem formas diferentes de espelhar a «estética do diverso»[13] e do género, pois, como afirma N. C. Mathieu, «toutes les sociétés élaborent une grammaire sexuelle (du "fémminin" et du "masculin", sont imposés culturellement au mâle et à la femelle) mais cette grammaire – idéele et factuelle – outrepasse parfois les "évidences" biologiques. D'où l'utilité des notions de "sexe social" ou de "genre" [...] pour analyser les formes et les mécanismes de la différenciation sociale des sexes»[14].

Com o olhar-confronto civilizacional entre o navegador, o mercador e o missionário europeus e os índios brasileiros, inicia-se a formação de contrastes desses dois mundos sociais e culturais que passam a interagir, criando-se, desde então, caminho para a representação do índio na literatura portuguesa, e mais tarde, brasileira, sendo este último uma voz silenciosa, ou melhor, silenciada. Este nosso estudo pretende espelhar a construção ou codificação da imagem do ameríndio elaborada simbolicamente ao longo das narrativas e descrições europeias do Novo Mundo a partir de 1500. A imagem do Outro torna-se cada vez mais familiar, à medida que a comunicação gestual dá lugar à comunicação verbal através dos «línguas». Essa alteridade encontra-se presente nas obras por nós estudadas e expressa em dois dos substantivos mais recorrentes na obra de Gabriel Soares, *Notícia do Brasil*: «diversidade» e «estranhezas», sendo os factos observados

---

11 Ana Maria Azevedo na nota 315, p. 190, da edição de 1997 dos *Tratados* de Cardim: «Qualquer um destes nomes *Abaétés, Murixaba, Morubixaba* e *Moçara* designavam categorias e posição entre os membros dos grupos tribais. Eram os homens bons, ilustres e honrados, entre os indígenas.» No entanto, o chefe da tribo faz uso da persuasão e não da força para exercer o seu poder.
12 Cf. José Mattoso, «Investigação histórica e interpretação literária...», 1997, pp. 115--26.
13 Cf. Victor Segalen, *Essai sur l'exotisme*, 1999, p. 41.
14 N. C. Mathieu, «Sexes...», 1992, p. 660.

complementados por informações que os autores retiram da tradição oral dos nativos «em cuja memória andam es[sas] histórias de geração em geração» (Soares, 146).

Os textos portugueses quinhentistas que descrevem/representam o *modus vivendi* e o *ethos* do índio brasileiro serão analisados à luz da teoria do género, sendo que alguns temas e tópicos são recorrentes em todas essas obras, tornando-se denominadores comuns no que diz respeito à construção da imagem e do género do íncola brasileiro. Como que através de um processo de «disseminação recolectiva», descrevem-se fisionomias, gestos, hábitos, mitos, rituais e crenças para, no final, se apresentar a visão de conjunto possível para a época. É desta forma que os navegadores-missionários-escritores portugueses constroem todo um espólio precioso de narrativas-palimpsestos através das quais desvendam novos sentidos e complexas formas de viver, fenómeno sintetizado na diáfora de Camões: «[Os portugueses] Novos mundos ao mundo irão mostrando»[15].

Desde a *Carta* de Pêro Vaz de Caminha aos textos de antropólogos actuais, tal como acontecera nos relatos de Cristóvão Colombo[16], o facto de o índio andar nu salta ao olhar do viajante europeu, e à medida que a observação se demora por terras brasileiras as categorias que formam o conteúdo do nosso estudo vão-se adensando, a par do interesse que os autores demonstram por desvendar essas «estranhas formas de vida» e de viver, tentando responder a perguntas e a dúvidas que também vão chegando da metrópole ao fértil território--fronteira, em forma de *feedback*[17].

Igualmente notório é o conjunto de intervivências transversais a todo o *corpus* por nós consultado. Quer as características físicas e psi-

---

15 Luís de Camões, *Os Lusíadas*, II, 45. Dessa descoberta e interacção surgem «significados e símbolos culturais que operam nos discursos e práticas da reprodução das categorias de género» (Miguel Vale de Almeida, 1995, p. 59).

16 Cf. Cristóvão Colombo, *Textos e Documentos Completos*, 1982, pp. 30-31.

17 Como exemplo e referência desta vontade de saber produzida em Portugal pela «literatura de viagens», v. Gabriel Sousa, *Notícia do Brasil*, 1989, p. 181: «Agora cabe aqui dizermos que cobras são estas do Brasil *de que se fala tanto em Portugal*» (itálico nosso). O autor tenta, como se pode verificar, ir de encontro a pormenores e factos que sabe interessarem ao leitor português, correspondendo ao seu «horizonte de expectativa», (cf. Wolfgang Iser, *The Act of Reading: A Theory of Aesthetic Response*, 1980, p. 99) envolto de exotismo e curiosidade pela estranheza que se desvenda perante o olhar/imaginário dos autores representados neste nosso estudo.

cológicas dos índios quer a cor local estão patentes em todos os autores que pretendem dar a conhecer ao leitor um pouco do pensamento simbólico do Novo Homem, que o europeu deseja tornar (mais) semelhante ao Velho, considerando-o «bárbaro» ou «primitivo»[18]. A dimensão exótica dos documentos estudados é também preponderante, uma vez que se descreve um mundo recém-descoberto, no qual a presença de povos (diferentes) é, por si só, motivo de admiração.

1. *«Todo o homem é um "raça"» (Mia Couto).*

Um dos conceitos e temas mais associados ao estudo do género, sobretudo no que diz respeito ao Outro, é a etnia/raça[19], associada a práticas, costumes e crenças culturais, à tez e ao estatuto (normalmente diminuído) do ser humano que se encontra e se tenta converter e civilizar (colonizar) de acordo com as regras e interesses dos mais poderosos[20]. No território que os portugueses desbravam até às fronteiras em constante movimento, encontram-se, para além dos colonos europeus, os escravos africanos importados[21] pelos senhores

---

18 Jack Goody, *The Domestication of the Savage Mind*, 1977, pp. 1-18, aborda a questão de conceitos como «(Homem) avançado» e «(Homem) primitivo».
19 Para um estudo detalhado das matrizes étnicas, o progresso «civilizatório» e a gestação e transfiguração étnica no Brasil desde o século XVI, v. pasim Darcy Ribeiro, *O Povo Brasileiro*, 1995. Nas pp. 133-34, afirma: «o processo de construções da etnia não deixa marcas reconhecíveis senão nos registros de um grupo tão exótico e ambíguo como os letrados. Esses, por duas razões, além de poucos e raros, são fanaticamente identificados seja com a etnia do colonizador português, seja com sua variante luso--jesuítica» Consulte-se tb. Sara Mills, «Gender and Colonial Space», 1998, pp. 7 segs.
20 Cf. Maria Bernardete Ramos Flores, «O mundo que Portugal criou...», 2000, p. 671: «Pensar a história brasileira é pensá-la representada ou interpretada pela sua sexualidade ou pela sua sensibilidade. Ou seja, a noção de sexualidade exerce influência na compreensão do Brasil. Há uma ênfase na apreensão da vida sexual na cultura brasileira. (cf. Parker, s.d., 34) Longe de ser uma criação recente, de uma economia de exportação, é uma característica quase tão velha como o próprio Brasil, representá-lo como altamente erótico. Esta idéia está enraizada nas mais remotas reflexões dos exploradores europeus em suas vívidas interpretações de um novo mundo nos trópicos e que acabam por criar o mito de um povo singularmente sexual, numa terra exótica». Vide nossa nota 1.
21 Maria Beatriz Nizza da Silva, *História da Colonização Portuguesa no Brasil*, 1999, p. 15, refere acerca do reduzido número de escravos africanos no Brasil quinhentista: «Quando morreu o governador-geral Mem de Sá, o inventário dos seus bens revela

de engenhos, as diversas «nações» de índios, mamelucos, caboclos, e outras minorias étnicas, como os ciganos[22], que viajam ou são deportadas de Portugal. Essas mesmas diferentes etnias interagem entre si, gerando intervisões e sentimentos mútuos, enquanto o colono europeu, comunidade também não homogénea, encara, nem que inconscientemente[23], as comunidades indígenas através de assimetrias como a raça, a classe e o género.

O Padre Francisco Soares (197) informa o leitor que os índios não simpatizam com os escravos africanos: «[os nativos] querem mal aos pretos de Angola que são ladrões», e mais, quando desejam irritar «algum branco» chama-lhe «cabeça mole» (Cardim, 187), ou seja, crânio que parte facilmente quando atingido por um pau, durante a matança dos cativos. Os autores portugueses comparam ainda outras formas de vida. Fernão Cardim (145) distingue os «naturais» dos «portugueses», aproximando os índios nómadas Curupehé dos ciganos (200), também eles sempre em movimento, e a quem as índias são comparadas devido ao facto de carregarem os filhos à cintura, tal como as mães ciganas na Europa (175)[24].

No seio dos portugueses existem colonos oriundos de grupos sociais com visões e interesses divergentes, facto que influencia a visão e o tratamento do «povo gentílico» (Gândavo, 1989: 74) por parte da nobreza e do clero, pois são estes os grupos onde se incluem a maioria dos autores dos textos sobre o Brasil quinhentista. Uns exploram e outros tentam catequizar e ensinar os «ignorantes», procurando afirmar a sua diferença e (relativa) «igualdade» (Nóbrega, 1954: 89 e 90, respectivamente).

    que em 1572, no engenho de Sergipe, os escravos da Guiné eram apenas 20 para 118 escravos índios e 114 escravas índias; já no engenho de Santa Ana eram 9 escravos da Guiné para 123 índios».
22 Sobre a presença cigana no Brasil quinhentista, v. Elisa Maria Lopes da Costa, «O povo cigano e o espaço da colonização portuguesa. Que contributos ? O Brasil – o território, as gentes e as actividades – a presença portuguesa», 1990, pp. 74-85; «O Povo cigano e a construção do Brasil, achegas para uma história por fazer», 2000, pp. 182-201.
23 Cf. Ann Laura Stoler, «Carnal knowledge and imperial power...», 1997, p. 13.
24 Cf. Fernão Cardim, *op. cit.*, pp. 172-73: «As mulheres [...] amam os filhos extraordinariamente e, trazem-nos metidos nuns pedaços de redes que chamam typoya e os levam às roças e a todo o género de serviço às costas, por frios e calmas, e trazem-nos como ciganas escanchados no quadril». Também Caminha (156) refere o facto de as nativas transportarem os filhos ao peito.

Os índios são caracterizados e, gradualmente, diferenciados pelos autores quer em função da sua aparência física quer em função das suas práticas culturais, sendo muitas vezes descritos por comparação com outras «nações». Se os Tamoios são «grandes músicos», os goianazes são «gente folgazã» (Sousa, 62 e 66, respectivamente). Já Gândavo (1989: 101), ao distinguir as tribos, afirma que «todos são uns». A nudez, à primeira vista, poderá concorrer para essa mesma imagem colectiva e semi-indiferenciada. Características como a crueldade[25], a falta de moral, e a trilogia comer, beber e dormir associada às festas, marcam presença recorrente nos diversos textos, concorrendo para a construção do estereótipo[26] do índio brasileiro, sendo determinadas tribos mais fiéis e próximas dos portugueses, gozando, assim, de uma visão mais positiva por parte destes últimos (Sousa, 249). Gândavo (1989: 102) descreve os nativos, guerreiros por natureza, como sendo «desagradecidos» e «mui desumanos e cruéis [...] e vingativos por extremo [..] muito desonestos e dados à sensualidade, e assim se entregam aos vícios como se neles não houvera razão de homem [moral] mas têm alguma vergonha pois ajuntam-se em privado». É, portanto, urgente, «amansar» esses «brutos animais», enquanto o vocabulário utilizado para (d)escrever o índio elabora todo um campo semântico que remete para a sua inferioridade e para a sua subjugação como um favor prestado pelo colono, tornando-se os convertidos e aculturados «índios de pazes» (Sousa, 140).

A questão da raça/etnia encontra-se, portanto, intimamente relacionada com a questão do poder, uma vez que por parte do europeu existe o desejo de domar quer o espírito quer o corpo do nativo, conforme nos transmite a metáfora da pedra esculpida (índio) e do escultor (português) no *Diálogo* de Nóbrega (24). Ser cristão é, então, também (re)conhecer novas formas de (vi)ver o género.

---

25 A imagem de um índio piedoso encontra-se presente numa das primeiras descrições dos nativos: *Navegação do Capitão...*, 1989, pp. 39-40. Dois degredados em terras de Vera Cruz são «animados» pelos piedosos nativos.

26 A linguagem utilizada pelos autores veicula esses estereótipos. Veja-se o exemplo de Fernão Cardim (222), que, ao descrever a maneira de pregar dos principais já convertidos, afirma: «o pregar também é pausado, freimático e vagaroso», sendo o advérbio de inclusão e os adjectivos sugestivos. Já na p. 223 afirma que os índios, a andar, fazem-no «tão depressa que os [...] cavalo[s] os não podiam alcançar».

2. *Corpos presentes, moral ausente.*

A fisionomia, e tudo o que a ela as diferentes culturas associam, transparece parte da vivência e consciência humanas simbólicas[27]. No final do século XVI, os habitantes de Portugal são descritos por um viajante estrangeiro, sendo a fisionomia, a descrição separada dos dois sexos e a comparação destes uma referência e abordagem semelhantes às existentes nos relatos quinhentistas sobre os índios brasileiros: «Os homens de todo o Portugal / são de mediana estatura, mais baixos / que altos, magros [...], cabelos e / barba preta, olhos negríssimos e / muito semelhantes no exterior aos gregos. / As mulheres portuguesas são singulares / na fermosura e proporcionadas no corpo. A cor natural dos seus cabelos é preta, / Mas algumas tingem-nos de cor loura; O seu gesto é delicado, os lineamentos Graciosos, os olhos negros e cintilantes, O que lhes acrescenta a beleza [...]»[28].

De acordo com os relatos e juízos de valor dos missionários e religiosos, o corpo do nativo encontra-se fora da lei divina e da civilização, daí que o olhar inicial de Caminha se demore atentamente no físico nu (íncola). Ao corpo associam-se a (semi)nudez, os adornos, os gestos rituais, entre muitos outros factores, impondo-se o corpo nas sociedades ameríndias também como uma marca[29] a que se associam as pinturas que protegem os índios de agressões exteriores como os raios solares e as picadas de insectos, corpo esse de que o colono passa

---

27 Cf. Russel McDougall, «The body as cultural signifier», 1995, p. 336. R. W. Connel, *op. cit.*, p. 64, afirma: «the relationship between the body and social practice is [...] a crucial issue for the theory of gender», «the body is involved in every kind of social practice»(p. 77),«[being] itself an object of practice» (p. 78).

28 Tron e Lippomani, *Viagem em 1580*; apud Teófilo Braga, *O povo português...*, 1985, pp. 284-85.

29 Cf. Mary Douglas, *Natural Symbols...*, 1970, p. 65: «The body itself is a highly restricted medium of expression [...] all the cultural categories in which it is perceived [...] must correlate closely with the categories in which society is seen in so far as these also draw upon the same culturally processed idea of the body». Miguel Vale de Almeida, *Senhores de Si*, 1995, p. 69 (n. 10), define o conceito de «incorporação» da seguinte forma: «o processo inconsciente [...] de aprendizagem pela imitação de posturas corporais, gestos, reacções psicossomáticas, que têm um significado nas relações sociais, estabelecendo hierarquias entre as quais as dos géneros, e que constitui ainda uma das formas mais resistentes de memória social». A este respeito, v. tb. Pierre Bourdieu, *Le sens pratique*, 1980.

a tirar partido como algo que possui com o fim de produzir riqueza.

Na Europa renascentista, a preocupação com a fisionomia «remontava a uma antiga tradição que vinha de Aristóteles [...] e que viria, depois, a ganhar novo alento no Ocidente da Baixa Idade Média [...]. O corpo era espelho da alma e, por isso, a face ganhou uma importância desusada [...]. Corriam manuscritos em Portugal, pelo menos desde o século xv, sob o título genérico de *Segredos dos Segredos*, cuja autoria era supostamente atribuída a Aristóteles»[30], dividido em capítulos referentes às propriedades naturais do corpo (perfeito), do cabelo à voz, e dos braços aos joelhos; divisão esta também presente nos textos analisados, como poderemos verificar adiante.

Pêro Vaz de Caminha relata-nos a visão que tem desse exótico humano no primeiro encontro com o (olhar do) Outro. Em primeiro lugar, descreve o corpo, que, no caso do índio, se encontra nu, ou seminu quando coberto de pinturas geométricas e adornos que espantam o observador europeu, levando-o a recorrer às mais variadas comparações para descodificar[31], perante o leitor na Europa, a diversidade e a diferença que testemunha e insere na sua «lista descritiva» (Hamon, 1981)[32].

O corpo do íncola adornado torna-se um microcosmos a explorar através das minuciosas descrições, onde impera a apreensão da anatomia. Já o corpo das nativas, nu e robusto, torna-se sinónimo e veículo de pecado para os padres e fonte de prazer, nem que estético, para os colonos e degredados portugueses, como tão bem expressa Caminha logo na missiva ao longo da qual o exotismo rima semanticamente com erotismo[33]. O autor da *Carta* demora-se na apreciação e descrição dos *genitalia* da mulher, rentabilizando a ambiguidade semântica do

---

30 Cf. João da Rocha Pinto, *op. cit.*, pp. 51-52.
31 Sobre a «tradução» de culturas outras, v. Robert Rowland, *Antropologia...*, 1987, pp. 16 segs., e António Manuel de Andrade Moniz, «A representação do ameríndio brasileiro...», 2000, pp. 5-14.
32 A primeira descrição física do índio brasileiro pela mão de Pêro Vaz de Caminha (ed. 1974, p. 37) relata: «bons corpos [...] a feição deles é serem pardos, maneira d'avermelhados, de bons rostos e bons narizes, bem feitos. Andam nus, sem nenhuma cobertura, nem estimam coisa cobrir nem mostrar suas vergonhas».
33 Relativamente à temática do exotismo, v.: Fernando Cristóvão (coord.), *Condicionantes Culturais da Literatura de Viagens. Estudos e bibliografias*, 1999; Maria Leonor Carvalhão Buescu, *O Estudo das Línguas Exóticas no Século xvi*, 1983; id,, «O exotismo literário ou a "estética do diverso" na Literatura Portuguesa», in *Literatura de Viagens. Narrativa, História e Mito. Actas do Colóquio realizado na Universidade da Madeira, 11-14 de*

termo *vergonha*, sendo que o peso da moral, do pecado e do género marcam presença perante o corpo feminino, pois este último é, obviamente, descrito de forma e tom diferentes em relação à fisionomia masculina. A única referência aos órgãos genitais masculinos é feita através de uma comparação por dissemelhança, quando Caminha afirma que essas mesmas «vergonhas» masculinas «não [são] fanadas» (42), ou seja, circuncidadas como acontece com judeus e muçulmanos[34], numa clara associação entre paganismo e circuncisão, mediatizada pelo contacto com as tradições judaica e islâmica.

A beleza superior das formosas nativas é comparada à da mulher europeia, tal como acontece no *Diário* de Pêro Lopes de Sousa, quando este descreve as mulheres Tupinambá da Bahia de Todos-os-Santos, em 13 de Março de 1530: «as molheres mui fermosas, que nam ham nenhua inveja às da Rua Nova de Lisboa» (*apud* Viegas Guerreiro, in Caminha, 47). Os textos em estudo envolvem-se, assim, de uma carga erótica, implícita ou explícita. A dualidade pecado vs prazer está directa e indirectamente presente nestas obras, e em algumas delas o corpo de alguns índios e índias encontra-se já coberto por vestes improvisadas ou roupas europeias. Os gestos, as pinturas, o movimento das danças, a antropofagia, a guerra crónica[35], a higiene, a ausência de pêlos/barba e o tom de voz tornam-se recorrentes nas descrições quinhentistas, servindo para distinguir as tribos[36].

Julho de 1995, 1997, pp. 565-78; Victor Segalen, *Essai sur l'exotisme*, 1999; Jean-Marc Moura, *Lire l'exotisme*, 1992;Tzevan Todorov, *Nous et les autres*, 1989; Rogério Puga, s.v. «Exotismo», in Carlos Ceia (dir.), *Dicionário de Termos Literários* (no prelo); id., «O exotismo enquanto "estética do diverso" em *Os Lusíadas*», in *Actas do Colóquio Internacional «Histórias Literárias Comparadas» na Universidade Católica Portuguesa em 11 e 12 de Novembro de 1999*, 2001.

34 A propósito da prática da circuncisão entre os muçulmanos e renegados no Norte de África, v. Isabel M. R. Mendes Drumond Braga, *Entre a Cristandade e o Islão (séculos XV-XVII)...*, 1998, pp. 109-13. De acordo com a autora, o termo *fanado*, tal como *cortado* ou *retalhado*, aparecem nos processos de julgamento dos renegados (cristãos) perante a Inquisição (p. 110).

35 Cf. Alfred Métraux, *A Religião dos Tupinambás e suas Relações com as demais tribos Tupi-Guaranis*, 1979, p. 115: após as guerras, os índios têm por hábito entregar os orgãos genitais das crianças e mulheres mortos às esposas que os preparam (móquem).

36 Cf. Gabriel Soares de Sousa, *op. cit.*, p. 36 e Fernão Cardim, in *Tratados*, 1997, p. 171: «é tanta a variedade que têm em se tosquiarem, que pela cabeça se conhecem as nações». Muitos dos costumes, bem como cortes de cabelo dos nativos são descritos ou interpretados por Jaime Cortesão ao longo das notas de *A Carta de Pêro Vaz de*

Pêro de Magalhães Gândavo, na *História da Província de Santa Cruz* (101-2), descreve os índios como tendo «o rosto amassado, algumas feições à maneira dos chins»[37], comparando, portanto, duas etnias exóticas entre si, tal como o faz Fernão Cardim entre as próprias tribos do Brasil, pois se a maioria dos índios apresenta um corpo robusto e saudável, outros há – os Tarapé – que são «gente pequena, anã, baixos do corpo, mas grossos de perna e espáduas, a estes chamam os Portugueses Pigmeu, e os Índios lhe chamam Tapig-y-mirim, porque são pequenos» (204). A sua higiene corporal é ainda comparada à dos pássaros e animais montanheses, «porque os corpos seus são tão limpos e tão gordos e tão formosos, que não pode mais ser» (Caminha, 60), visão que Caminha justifica dever-se ao facto de os índios também se «criarem ao ar». A pureza dos campos é associada à pureza espiritual e corpórea dos nativos, como acontece em *Menina e Moça* de Bernardim Ribeiro: «Mas a vida do monte não cria suspeita como não cria de quem se suspeite mal» (115).

A própria forma de «tratar» e apresentar o corpo, quase sempre robusto, é diferente para o homem e para a mulher, excepto em alguns casos: «[os amoipires] trazem cabelos muito compridos, assim os machos como as fêmeas»[38]. A semelhança entre os cortes de cabelo dos homens e mulheres da tribo é motivo de espanto para o europeu familiarizado com a distinção de género, também através do corte de cabelo. Existem ainda descrições de tribos de mulheres com «uma só teta [...] e [que] se governam sem maridos como se diz das amazonas»[39] (Soares de Sousa, 247). A deformação do corpo é referida, tal

---

Caminha, 1967. A respeito da escrita/inscrição nas sociedades ágrafas primitivas, v. Anthony Giddens, «Tempo e organização social», 1992, p. 41.

[37] Para além de outros autores, também Claude Lévi-Strauss, *Tristes Tropiques*, 1955, p. 178, afirma: «Chez les deux sexes et à tous âges, le type mongolique est patent: taille petite, face large et plate, pommettes saillantes, yeaux bridés, peau jaune, cheveux noir». Os chineses provocam igual espanto no observador europeu, como se verificar em narrativas de viagem portuguesas pela China. Para uma abordagem desta mesma temática, v. R. M. Puga, «A familiarização do Outro: O "espanto" e a comparação no Tratado de Galiote Pereira», in Administração, 2000, pp. 1317-26.

[38] Cf. Gabriel Soares de Sousa, *op. cit.*, p. 246. Jorge Couto, *A Construção do Brasil*, 1997, p. 60, cita um dos primeiros jesuítas em terras de Vera Cruz, que em 1555 descreve os Tapuias «nus, com os cabelos compridos como mulheres» (cf. *Cartas Jesuíticas*, II: *Cartas Avulsas, 1550-1568*, Rio de Janeiro, 1931, p. 148).

[39] A respeito do mito das Amazonas, v. Maria Helena da Rocha Pereira, «As Amazonas: o destino de um mito singular», 2000, pp. 162-70.

como o é o facto de os membros desta tribo feminina se não casarem nem dependerem de homens na sua comunidade. Em relação à deformação, são também recorrentes as descrições de ossos ou pedras do beiço, que tornam os índios «mui feios e disformes: e isto lhes fazem enquanto são meninos» (Gândavo, 1989: 104). Este ritual de iniciação – furar do beiço – possibilita aos jovens entrarem em conselho, sendo o tamanho do buraco proporcional à valentia e honra do iniciado (Soares, 1989: 148), enquanto os adornos ou «galanterias», nomeadamente diademas de penas e esmaltes, entre outros objectos, cumprem a função de marcadores simbólicos perante o grupo social. Para o observador europeu, a tinta de jenipapo com a qual os índios se pintam é comparável ao vestuário do Velho Continente, como podemos verificar através do texto de Fernão Cardim (107): «[a tinta com a qual os nativos] fazem em seu corpo imperiais gibões, e dão certos riscos pelo rosto, orelhas, narizes, barba, pernas e braços, *e o mesmo fazem as mulheres*, e ficam muito galantes e este é o seu vestido assim de semana, como de festa, ajuntando-lhe algumas penas com que se ornam» (itálico nosso).

Quer o homem quer a mulher (re)vestem-se de tinta, através de padrões desconhecidos para os recém-chegados e aplicados em determinadas partes do corpo. Após elogiar esta forma de «vestir», Cardim deixa transparecer o facto de no Velho Continente haver uma roupa para a semana e outra para ocasiões especiais; hábito europeu que, como tantos outros, podemos ler nas entrelinhas do espanto dos autores destes textos. O confronto com o exótico provoca, portanto, na mente do observador necessidade de comparar, por (dis)semelhança, nem que implicitamente, daí que adornos valiosos para os índios como «braceletes» e diademas sejam comparados às cobiçadas jóias de ouro na Europa, informando Cardim, em relação às «galantarias», que no Brasil existem objectos específicos para crianças: os dentes queixais do porco de água (capijuara) (156), o que desde logo espelha características e hábitos específicos de cada fase do processo de socialização e que devem ser estudados também à luz da teoria do género. Um outro exemplo é o uso de pedras de queixo de maior dimensão por parte dos principais das tribos (Cardim, 177) como marca simbólica da diferença entre os seus portadores, unicamente masculinos.

O ritual a que diversos autores chamam de investidura de jovens cavaleiros, transpondo para a dimensão nativa um referente cultural europeu, é também unicamente masculino. Durante a cerimónia, o jovem índio, prestes a tornar-se guerreiro, é ferido com dentes de animais, sendo as feridas esfregadas com carvão e sumo de ervas para incharem. Neste período de reclusão social, o jovem iniciado não pode falar, nem comer carne ou peixe (*ibid.*, 189-90), e a decoração e mutilação do corpo, a dor extrema, o corte de cabelo e uma dieta específica fazem parte do ritual de passagem dos jovens do sexo masculino que se querem guerreiros no seio da tribo, sendo que tais gestos dão forma e expressão à memória social das diferentes etnias.

Um outro objecto utilizado pelos nativos no Brasil pré-cabralino são os dentes de piranha (Soares, 186), que servem para limpar ou pentear o cabelo, prática que se modifica, nalguns casos, com a introdução do pente europeu pela mão dos portugueses. Poderemos então falar, na História do Brasil, de um período a.c. (antes da chegada da caravela) e d.c. (depois da chegada da caravela)[40], se atentarmos na mudança do rumo dos acontecimentos da vida dos povos nativos que altera, inclusive, a forma de o índio visualizar e apreender simbolicamente o seu próprio corpo. No entanto, tal como os portugueses tentam vestir o índio, exercendo sobre ele o seu poder, também o índio despe e leva a assimilar cativos europeus e lhes pinta o corpo, enchendo-o de penas durante o ritual que precede a sua morte e ingestão. Durante a matança do cativo, existem assim duas dimensões em torno do corpo humano: o corpo vivo, agente de toda a *performance* do ritual, e o corpo morto, pronto a ser digerido por todos, ainda quente, «por onde os meninos primeiro metem a mão e tiram as tripas, até que o magarefe corta por onde quer» (Cardim, 185). O cadáver é ingerido de acordo com uma determinada distribuição das partes cortadas e com o sexo/género e a idade dos intervenientes[41].

O corpo adquire uma outra dimensão simbólica se atentarmos na prática dos missionários portugueses que utilizam o teatro[42] e a *mi-*

---

40 Cf. R. M. Puga, «Da Baía Cabrália ao Maranhão...», 2000, p. 328.
41 Cf. Jorge Couto, *op. cit.*, 104: «As velhas bebiam o sangue, ainda quente; as crianças comiam os intestinos e os homens ingeriam as vísceras cozidas, bem como a pele do crânio; os órgãos sexuais eram reservados às mulheres, enquanto que a língua e a massa encefálica se destinavam aos jovens».
42 O teatro é utilizado pelos Jesuítas como instrumento quer de catequese quer de civilização e diversão. O Padre Anchieta compõe peças didácticas como *Auto de Pregação Universal* (c. 1570) e *Na Festa de São Lourenço (Mistério de Jesus)*. J. Galante de Sousa, na sua obra *O Teatro no Brasil*, 1960, faz a história do «teatro de oratória» no

mesis como estratégia de evangelização do gentio, nomeadamente durante as procissões, pois urge fertilizar, também espiritualmente, esta nova terra. A expressão corporal, a música envolta de danças, os gestos e gritos, assim como várias invenções que nos recordam as didascálias das peças de Gil Vicente, marcam presença constante ao longo dos relatos das festas religiosas, entre as quais a preferida dos índios: festa das cinzas (Cardim, 242), altura em que estes podem pintar a testa com uma cruz, à semelhança do que fazem, entre si, com tinta de jenipapo. Este gesto, aos olhos de Caminha, divide o corpo dos índios em partes distintas (44)[43], espelhando essas criações artísticas, ou «narrativas gráficas»[44], toda uma vivência, bem como o *ethos* do grupo social nativo, inscrito nos corpos que se tornam suportes culturais da etnia, tal como o barro das cerâmicas, provando que a experiência estética, enquanto forma de representação de mundividências, é também apreendida[45].

Brasil quinhentista, enumerando as peças que aí foram representadas. Para a relação entre teatro e género v. Adolfo Gutkin, «A simulação na luta pela vida», 1998; e Paulo Raposo, «Performances teatrais», 1996, pp. 125-28. Este último autor utiliza como epígrafe uma citação de Victor W. Turner: «É através das suas *performances* rituais e teatrais que as culturas se exprimem mais completamente, é nelas que ganham consciência de si próprias» (p. 125).

43 Lux Vidal (org.), *Grafismo Indígena*..., 1992, p. 13, afirma: «as manifestações gráficas dos grupos indígenas do Brasil foram objeto [sic] de atenção de cronistas e viajantes desde o primeiro século da descoberta, e de inúmeros estudiosos que nunca deixa-ram de registrá-las e de se surpreender com essas manifestações insistentemente presentes ora na arte rupestre, ora no corpo do índio, ora em objetos utilitários e rituais, nas casas, na areia e, mais tarde, no papel. [...] Apenas recentemente a pin-tura, a arte gráfica e os ornamentos do corpo passaram a ser considerados como material visual que exprime a concepção tribal da pessoa humana, a categorização social e material e outras mensagens referentes à ordem cósmica. Em resumo, manifestações simbólicas e estéticas centrais para a compreensão da vida em sociedade». Nesta mesma obra, Lux Vidal, «A pintura corporal e a arte gráfica entre os Kayapó-Xikrin», p. 188, refere e ilustra com uma fotografia o facto de as meninas da tribo que estuda pintarem com tinta de jenipapo o corpo nu das bonecas modernas que são trazidas da «cidade».

44 Cf. Berta Ribeiro, «A mitologia pictórica dos Desâna», 1992, p. 35.

45 Cf. Lux Vidal e Aracy Lopes da Silva, «Antropologia estética: enfoques teóricos e contribuições metodológicas», 1992, p. 281. As autoras afirmam acerca da «linguagem visual»: «Desde os trabalhos de Boas, Mauss, Lévi-Strauss e, mais recentemente, Victor Turner e Geertz, sabemos que, se queremos entender o simbolismo da arte, precisamos entender a sociedade. Segundo esses autores, nas sociedades pré--industriais, a ambição da arte é significar e não apenas representar. Por isso, a arte envolve todo um sistema de signos compartilhados pelo grupo e que possibilita a comunicação».

3. *O selvagem vai nu.*

«Tanto o homem como a mulher andavam nus, sem sentirem nenhuma vergonha por isso» (Génesis, 2: 25).

Relacionada com a descrição, a exploração e a colonização do corpo e género dos nativos, temos a já referida (semi)nudez. Desde a chegada da frota de Pedro Álvares Cabral até à relativa «generalização» do vestuário no Brasil – fruto da conversão-aculturação e imposição das ordens Jesuítas e Mendicantes[46] –, podemos afirmar que a fisionomia dos índios e das índias nus[47] é presença constante ao longo das obras estudadas, sendo o ameríndio uma «peça» da estratégia política, económica e religiosa de todos os intervenientes no processo de colonização; pelo que o seu físico ora é enaltecido ora é denegrido. No entanto, se o europeu diferença o Outro de si através da nudez, também o nativo se diferencia do(s) europeu(s) através do vestuário e do comportamento, pois como explica Ana Maria de Azevedo[48], os nativos chamam aos padres portugueses *abaré*, vocábulo que significa homem ilustre e diferente, porque se veste de negro e não mantém relações com mulheres. Os íncolas apercebem-se, então, da diferença que existe entre a moral portuguesa enquanto teoria (pregação) e enquanto prática social.

---

[46] Cf. Serafim Leite (ed.), *P.ᵉ Manuel Nóbrega. Diálogo sobre a conversão do gentio*, p. 28, n. 28: «achou o Visitador do Brasil, B. Inácio de Azevedo, que o novo costume [andar vestido] ainda se não impusera a todos; e [...] indo a Roma alcançou do Papa Pio V duas cartas [datadas de 6 de Julho de 1569], uma para o Bispo do Brasil D. Pedro Leitão, outra para o Governador Luís Fernandes de Vasconcelos [...]. A ambos recomenda o Papa que auxiliem a obra da conversão, e empenhem os seus esforços para que os índios não andem nus». Podemos, através do estatuto do remetente das cartas, inferir da importância da nudez dos índios. O vestuário imposto aos nativos será veículo de transmissão de doenças europeias que atacam a população indígena devido à sua imunodeficiência, esta fruto do seu isolamento.

[47] António Pedro Pires, *Vida e Morte nas Terras do Pau-Brasil e do Açúcar*, 1980, pp. 50-53, citando Josué de Castro, chama a atenção para o facto a nudez quer dos índios quer dos escravos africanos se relacionar com a menor perda de sódio e sais minerais durante o trabalho, ao contrário de quando se trabalha vestido.

[48] Cf. Ana Maria de Azevedo, notas 332 (p. 197) e 480 (p. 232) in *Tratados* de Fernão Cardim.

O nu, como primeira visão e elemento da descrição das gentes nativas, remete simultaneamente para o erotismo e para a pureza de Adão e Eva ou do *bon sauvage* já descrito por Montaigne (1973: 303--18), e ainda para a falta de fé; servindo, para inferiorizar o Outro moralmente, ainda que este seja, por vezes, descrito como fisicamente superior. Vestir o índio é exercer poder sobre ele, aculturando-o, daí que os meninos do Colégio da Bahia, fundado em 1556 pelo Padre Manuel da Nóbrega, se vestissem e calçassem como em Portugal. O género apresenta a sua política, tal como a política e o discurso social espelham a sua própria retórica do género. Contrariamente à acção de Nóbrega e do Bispo contra a nudez dos ameríndios, o missionário Luís de Grã dissimula esse facto «porque não têm eles de que se vestir nem cobrir, nem nós lho podemos dar, que eles de boa vontade andariam vestidos»[49]. Desta forma, a ausência de vestuário vai-se tornando, gradualmente, uma imagem cada vez mais quotidiana para os colonos portugueses, se bem que tribos como os Carijós costumem, no Inverno, «lançar sobre si umas peles de caça [...] uma por diante, outra por detrás» (Sousa, 1989: 70; Anchieta, 1964: 46). Já os Tupinambás «cobrem os membros genitais com alguma coisa por galantaria e não para o cobrir, e pintam-se de lavores pretos« (Gabriel Sousa, 220), associando Damião de Góis (1949-55: 130-1) a nudez e os adornos dos nativos a uma certa hierarquia social: «andam nus e se alguns se cobrem são os nobres com vestidos que fazem de penas de papagaios e outras aves de diversas cores». O nu do Outro faz, assim, parte da visão colectiva do íncola, indo o observador descrevendo, cada vez mais, elementos específicos. Gândavo, ao apresentar um quadro de guerra, parte da visão geral da nudez, para depois se debruçar noutros pormenores, não sem registar o seu espanto: «coisa estranha ver dois três mil homens nus duma parte e doutra com grandes assobios e grita frechando uns aos outros» (Gândavo, 189; texto por nós actualizado).

São vários os autores que procuram desculpas morais, climatéricas e até biológicas para a nudez dos aborígenes; no *Diálogo* do Padre Manuel da Nóbrega, Nogueira afirma que esta se deve à «maldição de seus avós, por [...] estes [...] serem descendentes de Cam, filho de Noé, que descobriu as vergonhas de seu pai bêbado [Gén. 9: 18-27], e

---

[49] Cf. Luís de Grã, «Carta a S. Inácio Piratininga, 8 de Junho de 1556», in Nóbrega, *Diálogo...*, 1954, p. 116 (nota explicativa de Serafim Leite).

em maldição, e por isso, ficaram nus e têm outras mais misérias» (93-
-94). As Sagradas Escrituras justificam, portanto, o relativismo cultural, bem como a nudez dos índios brasileiros, enquanto outros textos quinhentistas referem que essa mesma nudez não se deve ao pecado mas que, pelo contrário, o precede. Duarte Pacheco Pereira (1954: 161) tenta rebater teorias coevas sobre a tez dos índios, questão relacionada, segundo outros autores, com o nu: «são pardos quasi brancos [...]. E que algum queira dizer que estes são guardados da quentura do Sol, por nesta região haver muito arvoredo que lhe fazem sombra e que, por isso são quasi alvos, digo eu que se muitas árvores nesta terra há, que tantas e mais, tão espessas, há nesta parte [...]. E se disserem que estes daquém [Guiné] são negros porque andam nus e os outros são brancos porque andam vestidos, tanto privilégio deu a natureza a uns como a outros, porque todos andam segundo nasceram [...] o sol não faz mais impressão a uns que a outros».

A cor da pele dos nativos não se deve, portanto, nem à nudez nem à protecção das árvores contra a luz solar, e Gabriel Soares de Sousa, ao descrever o clima da Bahia, afirma que em Julho não faz frio «que obrigue os homens a chegarem-se ao fogo senão os índios, por andarem despidos em todo este tempo» (80), verificando-se, mais uma vez, uma relação causal entre clima e nudez. A «cor e proporção do corpo», quer dos nativos quer dos negros e mestiços, são, portanto, elementos de diferenciação das tribos e grupos étnicos, tal como a «feição» (Soares de Sousa, 67 e 216).

Pêro Vaz de Caminha, ao viajar pelo território a que desde 1996 se chama de Museu Aberto do Descobrimento, descreve o índio sem roupas como se a moral europeia tivesse sido quase suspensa. Os íncolas são representados como puros, e a beleza de algumas das mulheres superior à de muitas europeias. Oitenta e sete anos volvidos, muitas destas nativas, depois de cristianizadas, são já «muito amigas de terem amores com os homens brancos« (Soares de Sousa, 227). A descrição do primeiro encontro luso-brasileiro é feita em termos da dicotomia vestuário-(semi)nudez, pois os portugueses, vestidos, encontram «18 ou 20 homens, pardos, todos nus, sem nenhuma cousa que lhes cobrisse suas vergonhas [...]. E estão acerca disso com tanta inocência como têm em mostrar o rosto»[50]. Por sua vez, o Padre

---

50 Pêro Vaz de Caminha, *op. cit.*, pp. 35 e 37-78, respectivamente. A identificação da

O índio brasileiro na literatura portuguesa de Quinhentos   197

Francisco Soares afirma que se os índios «andam nus em suas terras, sendo gentios é por não terem de que fazer roupas, nem por certo estranham isso, porque andam em sua inocência» (194). Uma outra tentativa de justificação para a nudez dos aborígenes é a escassez de matéria-prima para produzir vestuário, embora o Padre Manuel da Nóbrega afirme que os índios dispõem de «muito algodão, ao menos depois de cristãos»[51], sendo de salientar o facto de os portugueses, como contrapartida de resgates, entregarem aos índios «facas [...] e algumas roupas»[52]. Para o europeu, o vestuário aquece, protege, afasta as tentações e adorna o corpo através de veludos e sedas enumerados nos textos estudados, uma vez que a indumentária do colono reflecte a sua auto-imagem[53]. De acordo com Fernão Cardim, «as índias *quando* se vestem vão tão modestas, serenas, direitas e pasmadas [...] e a cada passo lhes caem os pantufos, porque não têm costume» (269; itálico nosso). O vestuário, exótico e estranho para as nativas, embeleza e modifica o corpo e o estado de espírito das mulheres, enquanto a conjunção temporal indica ao leitor a novidade-raridade da ocorrência, que, tal como muitas outras, adquire contornos, significados e significantes diferentes.

   nudez com o conceito de vergonha está já presente na Bíblia (Apocalipse, 2:18).
51 Cf. Serafim Leite (ed.), in Nóbrega, *op. cit.*, p. 28. O autor refere ainda que Nóbrega fez plantar algodoeiros na Bahia. Todavia, o pano não é suficiente para vestir a imensa população aborígene. Por outro lado, alguns moços índios cristãos que regressam para o lar dos pais gentios não vão mais à missa por terem vergonha da sua nudez (agora consciente).
52 Cf. «Carta de Duarte de Lemos escrita de Porto Seguro a D. João III», 1989, p. 29. Também Gândavo, *Tratado*, ao falar «dos resgates», informa que os nativos «cobiçam muito algumas cousas que vão deste Reino ⎯⎯ S⎯⎯ camisa, pelotes [fatos], [...] e outras coisas» (p. 221). O fascínio de (en)cobrir o nu.
53 Claude Lévi-Strauss, *op. cit.*, p. 430, elabora uma lírica descrição da nudez nativa.

4. *Comparação e espanto em torno do homem e da mulher.*

> «Tanto o homem como a mulher andavam nus,
> sem sentirem nenhuma vergonha por isso»
> (Génesis, 2: 25).

Raros e motivo de espanto são também alguns dos hábitos e tradições dos índios brasileiros descritos na maioria dos textos estudados. O observador europeu demonstra a sua admiração quando tanto «o homem como a mulher» fazem algo que na Europa seria impensável ou, quanto muito, indesejável[54], comparando-se comportamentos e estatutos sociais em relação ao género. O piloto português, autor anónimo da *Navegação do Capitão Pedro Álvares Cabral* (1989: 38), descreve os nativos que andam nus pela costa brasileira, adiantando que «as mulheres andam igualmente nuas»; afirmação – e advérbio de modo – que nos levam a reflectir sobre o espanto e a necessidade de afirmar essa curiosa semelhança de comportamento entre os dois sexos, referida igualmente por Caminha (45, 56): «Também andavam entre eles quatro ou cinco mulheres moças, assim nuas que não pareciam mal», e Fernão Cardim, oitenta e três anos após a *Carta*: «cousa para nós mui nova» (222).

As comparações fazem-se também por oposição ou dissemelhança: as mulheres «prezam muito dos seus cabelos compridos», enquanto os homens os «rapam» (Gândavo, 1989: 104), marca que distingue física e simbolicamente um e outro. Na página seguinte, o autor afirma que «todos andam descalços, assim machos como fêmeas», e que ambos matam e comem cativos de ambos os sexos (113), sem distinção de género. As mulheres capturadas são igualmente mortas e ingeridas, excepto se o principal da aldeia desejar a sua companhia, enquanto nativas e crianças têm um papel activo na matança dos cativos e no posterior tratamento dos cadáveres, antes do manjar colectivo.

---

54 Stephanie Garrett, *Gender*, 1992, p. VII, afirma: «Whether you are born male or female will be of major consequences for all aspects of your life: for the expectations others in society will have of you, for your treatment by other people, and for your own behaviour. This is true no matter what society someone is born into, although the consequences will vary from society to society. Virtually all societies are organised on the basis of gender differences between men and women».

As crianças das diferentes etnias são descritas e posicionadas no mundo feminino da tribo, na companhia das mães que as transportam, e quando cantam «assim homens como mulheres [...], as mulheres bailam juntamente com os homens e fazem com braços e corpo gatimanhas e momos», havendo ainda diferença no tom de vozes, pois as mulheres «levam os tiples, contraltos e tenores» (Cardim, 178-79). Em comunhão de género, os membros das tribos rezam na missa, nadam e remam (*ibid.*, 235-38), por oposição ao que se vive na Europa.

5. *A vivência da masculinidade.*

Os autores portugueses quinhentistas constroem, ao longo do *corpus* por nós estudado, duas esferas sociais e simbólicas distintas, que podemos estudar comparativamente em termos da representação do género do índio brasileiro: os microcosmos do homem e da mulher, descritos através de marcadores como objectos e rituais específicos, bem como através da divisão sexual do trabalho. O mundo infantil encontra-se associado ao mundo materno, embora o homem tenha também um papel activo no decurso do nascimento e da educação até simbólica dos filhos da tribo, como o prova o ritual da *couvade* (Gândavo, 1989, 105). O sexo masculino[55], representado como imberbe, marca, sem dúvida, uma maior presença nas descrições do nativo brasileiro, sobretudo no início dos contactos e das respectivas descrições, como é visível na *Carta* de Pêro Vaz de Caminha[56]. O índio recebe atributos como «valente», «robusto», «guerreiro» e «cruel», sendo este mesmo corpo masculino comparado ao de animais marinhos a que os autores chamam «homens marinhos» e que, segundo os nativos, resgatam pescadores e lavadeiras, chupando-lhes o sangue

---

55 Cf. Jorge Couto, *op. cit.*, 97: «A instituição política básica dos tupis era o "conselho dos principais" – cuja composição reflectia a preponderância do poder gerontocrático masculino».

56 O número de homens, decerto acompanhados de mulheres, na costa brasileira aquando da chegada de Pedro Álvares Cabral, vai aumentando de 7-8 e 18-20, em 23 de Abril, para 60-70 em 24 de Abril; sendo que em 25 de Abril o número de nativos sobe para 200, e a 30 desse mesmo mês para c. 300. Fica bem clara a preocupação de Caminha com a precisão numérica de nativos que recebem a frota, dando ao Rei sempre um par de números, deixando, desta forma, a si próprio uma manifesta margem de erro.

(Soares, 197; Cardim, 140-42), e que se distinguem das sereias pelo facto de estas terem cabelo comprido (Soares, 183).

À medida que a observação e o estudo dos costumes exóticos se vai demorando e, consequentemente, aprofundando, os textos descrevem o modo como as crianças são educadas e a forma como a reprodução social se processa no seio das diversas etnias, desde o nascimento à morte dos seus membros; questão que abordaremos quando nos referirmos à educação/socialização.

Gabriel Soares de Sousa (229) e Fernão Cardim (178) informam-nos de que os índios apenas castigam as suas mulheres quando se encontram bêbados («tempo dos vinhos»), pretendendo, assim, vingar-se dos «pecados» das mesmas, situação após a qual ficam amigos. Quando se torna viúvo, e ao contrário da mulher, o homem corta o cabelo e pinta o corpo em sinal de «dó», voltando a casar, pois são «muito dados a mulheres» (Cardim, 180). O guerreiro tupinambá, comparado ao cavaleiro europeu (Soares, 235), adquire a sua honra e o seu estatuto na guerra inter-tribal[57], dependendo do número de inimigos que mata e dos cativos que traz consigo para a aldeia[58], «ganhando» o nome destes. Como bom guerreiro que foi em vida, leva consigo para a sepultura o seu arco e setas (idem, 240), armas que o bebé do sexo masculino recebe simbolicamente do pai logo após o seu nascimento, durante o ritual de incorporação, para que, mais tarde, se torne um exímio guerreiro e caçador (idem, 151), actividades masculinas por excelência. Estes objectos, símbolos masculinos por excelência, são associados à virilidade e valentia do guerreiro, fazendo parte da socialização do género dos nativos. Esse mesmo guerreiro, durante a matança dos cativos da tribo, tenta provocar reacções violentas neste último, que se encontra amarrado, pois desta forma, jamais alguém dirá ao guerreiro que o cativo, de quem tomou o nome, era um «homem fraco, efeminado e de pouco ânimo», pois o prisioneiro valente e honroso morre a lutar e não «em suas redes como mulheres fracas» (Gândavo, 1989: 111; Sousa, 15)[59], afirma-

---

[57] Cf. Florestan Fernandes, *A Função Social da Guerra na Sociedade Tupinambá*, 1970: A guerra é considerada o mecanismo central de reprodução social e de manutenção do equilíbrio cosmológico.

[58] A respeito da vida nas aldeias Tupis veja-se Beatriz Perrone-Moisés, «A vida nas aldeias dos Tupis da costa», 2000, pp. 8-21.

[59] Darcy Ribeiro, *op. cit.*, 1995, p. 34: «Não se comia um covarde.»

ção que espelha a maneira de pensar do homem europeu renascentista, associando a fraqueza ao sexo feminino.

A mulher é apresentada como um ser passivo, por oposição à simbologia da virilidade guerreira, associada à acção. Por outro lado, existem ainda quer as míticas Amazonas quer algumas mulheres indígenas que «determinam de ser castas: as quais não conhecem homem algum de nenhuma qualidade, nem o consentirão ainda que por isso as matem. Estas deixam todo o exercício de mulheres e *imitam os homens* e seguem os seus ofícios *como se não fossem fêmeas*. Trazem os cabelos cortados da mesma maneira que os machos e vão à guerra com seus arcos e flechas e à caça, perseverando sempre na companhia dos homens, e cada uma tem mulher que a serve com quem diz que é casada, e assim se comunicam e conversam como marido e mulher» (Gândavo, 1989: 104-5; itálico nosso).

Esta curiosa e quase única descrição do modo de viver e de amar de algumas mulheres índias remete de imediato para a própria sexualidade indígena e para práticas e alternativas sociais, amorosas e sexuais aceites pela restante comunidade onde estas mulheres se encontram inseridas e que defendem na companhia dos guerreiros do sexo masculino. A sexualidade – enquanto *performance* corporal social – não passa, portanto, ao largo dos relatos quinhentistas sobre o Brasil, sendo um dos campos em que os missionários exercem maior pressão e vigilância, levando à distinção entre a prática sexual que é tema de conversa em grupo entre os nativos e a praticada na «intimidade».

Gabriel Soares de Sousa refere-se por duas vezes (223) à existência da homossexualidade masculina, dita «pecado nefando», entre os tupinambás[60], ausente na maioria dos outros textos. A moral e o

---

60 Após a descrição do hábito indígena de fazer inchar o pénis com o pêlo de um animal ao ponto de impossibilitar relações sexuais com mulheres, Sousa continua: «e não contentes estes selvagens de andarem tão encarniçados neste pecado naturalmente cometido, são muito afeiçoados ao pecado nefando, entre os quais se não tem por afronta e o que serve de macho se tem por valente e contam esta bestialidade por proeza e nas suas aldeias pelo sertão há alguns que têm tenda pública a quantos os querem como mulheres públicas» (223). O autor contrasta o pecado natural ao pecado nefando, aproximando o sexo entre homens com a prostituição («mulher pública»), conceito europeu que não existe entre as etnias descritas. Na p. 244, volta a referir o «pecado nefando» entre os tupinais, ao qual os tupinambás «são muito mais sujeitos», em comparação com esta outra tribo. Os que «servem de macho se prezam muito disso e tratam quando se dizem seus louvores».

constructo mental do homem renascentista estão assim subjacentes à observação e registo do Outro no *corpus* por nós estudado, adiantando Gabriel Soares que os nativos não colocam nesta prática qualquer carga moral negativa, vangloriando-se, inclusive, de manterem relações sexuais com outros homens. O conceito de virilidade, associado à honra guerreira, é para os nativos diferente do conceito europeu[61], que também vigora (indirectamente) ao longo das obras, através do filtro etnográfico e comentários dos autores.

Os índios revoltam-se várias vezes contra o colono português, nomeadamente quando lhes são roubados as mulheres e os filhos, durante as chamadas guerra justas (Soares, 141). De um modo geral, e apesar de algumas práticas descritas, as diversas obras definem o nativo como cortês para com a sua mulher, servindo-lhe de escudeiro, pois «quando [esta] vai à roça; vai ele diante e vem detrás por amor dos contrários» (Soares, 151), defendendo-a, assim, do perigo dos inimigos, oferecendo os pais as suas filhas aos feiticeiros (pajés) quando estes as solicitam (Gabriel Sousa, 228); facto que comprova o lugar de destaque que o índio do sexo masculino tem nas funções mágico-religiosas. Quando das trocas que os íncolas fazem quer entre si (reciprocidade) quer com os portugueses, «a troco de alguns ramais dão até as mulheres, e este é o seu resgate ordinário de que usam os brancos para lhes comprarem os escravos e escravas que têm para comer» (Cardim, 177). Os colonos, «muito dados a festas» (*ibid.*, 256), encontram-se, portanto, longe da moral pregada quer pelos padres no Brasil quer pela sociedade europeia, o que os torna ainda mais «bárbaros» que os nativos, pois conhecem já essa lei que desrespeitam e que é considerada superior pela sua própria sociedade.

Algumas jovens das tribos são ainda oferecidas aos cativos durante o tempo em que estes aguardam a morte, apaixonando-se algumas pelos prisioneiros, acabando por fugir com eles, e quando tal não acontece ou não é possível, o cativo é morto e se a jovem estiver grávida, o bebé é, igualmente, morto e ingerido pela família e pelo resto da comunidade, uma vez que «as mulheres não têm neles [bebés] nada» (Soares, 149; Gândavo, 111-13). Luís da Grã, escrevendo a S.

---

61 A respeito do casamento e da proibição da homossexualidade em Portugal no século XVI, v. Maria João Lourenço Pereira, «O afecto: casamento/homossexualidade», 1998, pp. 659-65.

Inácio Piratininga, em 8 de Junho de 1556, refere pela primeira vez o conceito de mulher-saco, «porque têm para si que o menino não recebe carne da mãe, que é como um saco, senão do pai»[62]; aliás, a própria mãe participa da refeição cujo manjar é o seu filho, ritual este descrito como infanticídio pelos europeus.

6. *A vivência da feminilidade.*

A mulher índia, distante do estereótipo da mulher europeia[63] presente em obras como *Contos e Histórias de Proveito e Exemplo* (1575) de Gonçalo Fernandes Trancoso, é ainda representada, qual Eva, como fonte de tentação e, consequentemente, de pecado (Nóbrega, 116), sendo por diversas vezes descrita como cruel, pois afoga e enterra o bebé que chora, simplesmente para deixar de o ouvir, segundo a leitura do observador (Gabriel Sousa, 23 e 243). Este mesmo autor refere que mulheres portuguesas e nativas assassinam os seus maridos, servindo-se de uns vermes brancos e venenosos que nascem na mandioca (*ibid.*, 113). Por outro lado, acompanham os maridos, também seus tios, durante as batalhas contra tribos inimigas, carregando a «farinha de guerra, [...] especiarias e arroz» (*ibid.*, 115), sendo «muito compendiosas na forma de linguagem» (*ibid.*, 218).

Relativamente a questões do género relacionadas com a linguística, Gândavo (1954: 102) informa que «alguns vocábulos há nela [língua nativa] de que não usam senão as fêmeas: e outros que não servem senão para machos», assim como determinadas actividades são especificamente femininas como «mascar» e cozer as plantas de que o vinho (*cauim*) é produzido, devendo esta última tarefa ser acompanhada por um período de reclusão ritual, pois falar com o marido implica que ninguém beba do vinho que a jovem virgem ou a mulher casada produzira.

As nativas limpam-se publicamente e comem piolhos com o intuito de se vingarem deles (*ibid.*, 226-27). As índias aimoré trazem con-

---

62 Cf. Serafim Leite, in Nóbrega, *op. cit.*, p. 115.
63 Sobre o estatuto, género e outras temáticas relacionadas com a mulher e os Descobrimentos, nomeadamente no Brasil, v. *O Rosto Feminino da Expansão Portuguesa*, 1995. Sobre questões de género no continente africano no século XVI, v. tb. Arlindo Manuel Caldeira, *Mulheres, Sexualidade...*, 1997.

sigo um pau grosso, com o qual matam pessoas «quando calha», atacando à traição e fugindo para o mato de seguida (*ibid.*, 114), e quando da chegada de um novo inimigo-cativo, dirigem-se ao seu encontro ainda fora da aldeia, tomando-lhe o nome, batendo-lhe e pintando-lhe o corpo, iniciando, desta forma, toda uma série de ritos que culminam com a ingestão do cativo, em que o sexo feminino tem um papel activo no ritual relacionado com o tratamento, em vida e em morte, do prisioneiro. No entanto, situações há em que as jovens se enamoram dos cativos a quem dão «agasalho», fugindo em nome do amor que os passou a unir (Soares, 149). Cardim (186) coloca alguma emotividade em torno desta relação inicialmente forçada, ao descrever a sucessão de ritos que culminam com a matança da vítima, afirmando que, durante todo o ritual da matança, a «companheira abandona o prisioneiro, indo para casa muito saudosa», enquanto as restantes mulheres cantam em redor da presa amedrontada: «Nós somos aquelas que fazemos estirar o pescoço ao pássaro [...] se tu fosses papagaio nos fugiras» (185), recordando à vítima, simultaneamente, quer a morte cruel eminente quer a liberdade que poderia ter. Por outro lado, ao receber um visitante no seio da tribo, as mulheres juntam-se em torno deste para dar início à saudação lacrimosa, em que um misto de ficção e realidade se parece confundir entre choros de acolhimento.

A lista de proibições para o sexo feminino, tal como na Europa, marca igualmente presença, nomeadamente a proibição de entrada na «casa de culto» masculina, associando a autoridade à masculinidade, sendo os espaços físico e simbólico igualmente delimitados e marcados pelo género.

7. *O processo de socialização da criança.*

Para além das actividades que se aglomeram quando da descrição do microcosmos feminino, podemos também incluir nesta esfera a presença das crianças da tribo quer por opção dos autores dos textos quer pelo hábito efectivo dos nativos. Paralelamente às descrições de meninos portugueses usados como estratégia de aproximação e evangelização dos nativos (Nóbrega, 19-22; *Regimento de Tomé de Sousa*, 1989: 136-37), deparamos com descrições de episódios e costumes locais que envolvem, de forma activa, as crianças da tribo enquanto elementos essenciais no processo de reprodução social.

O castigo físico é, inúmeras vezes, sinónimo de educação da criança que transgride e deve aprender o conjunto de regras que pautam o comportamento do seu grupo social. A informação veiculada pelos textos é por vezes contraditória em relação a estes castigos. Nóbrega (221-22) e Cardim (133) referem a existência da punição física infligida nas crianças, embora este último (178) e Gândavo (105) afirmem que os índios não têm por hábito castigar os seus filhos. Cardim (198) descreve ainda o açoite, não como castigo, mas como forma de preparar os filhos para conseguirem andar descalços e nus nos matos agrestes, e talvez o olhar de um observador distante o leve a confundir esta tradição com o castigo corporal. Mais uma vez, o desconhecimento, embora cada vez menor, do Novo Mundo leva, numa fase (relativamente) inicial, à tentativa de preenchimento de espaços culturais vazios com referentes e hábitos europeus, dependendo a representação de hábitos e crenças da interpretação e leitura visual do autor. Aliás, como afirma Clifford Geertz, os métodos (etnográficos) de análise da cultura são semelhantes aos do crítico literário ao analisar um texto «sorting out the structures of signification [...] and determining their social ground and import [...]. Doing ethnography is like trying to read (in sense of construct a reading of) a manuscript»[64].

Como forma de preparação para a vida adulta, os pais ensinam aos filhos do sexo masculino a arte do sexo (Sousa, 223), enquanto as moças esperam o «macho», sendo que, posteriormente, as raparigas fruto de uma geração já aculturada pelos portugueses, são ensinadas a enfeitarem-se como as mulheres portuguesas, a fiar algodão e a tratar da casa (*ibid.*, 222). Quer nas crianças europeias quer nas crianças nativas, o imaginário do género constrói-se desde cedo, e à nascença de um filho, o pai coloca, a par das armas, um molhe de ervas que simbolizam ou personificam a quantidade de inimigos que ele matará no futuro, cortando, à dentada, ou com duas pedras, o cordão umbilical do recém-nascido (Cardim, 172). Já crescidos, «os meninos» tornam-se alegres e «obedientíssimos» a seus pais e mães (*ibid.*, 237), sendo que o adjectivo no grau superlativo absoluto sintético adquire um

---

[64] Clifford Geertz, *The Interpretation of Cultures*, 1993, p. 9.

valor sugestivo, sobretudo se levarmos em conta a possível comparação implícita com o comportamento das crianças europeias.

9. *Graus de parentesco.*

Relacionado com a questão da educação/socialização, bem como com os demais tópicos por nós estudados, está o grau de parentesco, relação social, e, no caso do índio brasileiro, também uma relação matrimonial e sexual[66]. Este mesmo tema remete para o conceito da mulher-saco, já referido, e para os casamentos entre familiares. De referir ainda o costume de os pais venderem os filhos como escravos (Gândavo, 116) e o facto de no mito cosmogónico do dilúvio ser um casal de irmãos a dar origem à raça índia, encontrando-se ela já grávida (Soares, 146).

Considerando a moral e a utensilagem mental do observador europeu, outro costume tradicional das tribos, sobretudo entre os principais, a surpreender os viajantes europeus é a poligamia, ou, mais precisamente, a poliginia[67], questão debatida ao longo de todo o *Diálogo sobre a Conversão do Gentio* de Manuel da Nóbrega, sendo motivo de comparação dos índios com os igualmente exóticos povos árabes, também poliândricos (Nóbrega, 92).

Na teoria, ser cristão no Brasil implica ser monogâmico, andar vestido e não ser canibal, sendo, obviamente, o primeiro dos factores aquele em que mais transgressão se observa por parte dos próprios europeus quando estes mantêm relações consideradas adúlteras, sobretudo, com mulheres índias e escravas africanas, tornando os «velhos» cristãos piores do que os gentios recentemente convertidos, como testemunham diversos textos (Sousa, 33; Soares, 141; Cardim,

---

66 Acerca deste tema, afirma Manuel Viegas Guerreiro em *A Carta de Pêro Vaz de Caminha Lida por um Etnólogo*, 1992, p. 23: «Jean Guiart e Francis Zimmerman [*Le parenté*, PUF, Paris, 1972, pp. 17-19] evitariam o erro de atribuir a prioridade da descoberta do parentesco classificatório ao padre jesuíta francês Lafiran (século XVIII), se lhes tivesse andado nas mãos o livro de Gabriel Soares de Sousa, *Tratado Descritivo do Brasil em 1587* [...] e José de Anchieta».

67 Sherry B. Ortner e Harriet Whitehead, *Sexual Meanings*..., 1992, p. IX, afirmam que o género acarreta consigo «sexual meanings», uma vez que o sexo poderá ser encarado como símbolo ou sistema de símbolos investidos de significados culturais variáveis; abordando ainda as diversas interpretações (genética, cultural, social) que o tema tem suscitado, afirmando na p. 16: «gender systems are themselves prestige structures.»

197). O dogma, o sentimento de culpa e a punição do pecado espelham o desvio a essa mesma norma, dicotomia que se acentua à medida que alguns europeus se deixam levar pelos pecados da carne[68]. A violação sexual é igualmente metáfora da imposição do poder do colono[69], estando, assim, presentes nos textos estudados quer o género dos nativos oprimidos quer o género dos opressores.

A poliandria, entre os principais das tribos nativas, encontra-se associada ao estatuto social e à honra do mesmo (Gândavo, 1989: 104), sendo um dos marcadores simbólicos dessa diferenciação social. O Padre Francisco Soares, tentando minimizar este costume indígena, afirma que não «se achará nenhum que morra disso« (150), adiantando que os índios «não atentam para as [mulheres] dos outros». No entanto, Cardim (168-69) afirma que o divórcio e o adultério, conceitos europeus, ocorrem vulgarmente, uma vez que os índios, quando bêbados, «tomam as mulheres alheias». Casados com sobrinhas ou irmãs (Soares, 151), os índios e as índias que se encontram nesta situação são levados a modificar o seu comportamento pelos missionários portugueses que desse feito se orgulham nos textos, ao longo dos quais a homogeneização de leis, costumes e espaços se apresenta como prioridade máxima[70].

10. *A moral e o género portugueses.*

As questões atrás apresentadas relacionam-se com a moral dos europeus no Brasil, quer enquanto teoria quer enquanto *performance* social; temática esta intimamente relacionada com a representação do género do nativo e do europeu, bem como com a relação colonial a que esta prática serve de metáfora ou *echphrasis* cultural, dando forma à lógica binária opressor/oprimido, subjacente ao imperialismo[71].

---

68 O historiador holandês Gaspar von Barlaeus conclui na sua obra *Chronicle Rerum per Octennium in Brasilien* (1660) (tradução: *História dos feitos recentemente praticados durante oitenta anos no Brasil*, 1980, p. 49): «no outro lado do Equador não existe pecado», pois aí os habitantes encontram-se à margem das leis morais europeias.
69 Cf. Louis Montrose, «The Work of Gender in the Discourse of Discovery», 1991, pp. 1-41.
70 Desejo também presente na afirmação de Fernão Cardim em *Tratados*, 1997, p. 157: «Este Brasil é já outro Portugal.»
71 Cf. Bill Ashcroft *et alii*, s.v. «Binarism», in *Key Concepts in Post-Colonial Studies*, 1998, pp. 23-27.

Apenas Nóbrega (98) apresenta o exemplo moral de uma viúva portuguesa virtuosa e Francisco Soares (137) descreve como modelo a seguir o governador Tomé de Sousa por terras lusas de Vera Cruz, sendo, também, diversos os casos de «desvio» em relação à norma imposta pela moral judaico-cristã. Os portugueses imitam os nativos não só ao nível do aproveitamento dos recursos naturais e da culinária (Soares, 112, 120-21), como ao nível de costumes menos desejáveis, especialmente para europeus já familiarizados com a doutrina cristã, maus exemplos para os gentios que, possivelmente, se confundem ao confrontar o «dizer» com o «fazer» dos colonos. Daí que Cardim (245) se refira aos «encargos da consciência» e tenha o cuidado de afirmar, várias vezes, que os padres no Brasil trabalham também em prol da população europeia (260).

A interacção e a relação de poder que existem entre o colono, o nativo e o escravo africano dão lugar às relações sexuais entre o novo senhor da terra e as mulheres nativas e escravas vindas de África, bem como entre negros e índios. A miscigenação caracteriza ainda hoje a cultura brasileira, tendo tido a sua origem no século XVI[72]. O cruzamento inter-racial é referido por alguns autores, que não se abstêm de tecer juízos de valor estético sobre os «mamelucos» (Sousa, 242), referindo o padre Francisco Soares o roubo de mulheres índias por parte dos portugueses (141) e o casamento de um índio com nome português [Martim Afonso] que leva para a guerra a sua mulher portuguesa (142). Os europeus, aprendendo com os nativos, dão, posteriormente, novos usos aos recursos naturais do Brasil, como é o caso do sumo do ananás, que os portugueses passam a usar para remover nódoas da roupa (Cardim, 115), utilização esta inovadora para os nativos, uma vez que estes, andando nus, não necessitam de lavar qualquer roupa, à excepção das suas redes. Ao nível da influência mútua entre europeu e nativo, poderemos estabelecer uma comparação entre a situação que se observa no Brasil com o retrato que William Shakespeare (1564-1616) apresenta na sua última peça, *The Tempest* (1611), através de Caliban e Prospero[73].

---

[72] Jorge Couto, *op. cit.*, p. 218, refere a carta do doutor Diogo de Gouveia (1532), na qual são mencionados 4000 a 6000 crianças resultantes de uniões entre portugueses e ameríndias, motivadas pela ausência de mulheres europeias no território, para onde são enviados ocasionalmente órfãs, prostitutas, tal como casais já constituídos.

[73] Caliban é, de acordo com alguns estudiosos da Obra de Shakespeare, um anagrama

11. *Tapar o corpo e salvar a alma: o poder da conversão e da lei.*

O contacto social, cultural e sexual dos colonos com os nativos e com os negros africanos relaciona-se com a questão do poder, da lei do colono e com a conversão do Outro representado, inúmeras vezes, como inferior[74]. Essa mesma inferioridade legitima a acção por parte do europeu, uma vez que é necessário «amansar» a «gente bestial», tornando-a, o mais possível, um todo civilizado e cristão homogéneo. O íncola é, então, confrontado com novas formas de apr(e)ender o mundo e de viver, reorganizando, até certo ponto, as relações entre os membros da sua própria comunidade, dando lugar a uma nova forma de ver o Outro e a si próprio, bem como uma nova interpretação do género. Encara-se o sexo oposto e (re)lê-se o corpo que agora se quer, por imposição, vestido na «Nova Lusitânia» (*Carta de Duarte Coelho*, 1989: 93). O próprio agregado familiar dos grupos tribais é desfragmentado quando famílias inteiras são divididas rumo a diferentes partes da colónia para cumprirem novas funções nas terras, nos aldeamentos cristãos e colégios, misturando-se, de forma mais próxima, com os escravos africanos e colonos portugueses[75]. Estabelece-se uma relação de poder que gera desigualdades e exageros no tratamento dos nativos e dos escravos africanos, levando os padres a lutar pelos direitos dos oprimidos, adquirindo o índio um valor e uma importância diferentes para o missionário e para o colono, para quem o primeiro é também parceiro de trocas de produtos (escambo). A par desta relação de poder exercido do exterior, existe ainda a noção de hierarquia no seio das próprias tribos a que o europeu se sobrepõe, iniciando, desde

do termo *cannibal* (cf. Frank Kermode (ed.), William Shakespeare. *The Tempest*, 1961, p. XXXVIII). O relato da circum-navegação de Fernão Magalhães é considerado uma das fontes do dramaturgo inglês quando da escrita desta peça, estando também os Descobrimentos Portugueses implícitos na obra. Vide o nosso estudo «Shakespeare e os Descobrimentos Portugueses», 1998, pp. 21-36.

74 Referente à situação tanquam tabula rasa enquanto facilitadora da conversão dos índios, v. Ana Maria de Azevedo, *O Padre Fernão Cardim (1548-1625)*, 1995, pp. 161--81; Serafim Leite, «As raças do Brasil perante a ordem teológica, moral e jurídica portuguesas nos séculos XVI a XVIII», 1965, p. 230.

75 Veja-se Darcy Ribeiro, *op. cit.*, pp. 73-77. O autor afirma que «a vida do índio cativo não podia ser mais dura como cargueiro ou remador, que eram os seus trabalhos principais» (p. 111). A opressão surge também com a colonização, relacionando-se, igualmente, com o género.

logo, a demorada tentativa de exercer o seu domínio sobre o nativo, como se verifica no projecto de o vestir, e de lhe atribuir nomes portugueses, o que também se justifica pela maior facilidade da comunicação e identificação pessoal. A própria comida, sobretudo pelo seu valor económico, acaba por ser também um marcador simbólico desta diferença de estatuto social (Soares, 182).

A primeira imagem do índio que Caminha regista, constrói a imagem de submissão dos nativos, ao afirmar que estes colocam as armas no chão ao sinal de Nicolau Coelho (35). Este desejo de adquirir poder é transmitido através da sugestiva metáfora do rebelde pardal de centeio europeu: «Abasta que até aqui, como quer que se eles nalguma parte amansassem, logo duma mão para a outra se esquivavam, como pardais de levadoiro; e homem não lhes ousa falar de rijo por se mais não esquivarem. E tudo se passa como eles querem por os bem amansar» (1974, 59).

Expressão esta («para os mais amansar») que é repetida pelo autor (77) ao justificar o facto de dois índios, que visitam as tripulações cabralinas, sejam deitados em camas à moda europeia. Considerados inocentes, os aborígenes poder-se-iam facilmente catequizar. Há, então, que desviar, nem que à força[76], o íncola das suas «bárbaras e vingativas tenções» (Gândavo, 1989: 108), uma vez que estes são «brutos animais» (113), logo inferiores, enquanto o campo semântico que caracteriza o nativo transmite, directa e indirectamente, essa mesma inferioridade: «Alguns houveram já os portugueses às mãos: mas [...] nunca os poderão amansar nem submeter a nenhuma escravidão» (ibid., 114). No entanto, o Padre Francisco Soares refere os abusos dos senhores de engenho perante o índio (189) e o escravo da Guiné, este último um bem precioso que tanto poderia dar lucro como, no caso de falecer ou adoecer, prejuízo. Uma vez convertidos, os índios «são candidíssimos, e vivem em menos pecados que os portugueses» (Cardim, 234), verificando-se, assim, uma transformação na forma de viver e de

---

[76] Serafim Leite, Suma Histórica, 1965, p. 21, refere uma carta do Padre Luís Gonçalves da Câmara que indica como factor primordial da missionação portuguesa entre o gentio brasileiro o facto de estes sentirem «que os Portugueses têm força, para os seguirem». Na p. 54 acrescenta: «A eficácia da educação e ensino na Companhia de Jesus assenta sobretudo em elementos de ordem moral (persuasão, emulação, repreensão), sem excluir os de ordem física», referindo ainda (p. 58) os jogos para os alunos (Casa de Recreação) utilizados como forma de entretenimento e socialização dos mais jovens.

apreender o mundo das comunidades nativas que interagem com os portugueses (*ibid.*, 235, 274), pois o clero tenta «ensinar[-lhes] as cousas da fé» através de «avisos espirituais» e «exortações das regras» (254). Durante o processo de catequização-(re)socialização, os missionários recorrem a usos e costumes nativos como facilitadores da veiculação da mensagem, dando também lugar a um maior envolvimento por parte dos íncolas em missas que, por vezes, atingem o estatuto de verdadeiros espectáculos. O próprio Caminha (83) afirma, demonstrando a sua predisposição de superioridade, que o melhor fruto do Brasil seria «salvar esta gente».

12. *Entre o sexo e o matrimónio.*

O resgate espiritual dos nativos passa, sobretudo, pela luta contra a antropofagia relacionada com a guerra e a vingança -, a nudez e a poligamia, costumes alter/nativos[77] que tanta estranheza e repúdio cau-sam. As restrições sexuais fortalecem a moral e o controlo europeus, servindo igualmente para demarcar ordens sociais e etnias, perpetu-ando prestígios, interesses e ordens que se desejam cada vez mais fortalecidos[78].

Segundo Nóbrega (91), casar significa abandonar o pecado [carnal] e iniciar uma vida dedicada ao cônjuge. Intimamente relacionados com o matrimónio e a conduta sexual dos nativos e dos colonos existem conceitos europeus como a miscigenação, a infidelidade e o incesto[79], que se opõem, em parte, a uma certa eugenia das concepções morais do Velho Continente. No entanto, o casamento misto é, também, uma estratégia de colonização europeia, relacionando-se a reprodução sexual com as reproduções social e económica quer para o colono quer para o nativo que deseja ver o seu estatuto elevar-se. Em relação à política matrimonial dos colonos, algumas mulheres portuguesas são enviadas de conventos da metrópole para com eles casarem (Soares, 78), envolvendo-se os chamados casamentos «em lei

---

77 Jogo semântico com os termos alter, nativo e alternativo, da autoria de Laura Doyle, «Alter/natives for the colonial body», 1998, p. 171.
78 Cf. Ania Loomba, «Gender, Sexuality and Colonial Discourse», 1998, pp. 151-72.
79 A respeito da temática do incesto veja-se W. Arens, s.v. «Incest», 1996, pp. 294-97.

de graça» entre os portugueses de grande pompa e circunstância, como refere Fernão Cardim (256).

Quanto aos costumes e rituais indígenas em torno do nascimento, da puberdade, do casamento[80], da morte e do sexo, os textos descrevem hábitos pecaminosos e «sujidades» (Sousa, 223) praticadas entre irmãos, tios e sobrinhas, bem como pais e filhas. O adultério – conceito europeu – é prática comum e as mulheres dos principais procuram, inclusive, amantes para os maridos, o que, segundo Gabriel Sousa, é «único destes bárbaros» (223). Aos quinze anos de idade, as jovens da tribo casam com os seus tios (Gândavo, 1989: 104), enquanto o jovem apenas pode casar após ter morto inimigos em guerra (rito), sendo as festas do casamento regadas a vinho, após as quais o pai da noiva amarra uma rede no local onde o casal passará a noite de núpcias, cortando o esteio para que os futuros netos nasçam sem rabo (Soares, 148)[81]. Os recém-casados bebem, então, vinho pela primeira vez e não devem falar como se fossem idosos da tribo, ou seja, devem ser moderados (Cardim, 168). Estamos, assim, perante uma distinção de costumes e estereótipos atribuídos às diferentes faixas etárias. Se Francisco Soares descreve as festas e ritos que envolvem o casamento dos jovens, Gândavo (104) afirma não existirem quaisquer cerimónias nupciais, enquanto Fernão Cardim duvida da validade destes casamentos, pois os índios «têm muitas mulheres» e deixam-se «muito facilmente por qualquer arrufo» (168).

---

80 Jorge Couto, *op. cit.*, pp. 93-94: «Os casamentos podiam ser endogâmicos [...] ou exogâmicos [...]. O sistema de parentesco, o jogo político das parentelas e as actuações tendentes a evitar a dispersão familiar e a repetir as alianças regulavam as ligações matrimoniais, constituindo o casamento avuncular, ou seja, do tio materno com a sobrinha a modalidade preferida dos Tupinambás [...]. A regra residencial pós-marital mais difundida, sobretudo entre os Tupis, era a da patrilocalidade (a esposa ia viver na oca do pai do marido), favorecendo fortemente, por conseguinte, uma forma patrilinear de descendência. [...] A relação entre sogro e genros era geradora de poder político [número de homens a residir na sua oca]."
81 Bronislaw Malinowski, *The Sexual Life*, 1982, pp. 402: «Decency in speech and behaviour varies according to the relation in which the members of any company stand to each other».

13. *A divisão sexual e simbólica do trabalho.*

Uma outra distinção relacionada com a organização/estrutura social presente nos textos estudados é a que envolve o desempenho de funções e tarefas no seio do grupo local (oca) e do grupo tribal, mais abrangente. O trabalho é dividido em função do sexo dos nativos, questão esta essencial para o estudo do género[82]. No entanto, autores como R. W. Connel[83] defendem que não deve ser estudada apenas esta mesma estrutura (agrupamento de actividades), mas também a sua simbologia.

Tal como acontece na Europa, à mulher estão associados os trabalhos domésticos como a confecção de comida, pelo que os índios ao regressarem da caça entregam o fruto desta às mulheres (Sousa, 227). Os homens ocupam-se da caça (Sousa, 248) e da pesca (*Navegação do Capitão Pedro Álvares Cabral*, 38), encontrando-se todas estas funções associadas ao género e ao pensamento económico que, por sua vez, se relaciona com a interacção e memória social dos grupos tribais[84].

Gabriel Soares de Sousa descreve o modo como as nativas colhem, tratam e cozinham a mandioca (112-13), carregam a «farinha de guerra» (115) e cuidam da casa (174). Já a mulher portuguesa («gente de primor») cuida igualmente do lar e da comida, inventando novas receitas como o beiju, «que o gentio não usava delas» (112). O processo de plantação, recolha e tratamento do amendoim é da inteira

---

82 Jorge Couto, *op. cit.*, p. 92: «Na sociedade ameríndia imperava a divisão sexual do trabalho. Aos homens estavam cometidas as tarefas que implicavam esforço intenso como o mutirão, trabalho colectivo, [...] a caça e pesca com arco e flecha; as actividades arriscadas (mergulho e guerra; a produção de armas, canoas e adornos do respectivo sexo; a tomada de decisões referentes à comunidade e o monopólio da direcção dos actos rituais. Asseguravam, por conseguinte, as funções de provedores da unidade doméstica, de guerreiros e de intermediários com o sobrenatural. As mulheres cuidavam da lavoura nas roças [...], da colecta e da pesca com tiambó; confeccionavam a cerâmica, a cestaria, os alimentos, as bebidas e os adornos femininos; executavam as tarefas domésticas, carregavam os mantimentos nas expedições guerreiras e retiravam água das canoas. [...] existiria a especialização do trabalho entre os membros do sexo feminino de acordo com a idade».
83 Cf. R. W. Connel, *op. cit.*, p. 99, e Miguel Vale de Almeida, *Senhores de Si*, 1995, p. 60: «as actividades humanas são extensões do corpo».
84 Sobre esta mesma temática, v. *passim* Raúl Iturra, *A Religião como Teoria da Reprodução Social*, 2001.

responsabilidade do sexo feminino, que o faz «com grande festa», como descreve Gabriel Soares da Sousa, explicitando a superstição que leva ao afastamento dos homens desta actividade: «Plantam-se estes amendoins [...] em a qual planta e benefício dela não entra homem macho, só as índias os costumam plantar e as mestiças e nestas lavouras não entendem os maridos, e têm para si que se eles ou os seus escravos os plantarem, que não hão-de nascer [...]. Desta fruta fazem as mulheres portuguesas todas as castas de doces» (120).

A mulher acompanha ainda o marido na guerra, carregando a comida, facilitando a locomoção do guerreiro que enverga as armas e necessita de toda a agilidade possível. É igualmente tarefa das íncolas casadas e virgens da tribo a produção de bebidas alcoólicas que, mais tarde, servem aos participantes nas festas: «buscam as mais formosas moças da aldeia para espremer estes aipins com as mãos e alguns mastigados com a boca e depois espremido na vasilha que é o que lhe dizem que lhe põe a virtude» (Soares de Sousa, 225).

Gabriel Soares de Sousa, o autor que mais detalhadamente se debruça sobre a divisão sexual do trabalho, informa que os tupinambás não trabalham senão das sete da manhã ao meio-dia, e «os machos costumam a roçar os matos e os queimam e limpam a terra deles e as fêmeas plantam o mantimento e o limpam; os machos vão buscar lenha [...], as fêmeas vão buscar água à fonte e fazem de comer e os machos costumam ir lavar as redes aos rios quando estão sujas. [...] As mulheres deste gentio não cozem nem lavram, somente fiam algodão [...]. As mulheres já de idade têm cuidado de fazerem a farinha de que se mantêm [...] e as que são muito velhas têm o cuidado de fazerem vasilhas de barro à mão [...], fazem mais estas velhas panelas, púcaros e alguidares a seu uso» (225-6).

Na citação é notória a divisão sexual do trabalho e, inclusive, a distribuição de determinadas tarefas de acordo com a faixa etária em que a mulher se encontra, como fica claro através da gradação ao longo do texto. Ainda na mesma página, o autor informa que as fêmeas deste gentio são muito afeiçoadas a criar cachorros para os maridos levarem à caça e quando elas vão fora levam-nos às costas, as quais também folgam de criar galinhas [...] e não se pejam de se limparem diante de gente nem de as verem comer piolhos, o que fazem quando se catam nas cabeças e como os encontra a que os busca, os dá à que os trazia na cabeça que logo os trinca entre os dentes, o que não fazem para os comer, mas em vingança de a morderem» (226-27).

Se Gabriel Sousa inicia a sua descrição dos hábitos femininos através de uma imagem carinhosa da mulher nativa, no final da mesma vemos como esta é vingativa, pois tanto cria cachorros afeiçoadamete como trinca piolhos para se vingar dos parasitas. Outro aspecto em destaque na descrição das índias é o seu hábito de se limparem publicamente, ao contrário da Europa, onde os cuidados de higiene se guardam para espaços privados[85]. O Padre Francisco Soares (151) descreve o costume de o homem acompanhar, ou «escudeirar», a mulher quando esta vai à roça, «e eles somente caçam, pescam e derrubam o mato, e o mais fazem elas». A enumeração do autor sintetiza claramente as actividades reservadas aos nativos do sexo masculino, e, por exclusão, as tarefas femininas. Ao cultivar as terras exploradas pelos portugueses, os trabalhadores dividem, tal como na Europa, as tarefas de acordo com o seu sexo, pois durante a colheita da cana sacarina os homens cortam a planta e as mulheres atam-na em feixes de doze unidades[86], exigindo, portanto, dos nativos o recurso ao cálculo matemático. O preço dos escravos varia de acordo com o sexo, a idade e a estatura da «mercadoria», ou seja, mais uma vez, o género e os factores a ele associados, tal como a produtividade da mão-de-obra, influenciam as relações humanas, quer pela positiva quer pela negativa.

14. *Ser idoso.*

Aos idosos das tribos estão igualmente reservadas, como já referimos, certas actividades e até comportamentos considerados mais apropriados para os adultos e «velhos», como testemunham os documentos estudados. Enquanto a maioria dos textos refere a longevidade dos índios, associando-a ao contacto com a natureza, podemos verificar que entre estes o desejo de permanecer jovem é igualmente observável. Quer Nóbrega (16) quer Anchieta (49) referem que os

---

85 Relativamente à higiene individual e ao vestuário no Portugal de Quinhentos, v. João Carlos Oliveira, «A higiene», 1998, pp. 639-42; Fernando Oliveira, *O Vestuário Português ao Tempo da Expansão: Séculos xv e xvi*, 1993.
86 Cf. Jorge Couto, *op. cit.*, p. 286.

feiticeiros prometem às «velhas» (talvez também sinónimo de adultas), o retorno à juventude: «outros dizem que as velhas se hão de tornar môças e para isso fazem lavatórios de algumas ervas com que lavam».

As veteranas das tribos, quando da chegada dos cativos à «aldeia», maltratam-nos, e após a sua morte, despedaçam o cadáver, recolhendo o sangue e os «miolos» (Gândavo, 1989: 112) com o intuito de os prepararem para serem ingeridos (Sousa, 238-39). Os anciãos são, portanto, membros activos no ritual antropofágico, ensinando os mais jovens. É durante esta cerimónia que o papel destes membros mais se evidencia, até pela sua crueldade em comparação com o comportamento dos idosos na Europa. Quando o filho do cativo e da nativa («mulher-saco») é morto, «os próprios avós (a quem mais devia chegar esta mágoa) são aqueles que com maior gosto o ajudam a comer», vingando-se, deste forma, do cativo (Gândavo, 1989: 112). Igualmente descrita é a divisão de hábitos apropriados aos diferentes grupos etários. Aos jovens recém-casados, durante as festividades, não «parece bem [...] meterem-se a beber e falar como velhos» (Soares, 148), enquanto, após a morte do cativo, são as «velhas» que choram, lembrando os seus mortos, não podendo, no entanto, participar na produção do vinho (*ibid.*, 150-51), tarefa esta reservada às jovens e virgens, a quem as mais idosas marcam o ritmo das canções durante a festa da matança do cativo (Cardim, 185).

15. *A eterna leveza da juventude.*

Se os membros mais idosos das tribos desempenham um papel activo em ritos que materializam quer o seu estatuto e prestígio quer a sua própria idade, o mesmo se pode dizer dos membros mais jovens, aos quais estão igualmente associados diversos rituais de iniciação e de passagem: o furar dos lábios e da cara, a utilização de adornos simbólicos como as pedras, a arte plumária e, entre outros, as pinturas corporais, que fazem parte de toda uma linguagem simbólica, de acordo com o género, a hierarquia e as faixas etárias dos membros da comunidade. As esferas mitológica, ritual e estética conjugam-se para cumprir funções que se relacionam com a memória social da tribo, impregnada também pela vivência do género que, por sua vez, ajuda a preservar esta primeira.

Para a catequização dos nativos, os missionários portugueses recorrem a crianças órfãs de Portugal («meninos»)[87], uma vez que a comunicação e a inter-aprendizagem entre estes e os nativos é, deveras, mais fácil e eficaz, sendo a educação de crianças do sexo masculino uma preocupação constante, como expressa a carta anexa à publicação do *Diálogo sobre a conversão do gentio* (115) que consultámos.

O jovem mancebo casa apenas três anos depois de «matar em guerra» (Soares, 142), ou seja, após ter demonstrado a sua perícia guerreira, marcador simbólico entre os índios de sexo masculino, entrando o mesmo em conselho após furar os beiços onde são colocadas pedras (*ibid.*, 148). Depois da sua primeira batalha, o jovem é, então, armado cavaleiro, ritual este também realizado quando o pai do jovem o autoriza a matar um cativo, sendo esta cerimónia, bem como os ritos de dor física a ele associados, descritos com alguma minuciosidade por Fernão Cardim (189 segs.). Podemos, assim, afirmar que todos os ritos que envolvem os jovens do sexo masculino, da nascença à fase adulta, remetem para as habilidades guerreiras dos mesmos, servindo de preparação do processo que culmina, ou se materializa, com esta mesma investidura. Após todas as etapas desta celebração, as mães untam os braços das crianças com sangue da vítima recém-assassinada pelo Cavaleiro, «estre[ando-os] para a guerra» (*ibid.*, 190). A dor, os líquidos corporais e a morte encontram-se, assim, simbolicamente associados à guerra, à coragem e à valentia do jovem guerreiro, características estas que as mães desejam transferir para os seus filhos. O processo de socialização dos índios irá, portanto, entrar em choque com as proibições subjacentes à conversão dos missionários portugueses.

16. *Cerimonial religioso.*

Como temos vindo a verificar, são frequentes as descrições de cerimónias religiosas e festividades dos nativos, nomeadamente as que se celebram antes e depois da chegada dos feiticeiros (Nóbrega, 16), altura em que as mulheres andam pela taba aos pares, confessando os seus «pecados», sendo este último conceito transposto para uma

---

[87] Cf. Serafim Leite, *Suma Histórica*, 1965, pp. 4-9.

prática indígena pelos missionários que cativam e convertem os nativos recorrendo ao poder persuasivo e envolvente da *mise-en-scène* que caracteriza e acompanha procissões, música, festas e peças de teatro.

Os comportamentos dos índios quando viuvam e durante o luto são também descritos (Soares, 223 segs., 240), tal como a saudação lacrimosa aos visitantes (Soares, 228; Cardim, 173; Gândavo, 1989, 103), sendo esta última cerimónia diferente quando se trata da visita de um principal de tribo. Para os mortos «têm um choro e tom particular» (Cardim, 237), diferente daquele que é utilizado durante o ritual da saudação lacrimosa, no final da qual as nativas «limpam as lágrimas, e ficam tão *quietas, modestas, serenas e alegres* que parece nunca choraram» (*ibid.*, 173; itálico nosso). Os adjectivos utilizados pelo autor revelam o teor simbólico e ritual da cerimónia, veiculando toda uma carga semântica associada à vivência feminina. Alguns dos rituais e costumes indígenas, principalmente a antropofagia, a poligamia e a nudez, são o maior obstáculo da conversão dos índios, os quais podem ser divididos em grupos de acordo com as suas práticas religiosas: os já convertidos, os que, encontrando-se convertidos, não respeitam a Lei da Igreja e os «selvagens».

Como verificámos, cada texto-documento, ao representar um conjunto de intervivências, e, logo, formando uma rede de palimsestos culturais entre si, apresenta as suas especificidades, representando e descrevendo a realidade nativa[88] envolta de cor local, estando o género sempre presente nesses relatos «masculinos»[89]. Desde o espanto e do desconhecimento inicial da *Carta* de Caminha, escrita ainda no Éden recém-descoberto[90], à obra de Francisco Soares – uma das mais ricas em termos da representação do género do nativo – o índio, seus costumes e tradições, vão tomando forma perante o imaginário quer do viajante quer do leitor desses mesmos testemunhos que fazem parte da etnografia ultramarina portuguesa, ou seja, da chamada

---

88 Leyla Perrone-Moisés, «Vérité et fiction dans les premières descriptions du Brésil», 1997, p. 88, citando Roland Barthes, aborda a temática indicada no título do artigo, afirmando: «dans les récit vrai, historique, comme dans le récit fictionel, littéraire, ce qui compte est la vraisemblance obtenue par une cohérence discursive capable de créer "l'illusion référentielle", et "l'effet de réel"».

89 As vozes presentes nos relatos por nós estudados são masculinas. Edward Said na sua polémica obra *Orientalism*, 1978, p. 207, afirma que a construção que dá nome a esse mesmo livro é «a *male* perception of the world [...], a *male* fantasy» (itálico nosso).

90 Cf. Sérgio Buarque de Holanda, *Visão do Paraíso*, 1959, pp. 202 segs.

proto-Antropologia[91]. O exotismo apresenta sempre duas faces, a do Eu e a do ser observado, o Outro, sendo que este último, embora representado nos textos, é uma voz que não podemos hoje ouvir. A face dupla do exótico é ainda a do género, através da qual poderemos apreender a representação do *ethos* indígena. Embora as categorias (biológicas) «homem» e «mulher» sejam universais e façam parte daquilo a que Stephanie Garrett chama de *biogrammar*[92], a carga simbólica e os papéis sociais que a elas associamos variam de cultura para cultura, como se verifica através das comparações dos autores e do espanto dos mesmos, bem como dos rituais simbólicos relacionados com fenómenos biológicos como o nascer de um bebé do sexo masculino ou feminino. As diferentes visões do género, bem como os mundos ideológicos que entram em confronto[93] com a chegada dos portugueses ao Brasil geram negação e reflexão por parte dos colonos quinhentistas, uma vez que estes homens se apercebem através da sua própria experiência, e com espanto, que a materialização simbólico-cultural, quer da masculinidade, quer da feminilidade, não é homogénea. Tal facto faz com que missionários e colonos tentem civilizar a população nativa o mais possível, de acordo com os seus interesses e ideais. A realidade é representada através do olhar-filtro do viajante, enquanto este, recorrendo a referentes europeus, os transpõe para um novo mundo, para tentar (des)codificar novas formas de ser e interagir socialmente.

O género torna-se, portanto, um dos elementos fundamentais na apreensão quer do Outro quer da própria representação de toda uma diversidade humana que é necessário entender e ordenar para, mais facilmente, se controlar. Homens, mulheres, jovens, idosos, familiares e inimigos, formam o elo contínuo da Grande Cadeia do Ser que se

---

91 Cf. José Júlio Gonçalves, «Contribuição dos missionários para o desenvolvimento da Antropologia», 1994, pp. 103-8. O mesmo autor enumera diversos «missionários-antropólogos» quinhentistas, entre os quais os autores dos textos por nós estudados. Vejam-se também os estudos de Margaret T. Hodgen, *Early Anthropology...*, 1971; Mary Taylor Huber, «Missionaries», pp. 373-74; id., «Christianity», pp. 97-98, 1996.
92 Cf. Stephanie Garrett, *op. cit.*, p. 5.
93 Veja-se Luiz Luna, *Resistência do Índio*, 1993, nomeadamente os capítulos «Reagem os índios à escravidão» (pp. 31-36) e «Antropofagia e sexualidade dos portugueses» (pp. 55-60), no qual o autor, com base nos textos de Jean de Léry e Juan de Mori, acusa os portugueses que habitam entre nativos de se tornarem antropófagos (p. 55).

apresenta perante o olhar dos autores dos textos que analisámos, tendo a teoria do género (*gender theory*) funcionado como denominador comum na interpretação dessas mesmas vozes e estruturas mentais masculinas do Portugal Quinhentista.

Fontes

Anchieta, José de (1964), *Informação sobre o Brasil e das suas capitanias (1584)*, introdução de Leonardo Arroyo, Editora Obelisco, São Paulo.

Caminha, Pêro Vaz de (1974), *Carta a el-rei dom Manuel*, introdução, actualização do texto e notas de Manuel Viegas Guerreiro, Imprensa Nacional - Casa da Moeda, Lisboa.

Cardim, Fernão (1997), *Tratados da Terra e Gente do Brasil*, transcrição do texto e notas de Ana Maria de Azevedo, Comissão Nacional para as Comemorações dos Descobrimentos Portugueses, Lisboa.

Carta de Duarte Coelho (1989), in Luís de Albuquerque (dir.), *Alguns Documentos sobre a Colonização do Brasil (Século xvi)*, Publicações Alfa, Lisboa, pp. 93-100.

Carta de Duarte Lemos escrita de Porto Seguro a D. João III (1989), in Luís de Albuquerque (dir.), *Alguns Documentos sobre a Colonização do Brasil (Século xvi)*, Publicações Alfa, Lisboa, pp. 28-30.

Gândavo, Pêro Magalhães de (1989), *História da Província de Santa Cruz*, in Luís Albuquerque (dir.), *O Reconhecimento do Brasil*, Publicações Alfa, Lisboa, pp. 67-130.

– (1965), *Tratado da Província do Brasil*, introdução, actualização do texto e notas de Emmanuel Pereira Filho, Instituto Nacional do Livro, Rio de Janeiro.

Navegação do Capitão Pedro Álvares Cabral escrita por um piloto português (1989), in Luís de Albuquerque (dir.), *O Reconhecimento do Brasil*, Publicações Alfa, Lisboa, pp. 35-63.

Nóbrega, Padre Manuel da (1954), *Diálogo sobre a conversão do Gentio*, actualização do texto e notas de Serafim Leite, Lisboa.

Regimento de Tomé de Sousa (1989), in Luís de Albuquerque (dir.) (1989), *Alguns Documentos sobre a Colonização do Brasil (Século xvi)*, Publicações Alfa, Lisboa, pp. 121-37.

Soares, Padre Francisco (1989), *Coisas notáveis do Brasil*, in Luís de Albuquerque (dir.), *O Reconhecimento do Brasil*, Publicações Alfa, Lisboa, 131-87.

Sousa, Gabriel Soares de (1989), *Notícia do Brasil*, comentário de Luís de Albuquerque, Publicações Alfa, Lisboa.

Bibliografia

AAVV (1995), *O Rosto Feminino da Expansão Portuguesa*: Congresso Internacional; Actas I, Comissão para a Igualdade e para os Direitos da Mulher, Lisboa.

Almeida, Ângela Mendes de (1988), «Casamento, sexualidade e pecado – os manuais portugueses de casamentos dos séculos XVI e XVII», in *Ler História*, n.º 12, Lisboa, pp. 3-22.

Almeida, Miguel Vale de (1995), *Senhores de Si. Uma Interpretação Antropológica da Masculinidade*, Fim de Século Edições, Lisboa.

— (org.) (1996), *Corpo presente: treze reflexões antropológicas sobre o corpo*, Celta Editora, Oeiras.

Anselmi, Dina *et alii* (1998), *Questions of Gender: Perspectives and Paradoxes*, McGraw Hill, Londres.

Arens, W. (1996), «Incest», in Alan Barnard e Jonathan Spencer (eds.), *Encyclopaedia of Social and Cultural Anthropology*, Rouledge, Londres, pp. 294-297.

Aschcroft, Bill *et alii* (eds.) (1997), *The Post-Colonial Reader*, Routledge, Londres.

— (1998), s.v. «Binarism», in *Key Concepts in Post-Colonial Studies*, Routledge, Londres, pp. 23-27.

Azevedo, Ana Maria de (1999), «O Índio brasileiro (o «olhar» quinhentista e seiscentista)», in Fernando Cristóvão (coord.), *Condicionantes culturais da Literatura de Viagens: Estudos e Bibliografias*, Edições Cosmos e CLEPUL, Lisboa, pp. 303-335.

— (1995), *O Padre Fernão Cardim (1548-1625). Contribuição para o estudo da sua vida e obra*, texto policopiado, Faculdade de Letras da Universidade de Lisboa.

Barlaeus, Gaspar von [1980 (1660)], *História dos feitos recentemente praticados durante oitenta anos no Brasil*, Fundação de Cultura Cidade do Recife, Recife.

Bell, Diane *et alii* (eds.) (1993), *Gendered Fields: Women, Men & Ethnography*, Routledge, Londres.

Blanckaert, Claude (org.) (1985), *Naissance de l'Ethnologie? Anthropologie et missions en Ámerique XVIe-XVIIIe siècle*, Les Éditions du Cerf, Paris.

Bloch, Maurice (1996), «Gender», in Alan Barnard e Jonathan Spencer (eds.), *Encyclopaedia of Social and Cultural Anthropology*, Routledge, Londres, pp. 353-359.

Bourdieu, Pierre (1980), *Le Sens Pratique*, Minuit, Paris, 1980.

Braga, Isabel M. R. Mendes Drumond (1998), *Entre a Cristandade e o Islão (séculos XV-XVII): Cativos e Renegados nas Franjas de duas Sociedades em Confronto*, Instituto de Estudos Ceutíes, Ceuta.

Braga, Teófilo (1985), *O povo português nos seus costumes, crenças e tradições*, vol. 1, Publicações Dom Quixote, Lisboa.

Brito, Joaquim Pais de (1983), «Mudança na Etnologia (Questão do olhar)», in *Prelo*, n.º 1, Outubro-Dezembro de 1983, INCM, Lisboa, pp. 63-72.

Bronte, Pierre e Michel Izard (eds.) (1992), *Dictionaire de l'Ethnologie et de l'Anthropologie*, PUF, Paris.

Bruner, Jerome (1991), «The Narrative Construction of Reality», in *Critical Inquiry*, Outono de 1991, vol. 18, n.º 1, The University of Chicago Press, pp. 1-21.

Buescu, Maria Leonor Carvalhão (1983), *O Estudo das Línguas Exóticas no Século XVI*, Instituto de Cultura e Língua Portuguesa, Lisboa.

Cabral, João de Pina (1996), «Corpo Familiar: algumas considerações finais sobre identidade e pessoa», in Miguel Vale de Almeida (org.), *Corpo presente: treze reflexões antropológicas sobre o corpo*, Celta Editora, Oeiras, pp. 200-215.

Caldeira, Arlindo Manuel (1997), *Mulheres, sexualidade e casamento no arquipélago de São Tomé e Príncipe (Séculos XV e XVIII)*, Grupo de Trabalho do Ministério da Educação para as Comemorações dos Descobrimentos Portugueses, Lisboa.

Camões, Luís Vaz de (s/d.), *Os Lusíadas*, ed. Emanuel Paulo Ramos, Porto Editora, Porto.

Caplan, Pat (ed.) (1985), *The Cultural Construction of Sexuality*, Routledge, Londres.

Clastres, Pierre (1980), «Arqueologia da violência: a guerra nas sociedades primitivas», in P. Clastres *et alii*, *Guerra, Religião, Poder*, Edições 70, Lisboa, pp. 9-47.

Colombo, Cristóvão (1982), *Textos e Documentos completos*, introdução de C. Varela, Alianza Editorial, Madrid.

Connel, R. W. [1993(1987)], *Gender & Power: Society, the Person and Sexual Politics*, Polity Press, Cambridge.

Cortesão, Jaime (1967), *A Carta de Pêro Vaz de Caminha*, Portugália Editora, Lisboa.

— (1969), *A Colonização do Brasil*, Portugália, Lisboa.

Costa, Elisa Maria Lopes da (1990), «O povo cigano e o espaço da colonização portuguesa. Que contributos ? O Brasil – o território, as gentes e as actividades – a presença portuguesa», in Antonio Gómez Alfaro et alii (eds.), *Ciganos e degredos, Centre de Recherches Tsiganes*, Secretariado Entreculturas, Lisboa, 1990, pp. 74-85.

— (2000), «O Povo cigano e a construção do Brasil, achegas para uma história por fazer», in *Actas do Congresso Luso-Brasileiro Portugal-Brasil realizado na Fundação Calouste Gulbenkian, de 9 a 12 de Novembro de 1999*, Grupo de Trabalho do Ministério da Educação para as Comemorações dos Descobrimentos Portugueses, Lisboa, pp. 182-201.

Couto, Jorge (1997), *A Construção do Brasil*, Edições Cosmos, Lisboa.

Cowlishaw, Gillian K. (2000), «Censoring Race in the 'Post-colonial' Anthropology», in *Critique of Anthropology*, Sage Publications, Londres.

Cristóvão, Fernando (1999) (coord.), *Condicionantes Culturais da Literatura de Viagens: Estudos e Bibliografias*, Edições Cosmos e CLEPUL, Lisboa.

Csordas, Thomas (org.) (1994), *Embodiment and Experience. The Existential Ground of Culture and Self*, Cambridge University Press, Cambridge.

Cunha, Manuela Carneiro da (org.) (1992), *História dos Índios no Brasil*, Companhia das Letras, São Paulo.

Dias, Jorge (1962), «A Expansão Ultramarina Portuguesa à Luz da Moderna Antropologia», in *Ensaios Etnológicos*, Centro de Estudos Políticos e Sociais e Junta de Investigação do Ultramar, Lisboa, pp. 145-158.

Dias, M. C. Osório (1961), «O Índio do Brasil na Literatura Portuguesa dos Séculos XVI, XVII e XVIII», Tese de Licenciatura, Faculdade de Letras da Universidade de Coimbra.

Douglas, Mary (1970), *Natural Symbols: Explorations in Cosmology*, Creset Press, Londres.

Doyle, Laura (1998), «Alter/natives for the colonial body», in Máire ní Fhlathúin (ed.), *The Legacy of Colonialism: Gender and Cultural Identity in Postcolonial Society*, Galway University Press, Galway, pp. 171-192.

Duby, Georges, e Philippe Ariès (1990), *História da Vida Privada*, vol. 2 (*Da*

Europa Feudal ao Renascimento) e vol. 3 (*Do Renascimento ao Século das Luzes*), Edições Afrontamento, Porto.

Fernandes, Florestan (1970), *A Função Social da Guerra na Sociedade Tupinambá*, São Paulo.

Fhlathúin, Máire ní (ed.) (1998), *The Legacy of Colonialism: Gender and Cultural Identity in Postcolonial Society*, Galway University Press, Galway.

Flores, Maria Berbardete Ramos (2000), «O Mundo que Portugal criou: Sexualidade e miscigenação na interpretação do Brasil», in *Actas do Congresso Luso-Brasileiro Portugal-Brasil realizado na Fundação Calouste Gulbenkian, de 9 a 12 de Novembro de 1999*, Grupo de Trabalho do Ministério da Educação para as Comemorações dos descobrimentos Portugueses, Lisboa, pp. 665-674.

Foucault, Michel (1980), *The History of Sexuality: an Introduction*, vol. 1, Nova Iorque.

Garrett, Stephanie (1992), *Gender*, Routledge, Londres.

Gates Jr., Henry (1985), «Race», in *Writing the Difference*, Chicago University Press.

Geertz, Clifford, *The Interpretation of Cultures: Selected Essays*, Fontana Press, Londres, 1993.

Giddens, Anthony (1984), *The Constitution of Society*, Polity Press, Cambridge.

— (1992), «Tempo e organização social», in *Actas do Encontro A Construção do Passado, organizado pela Associação de Professores de História, em 27 e 28 de Novembro de 1992*, pp. 32-49.

— (1994), «Gender and Sexuality», in *Sociology*, Polity Press, Londres, pp. 160-192.

Godelier, Maurice (1984), *L'idéel et le matériel*, Fayard, Paris.

Godidnho, Vitorino Magalhães (1994), *O papel de Portugal nos Séculos XV-XVI: Que significa descobrir? Os novos mundos e um mundo novo*, Grupo de Trabalho do Ministério da Educação para as Comemorações dos Descobrimentos Portugueses, Lisboa.

Góis, Damião de (1949-55), *Crónica do felicíssimo rei D. Manuel*, Imprensa da Universidade, Coimbra.

Gonçalves, José Júlio (1994), «Contribuições dos missionários para o desenvolvimento da Antropologia», in *Studia*, n.º 53, Instituto de Investigação Científica e Tropical, Lisboa, pp. 103-146.

Goody, Jack (1977), *The Domestication of the Savage Mind*, Cambridge University Press, Cambridge.

- (1983), *The Development of the Family and Marriage in Europe*, Cambridge University Press, Cambridge.
- (1986), *The Logic of Writing and the Organization of Society*, Cambridge University Press, Cambridge.

Gruzinski, Serge (1988), *La Colonisation de l'imaginaire: Sociétés Indigènes et Occidentalisation dans le Mexique Espagnol XVIe-XVIIIe siècle*, Gallimard, Paris.

Guerreiro, Manuel Viegas (1992), *A Carta de Pêro Vaz de Caminha Lida por um Etnógrafo*, Edições Cosmos, Lisboa.

Gutkin, Adolfo (1998), «A simulação na luta pela vida», in *Revista da Comunicação e Linguagens: Dramas*, n.º 24, Edições Cosmos, Lisboa.

Hall, Stuart (ed.) (1997), *Representation: Cultural Representations and Signifying Practices*, Sage Publications, Londres.

Hamon, Philippe (1981), *Introduction a l'Analyse du Descriptif*, Hachette, Paris.

Haraway, Donna J. (1997), *Feminism and Technoscience*, Routledge, Londres.

Hemming, John (1978), *Red Gold: The Conquests of the Brazilian Indians, 1500--1760*, Harvard University Press, Cambridge.

Hodgen, Margaret T., (1971), *Early Anthropology in the Sixteenth and Seventeenth Centuries*, Philadelphia University of Pennsylvania Press.

Holanda, Sérgio Buarque de (1959), *Visão do Paraíso: Os Motivos Edénicos no Descobrimento e Colonização do Brasil*, Livraria José Olympio Editora, Rio de Janeiro.

Holmstrom, Nancy (1998), «Race, gender, and human nature», in Dina Anselmi *et alii*, *Questions of Gender: Perspectives and Paradoxes*, McGraw Hill, Londres, pp. 97-105.

Huber, Mary Taylor (1996), «Christianity», in Alan Barnard e Jonathan Spencer (eds.), *Encyclopedia of Social and Cultural Anthropology*, Routledge, Londres, pp. 96-98.

- (1996), «Missionaries», *ibid.*, pp. 373-375.

Iser, Wolfgang, *The Act of Reading: A Theory of Aesthetic Response*, The John Hopkins University Press, Baltimore, 1980.

Iturra, Raúl (2001), *A Religião como Teoria da Reprodução Social*, Fim de Século Edições Lda., Lisboa.

- (10-4-1993), «A lenda negra da Antropologia», in *Público*, pp. 22-23.

Joaquim, Teresa (1997), *Menina e Moça: a Construção Social da Feminilidade*, Fim de Século Edições Lda, Lisboa.

Kermode, Frank, «Introduction», in *William Shakespeare. The Tempest*, The Arden Edition: Methuen & Co Ltd, Londres, 1961.

Krysinsky, Wladimir (1997), «Discours de voyage et sens de l'altérité», in Maria Alzira Seixo (coord.), *Cursos da Arrábida: A Viagem na Literatura*, Publicações Europa-América, Mem-Martins, pp. 235-263.

Lancaster, Roger N., e Micaela di Leonardo (1997), *The Gender Sexuality* READER*: Culture, History, Political Economy*, Routledge, Londres.

Leite, Serafim (1965), «As raças do Brasil perante a ordem teológica, moral e jurídica portuguesas nos séculos XVI a XVIII», in *Actas do V Colóquio Internacional de Estudos Luso-Brasileiros*, vol. III, Coimbra, pp. 230-254.

– (1965), *Suma Histórica da Companhia de Jesus no Brasil (Assistência de Portugal (1549-1760)*, Junta de Investigação do Ultramar, Lisboa.

Loomba, Ania (1988), «Gender, Sexuality and Colonial Discourse», in *Colonialism/Postcolonialism*, Routledge, Londres, pp. 151-172.

Loureiro, Rui (1990), «A visão do índio brasileiro nos tratados portugueses de finais do século XVI», in António Ferronha (coord.), *O Confronto do Olhar. O Encontro dos Povos na Época das Navegações Portuguesas*, Caminho, Lisboa.

Luna, Luiz (1993), *Resistência do Índio à Dominação do Brasil*, Fora do Texto, Coimbra.

Malinowski, Bronislaw (1975), *Sex and Repression in Savage Society*, Routledge & Kegan Paul, Londres.

– (1982), *The Sexual Life of Savages in North Western Melanasia*, Routledge & Kegan Paul, Londres.

Marcus, G. E. e M. J. Fischer (1986), *Anthropology as Cultural Critique. An Experimental Moment in the Human Sciences*, Chicago University Press, Chicago.

Massey, D. (1994), *Space, Place and Gender*, Polity Press, Cambridge.

Mathieu, N. C. (1992), «Sexes (différenciation des)», in Pierre Bronte e Michel Izard (eds.), *Dictionaire de l'Ethnologie et de l'Anthropologie*, Presses Universitaires de France, Paris, pp. 660-664.

Mattoso, José (1997), «Investigação histórica e interpretação literária de textos medievais», in *A Escrita da História: Teoria e Métodos*, Editorial Estampa, Lisboa, pp. 115-26.

Mauss, Marcel [1950 (1935)], «Les techniques du corps», in Claude Lévi--Strauss (ed.), *Sociologie et Anthropologie*, Presses Universitaires de France, Paris, pp. 365-86.

Mc Clintock, A. (1995), *Imperial Leather: Race, Gender and Sexuality in the Colonial Contest*, Routledge, Londres.

Mead, Margaret [1971 (1928)], *Coming of Age in Samoa: A Study of Adolescence and Sex in Primitive Societies*, Penguin Books, Harmondsworth.

- [1981 (1930)], *Growing up in New Guinea. A Study of Adolescence and Sex in Primitive Societies*, Penguin Books, Harmondsworth.

Métraux, Alfred (1979), *A Religião dos Tupinambás e suas Relações com as demais Tribos Tupi-Guaranis*, São Paulo.

Mills, Sara, (1998), «Gender and colonial space», in Máire ní Fhlathúin, (ed.), *The Legacy of Colonialism: Gender and Cultural Identity in Postcolonial Society*, Galway University Press, Galway, pp. 7-25.

Moisés, Leyla Perrone (1997), «Vérité et fiction dans les prémières descriptions du Bresil», in Maria Alzira Seixo, *ibid.*, pp. 83-102.

Moniz, António Manuel de Andrade (2000), «A representação do ameríndio brasileiro nos relatos quinhentistas de viagens», in *Actas do Congresso Portugal-Brasil, Memórias e Imaginários*, vol. II, Grupo de Trabalho do Ministério da Educação para as Comemorações dos Descobrimentos Portugueses, Lisboa, pp. 5-11.

Montaigne (1972), «Des Cannibales», in *Essais*, vol. I, introdução e notas de Pierre Michel, Le Livre de Poche, Paris, pp. 297-312.

Montrose, Louis (1991), «The Work of Gender in the Discourse of Discovery», in *Representations*, n.° 33, Winter, pp. 1-41.

Oliveira, Fernando (1993), *O Vestuário Português ao Tempo da Expansão: Séculos XV e XVI*, GTMECDP, Lisboa.

Oliveira, João Carlos (1998), «A vida quotidiana: a higiene», in Joel Serrão e A. H. de Oliveira Marques (dir.), *Nova História de Portugal*, vol. V, Editorial Presença, Lisboa, pp. 639-642.

Oortner, Sherry B. e Harriet Whitehead (eds.), (1992), *Sexual Meanings: The Cultural Construction of Gender and Sexuality*, Cambridge University Press, Cambridge.

Pereira, Duarte Pacheco (1954), *Esmeraldo de Situ Orbis*, introdução e notas de Damião Peres, Academia Portuguesa da História, Lisboa.

Pereira, Maria Helena da Rocha (2000), «As Amazonas: o destino de um mito singular», in *Oceanos*, n.° 42, CNCDP, Lisboa, pp. 162-70.

Pereira, Maria João Lourenço (1998), «O afecto: casamento», in Joel Serão e A. H. de Oliveira Marques (dir.), *Nova História de Portugal*, vol. V, Editorial Presença, Lisboa, pp. 659-65.

Perrone-Moisés, Beatriz (2000), «A vida nas aldeias dos Tupi da costa», in *Oceanos*, n.° 42, Comissão Nacional para as Comemorações dos Descobrimentos Portugueses, Lisboa, pp. 8-21.

Pinto, João da Rocha (1992), «O Olhar Europeu: A invenção do índio brasileiro», in Francisco Faria Paulino (coord.), *Nas Vésperas do Mundo Novo: Brasil*, CNCDP, Lisboa, pp. 49-72.

Pires, António Pedro (1980), *Vida e Morte nas Terras do Pau-brasil: Ensaio Antropológico sobre a «Carta» de Pêro Vaz de Caminha*, Tipografia do Jornal do Fundão.

Puga, Rogério Miguel (2000), «Da Baía Cabrália ao Maranhão: o exotismo enquanto estética do diverso», in *Actas do Congresso Portugal-Brasil: Memórias e Imaginário*, GTMECDP, Lisboa, pp. 327-38.

— (no prelo), s.v. «Exotismo», in Carlos Ceia (dir.), *Dicionário de Termos Literários*, Editorial Verbo.

— «A familiarização do Outro: O «espanto» e a comparação no Tratado de Galiote Pereira», in *Administração*, n.º 50, vol. XIII, Governo da Região Administrativa Especial de Macau, Direcção de Serviços de Administração e Função Pública, Macau, Dezembro de 2000, pp. 1317-26.

— (no prelo), s.v. «Género», in Carlos Ceia (dir.), *ibid.*

— (1998), «Shakespeare e os Descobrimentos Portugueses», in *Revista de Estudos Anglo-Portugueses*, Centro de Estudos Anglo-Portugueses/FCSH-FCT, Lisboa, pp. 21-36.

Raposo, Paulo (1996), «Performances teatrais: a alquimia dos corpos *in actu*», in Miguel Vale de Almeida (org.), *Corpo Presente: Treze Reflexões Antropológicas sobre o Corpo*, Celta Editora, Oeiras, pp. 125-140.

Ribeiro, Bernardim (1996), *Menina e Moça*, Publicações Europa-América, Mem Martins.

Ribeiro, Berta (1992), «A mitologia pictórica dos Desâna», in Lux Vidal (org.), *Grafismo Indígena: Estudos de Antropologia Estética*, Studio Nobel, Lda. e Editora da Universidade de São Paulo, pp. 35-52.

Ribeiro, Darcy (1995), *O Povo Brasileiro: a Formação e o Sentido do Brasil*, Companhia das Letras, São Paulo.

Rowland, Robert (1987), *Antropologia, História e Diferença. Alguns Aspectos*, Edições Afrontamento, Porto.

Said, Edward (1978), *Orientalism*, Vintage Press, Nova Iorque.

Sax, William, «The Hall of Mirrors: Orientalism, Anthropology, and the Other», in *American Anthropologist*, vol. 100, n.º 2, Junho de 1998.

Segalen, Victor (1999), *Essai sur L'exotisme*, Livre de Poche, Paris.

Serrão, Joel, e A. H. de Oliveira Marques (dir.) (1998), *Nova História de Portugal. Portugal do Renascimento à Crise Dinástica*, vol. 5, Editorial Presença, Lisboa.

Shakespeare, William (1961), *The Tempest*, introdução e notas de Frank

Kermode, col. The Arden Shakespeare, Methuen, Londres.

Silva, José Carlos Gomes da (1994), *A Identidade Roubada. Ensaios de Antropologia Social*, Gradiva, Lisboa.

Silva, J. Galante (1960), *O Teatro no Brasil*, vol. I, Rio De Janeiro.

Silva, Maria Beatriz Nizza da (coord.) (1992), *Guia de História do Brasil Colonial*, Universidade Portucalense, Porto.

— (coord.) (1994), *Dicionário da História da Colonização Portuguesa no Brasil*, Editorial Verbo, Lisboa.

— (1998), *História da Família no Brasil Colonial*, Nova Fronteira, Rio de Janeiro.

— (1999), *História da Colonização Portuguesa no Brasil*, Edições Colibri-CNCDP, Lisboa.

Spain, D. (1992), *Gendered Spaces*, Chappel Hill, University of Northern Carolina Press.

Stoler, Ann Laura (1997), «Carnal knowledge and imperial power: gender, race, and morality in colonial Asia», in Roger N. Lancaster e Micaela di Leonardo, *The Gender Sexuality* READER: *Culture, History, Political Economy*, Routledge, Londres, pp. 13-23.

Tavares, António Augusto et alii (trad.) (1995), *Bíblia Sagrada*, Difusora Bíblica, Lisboa.

Trancoso, Gonçalo Fernandes [1982 (1575)], *Contos & Histórias de Proveito e Exemplo*, edição facsimilada da ed. 1575, Biblioteca Nacional, Lisboa.

Turner, Terence (1995), «Social body and embodiement subject: bodliness, subjectivity, and sociality among the Kayapo», in *Cultural Anthropology*, n.º 10, série 2, pp. 143-70.

Valverde, Paulo Jorge (1992), *Viagens no País das Crianças e dos Diabos. O Discurso e as Imagens da Primitividade na Literatura Missionária Portuguesa (1930-1960)*, trabalho policopiado, ISCTE, Lisboa.

Verdon, Jean (1998), *Voyager au Moyen Âge*, Perrin, Paris.

Vidal, Lux (org.) (1992), *Grafismo Indígena: Estudos de Antropologia Estética*, Studio Nobel, Lda. e Editora da Universidade de São Paulo.

Vidal, Lux, e Aracy Lopes da Silva (1992), «Antropologia estética: enfoques teóricos e contribuições metodológicas», in Lux Vidal (org.), *Grafismo Indígena: Estudos de Antropologia Estética*, Studio Nobel, Lda. e Editora da Universidade de São Paulo.

Zack, Naomi (ed.) (1997), *Race/Sex: Their Sameness, Difference and Interplay*, Routledge, Londres.

Do "Paraiso Terrenal" a "El Purgatorio": percursos de desencanto

Maria da Graça Mateus Ventura

Nelson Goodman, na sua obra *Modos de Fazer Mundos*[1], explica muito claramente os mecanismos de leitura do mundo. Parece-me particularmente importante o modo de supressão e completação como explicação da construção do mundo nos textos dos viajantes. Na verdade, a nossa capacidade de *não* ver é muito mais ilimitada que a de ver. Por outro lado, aquilo que retemos ou captamos constitui «fragmentos e pistas» significativos que requerem completação e composição. É comum a consciência de que apenas encontramos aquilo que estamos preparados para encontrar e que, provavelmente, ficamos cegos face ao que nem ajuda nem impede as nossas buscas. A nossa memória surge-nos, assim, como um registo subjectivo baseado em supressões e completações. E, mesmo no interior do que percebemos e recordamos, descartamos como ilusório ou insignificante o que não pode ser enquadrado na arquitectura do mundo que estamos a construir. Claro que se segue, naturalmente, o modo de *deformação* que mais não é que uma reconfiguração, correcção ou distorção daquilo a que se poderá chamar realidade. Levando este raciocínio ao extremo, poderemos ser conduzidos a concluir, como Goodman chega a sugerir, que a realidade não passa de uma ficção e que o mundo não existe. Se existe, não é apreensível já que cada observador/ leitor do mundo é portador de códigos de leitura, de expectativas, de sensibilidade e de interesses que condicionam a sua percepção e descrição do mundo.

Os viajantes são, antes do mais, leitores do mundo e, como tal, enfermam das condicionantes enunciadas. O desajustamento entre o ideal e o real, ou entre a utopia e a realidade, conduz inevitavelmente à desilusão. É neste quadro que se insere toda a problemática do desencanto ou da desilusão. Colombo viu aquilo que queria ver, por isso morreu convicto de ter chegado à costa oriental da Índia. Por isso, também a designação Índias Ocidentais subsistiu e resistiu à invenção

[1] Nelson Goodman, *Modos de Fazer Mundos*, Porto, Asa, 1995.

de outro baptismo. Os descobridores, os colonizadores, buscavam incessantemente sinais que lhes permitissem a concretização espacial dos mitos que justificavam a sua expectativa ou a sua ambição: Paraíso Terreno, Ofir, Cidade dos Césares, Sete Cidades de Cibola, El Dorado. O crescente sentimento de desencanto manifestado nas crónicas de descobrimento e conquista ou nas cartas privadas é acompanhado pela sucessiva transferência do espaço de concretização das utopias, transferência que deixa rasto na cartografia até à actualidade.

Juan Gil, um dos grandes autores no estudo das mitologias, aprofunda a natureza e a manipulação dos mitos e a criação de utopias no Renascimento, de forma magistral. Diz-nos, logo no início da sua obra *Mitos y Utopias del Renacimiento*[2], que nunca até ao presente o homem empreendeu uma viagem ao desconhecido em termos absolutos. Houve sempre estudos, informações e tentativas que antecederam qualquer viagem. Ou seja, voltando a Goodman, o viajante/leitor do mundo preparou-se para a sua função de autor, recolhendo e compilando a informação facilitadora do contacto com o novo para que este não lhe surgisse surpreendentemente dissemelhante do velho. Daí que em muitos viajantes o espanto e a maravilha fossem remetidos para a similitude e não para a diversidade. Américo Vespúcio ou Pedro Nunes maravilham-se com os outros céus e as outras estrelas. Fernández de Oviedo maravilha-se com a diversidade, sem dúvida, mas são a comparação e a analogia os processos discursivos preferidos para a apresentação do diverso. São os velhos paradigmas de leitura a orientar a leitura do novo.

J. H. Elliott[3] sintetiza esta ideia, considerando três determinantes da visão do novo mundo: a tradição, a experiência e a expectativa. Elliott aproxima-se bastante de Goodmann, reafirmando exactamente a ideia de que os europeus do século XVI viam frequentemente aquilo que esperavam ver. A este propósito cita o filósofo-historiador Edmundo O'Gorman que diz, justamente, que a América não foi descoberta, mas inventada pelos europeus do século XVI. Já o humanista espanhol Hernán Pérez de Oliva antecipara essa ideia em 1528, no livro que intitulou, precisamente, *Invención de América*[4]. A ideia de

---

2 Juan Gil, *Mitos y Utopias del Renacimiento*, 3 vols., Madrid, Alianza Editorial, 1988.
3 J. H. Elliott, *El Viejo Mundo y el Nuevo (1492-1650)*, Madrid, Alianza Editorial, 1995.
4 Hernán Pérez de Oliva, *Invención de América*, Bogotá, Int. Caro y Cuervo, 1965.

invenção da América e de mundos é comum a vários autores modernos. Juan de Castellanos inicia as suas *Elegias* com um verso extraordinariamente expressivo: «Al occidente van encaminadas / las naves inventoras de regiones.» Esta construção metonímica que toma as naves pelos navegadores, mas sobretudo, a metáfora que a acompanha, reporta-nos a um Colombo inventor, mais que a um Colombo descobridor. Este não descobriu a América, inventou-a. Não a achou sequer, porque não a buscava verdadeiramente. Não a descobriu porque não identificou o novo espaço, apenas inventou um espaço cuja realidade física ele não estava capacitado para conhecer. Ou seja, não assumindo a descoberta de uma nova unidade geográfica, inventou-lhe a configuração de prolongamento/extensão da Índia. Mais que um desajustamento, trata-se de uma resistência à inovação. Creio que o caminho certo para interpretar a leitura e a recepção do(s) Novo(s) Mundo(s) pelos europeus será o da compreensão da luta que se travou nos tempos modernos, e que se trava ainda hoje, entre tradição e inovação. São dois mundos e dois tempos em ajuste de contas: o mundo aristotélico e ptolomaico, por um lado, e o mundo coperniciano, por outro. Do conflito entre estes contrários resulta uma legitimação da Idade Moderna de que Hans Blumenberg[5] nos fala com mestria e que, entre nós, António Marques de Almeida tão bem sintetiza nos seus estudos sobre a história da Ciência[6].

O próprio estado de ansiedade e de expectativa era condicionado pelos medos ou pelos devaneios suscitados pelo quadro mítico da velha Europa. Relativamente ao primeiro contacto com o Novo Mundo existiu, decerto, uma atmosfera de tensão entre os europeus, homens inexperientes e assustados, que esperavam a todo o momento ser surpreendidos por uma das alimárias monstruosas que dominavam a sua imaginação moldada pelos clássicos. É exactamente neste clima de tensão que se manifesta o estado de maravilha/deslumbramento ingénuo ou construído.

5 Hans Blumenberg, *The Legitimacy of the Modern Age*, Cambridge Mss., MIP Press, 1995.
6 Ver, por exemplo, «Saberes impostos e saberes rejeitados. História de uma teia a três níveis», in *Viagens e Viajantes no Atlântico Quinhentista. Actas das I Jornadas de História Ibero-americana*, Lisboa, Edições Colibri, 1996, e «Conhecimento e representação do mundo no tempo de Tordesilhas», in *Actas de Tordesillas y sus Consecuencias. La Politica de las Grandes Potencias Europeas Respecto a America Latina (1494-1898)*, Colonia, Vervuett, 1995, pp. 29-39.

1. «*El Paraiso Terrenal*»: *o estado de maravilha*.

A literatura de viagens, enquanto espaço de narrativa onde os autores são personagens portadoras de uma cultura alheia à realidade dos Novos Mundos, é um excelente campo de realização da função leitor do mundo. Escolhemos Colombo e Vespúcio como reveladores da sedução.

Cristóvão Colombo, o quimérico, Américo Vespúcio, o realista, como diz Antonello Gerbi[7]. O primeiro, almirante caído em desgraça, o segundo, piloto elevado ao mais alto cargo na navegação indiana, manifestam atitudes bem diversas na leitura do Novo Mundo. Colombo, determinado pela ideia obsessiva de chegar à Índia, acabaria por ser vítima do seu desajustamento. Vespúcio, oriundo do mundo do trato, manifesta uma humildade interrogativa que se traduz numa valorização dos sentidos e, consequentemente, numa capacidade de recepção da novidade. Independentemente de ambos estarem condicionados, na sua leitura do mundo, pelo peso da expectativa ou pelas referências culturais europeias clássicas ou modernas, os seus escritos revelam um estado de maravilha.

Vejamos. A primeira carta de Vespúcio, escrita em Sevilha a 18 de Julho de 1500, dirigida a Lorenzo di Pierfrancesco de'Medici, traduz uma certa ingenuidade narrativa[8]. Preocupam-no, ao contrário de Colombo, questões de ordem cosmográfica e cartográfica[9], mas está tranquilamente atento à nova natureza. Navega pela costa da América do Sul, passando pelo Amazonas, Magdalena, golfo de Paria e Maracaibo. Vespúcio fica tão deslumbrado que se crê no Paraíso, por ventura inspirado na *Divina Comedia*: «O que aqui vi foi que vimos uma

---

7 Antonello Gerbi, *La Naturaleza de las Indias Nuevas: de Cristóbal Colón a Gonzalo Fernández de Oviedo*, México, Fondo de Cultura Económica, 1992.
8 *Amerigo Vespucci: Cartas de Viaje*, introdução e notas de Luciano Formisano, Madrid, Alianza Editorial, 1986, p. 53.
9 Na mesma carta dá conta dessas preocupações: «He acordado, Magnífico Lorenzo, que así como os he dado cuenta por carta de lo que me há ocurrido, enviaros dos figuras con la descripción del mundo hechas y preparadas con mis propias manos... no falta en esa ciudad quien entienda la figura del mundo y que quizá enmiende en ella alguna cosa; sin embargo, el que quisiera hacer alguna enmienda que espere mi llegada, porque pudiera suceder que me justifique». *Ibid.*, p. 64.

infinitissima coisa de pássaros de diversas formas e cores, e tantos papagaios, e de tantas diversas sortes, que era maravilha: alguns coloridos como grã, outros verdes e coloridos e limonados, e outros todos verdes, e outros negros e encarnados; e o canto dos outros pássaros que estavam nas árvores, era coisa tão suave e de tanta melodia que nos ocorreu muitas vezes quedarmo-nos parados pela sua doçura. As árvores são de tanta beleza e de tanta suavidade que *pensávamos estar no Paraíso Terreal*, e nenhuma daquelas árvores nem as suas frutas se pareciam aos nossos destas partes»[10].

Vespúcio, imbuído de uma mentalidade profana mais inspirado em Petrarca e em Dante, contrasta com um Colombo marcado pela cultura cristã. Para este é precisamente a Bíblia que constitui o manual da nova Natureza, como ocorre inúmeras vezes na *Relação da Terceira viagem* (1498): «A Sagrada Escritura testemunha que Nosso Senhor fez o Paraíso Terreal e nele pôs a Árvore da Vida, e dele sai uma fonte donde resulta neste mundo quatro rios principais: Ganges na Índia, Tigre e Eufrates na Arménia, os quais apartam a Síria e fazem a Mesopotâmia e vão ter à Pérsia, e o Nilo, que nasce na Etiópia e vai ao mar em Alexandria. Eu não acho nem jamais achei escritura de latinos nem de gregos que certificadamente diga o sítio neste mundo do Paraíso Terreal, nem vi em nenhum mapa-mundo salvo situado com autoridade do argumento»[11].

O rio Orinoco será, segundo Colombo, a água doce do Paraíso: «Grandes indícios são estes do Paraíso Terreal; porque o sítio é conforme à opinião destes santos e sacros teólogos; e assim mesmo os sinais são conformes, que jamais li nem ouvi que tanta quantidade de água doce fosse assim dentro e vizinha da salgada, e nele ajuda mesmo a suavíssima temperança[12]. E digo que, se não procede do Paraíso Terreal, que vem este rio e procede de terra infinita que é o astro, da qual até agora não se teve notícia. Mas eu muito assente tenho na alma que ali, aonde disse, *é o Paraíso Terreal*, e descanso sobre as razões e autoridades sobrescritas»[13].

---

10 *Ibid.*, p. 53.
11 Carta escrita em 31 de Agosto de 1498 aos Reis Católicos. In *Cristóbal Colón: Textos y Documentos Completos*, edição de Consuelo Varela, Madrid, Alianza Editorial, 1992.
12 *Ibid.*, p. 380.
13 *Ibid.*, p. 382.

Colombo convoca a tradição para justificar o seu feito, a descoberta do paraíso terreal. Vespúcio compara a Natureza ao Paraíso («pensávamos estar no Paraíso»), Colombo assegura tê-lo descoberto («é o Paraíso Terreal»). Em comum têm a sedução pela Natureza, mas divergem tanto nos códigos de leitura que o visionário faz o mundo à sua medida e o prático apresenta um mundo maravilhoso independente de si. Colombo procurava uma justificação para a sua aventura, é certo, enquanto Vespúcio era movido pelo interesse cosmográfico e cartográfico[14].

As crónicas de descobrimento e conquista, por sua vez, permitem o estudo da passagem do estado inicial de maravilha à construção de uma arquitectura de leitura do Novo Mundo baseada quer na deformação quer na composição e decomposição. Ou seja, do ajustamento da realidade ao quadro mítico europeu a uma certa frustração decorrente do desajustamento entre a expectativa e a realidade. Assiste-se à transposição dos mitos cristãos e à sua progressiva transferência num espaço tanto mais desajustado quanto mais ele é desvendado.

As limitações que impediam uma visão objectiva da natureza americana eram de ordem intelectual. A primeira barreira mental dos descobridores era o conjunto de mitos e lendas com profundo enraizamento cultural: o mito da ilha Antilha e de São Brandão, as sete cidades encantadas de Cibola, as amazonas, o El Dorado, a serra de Prata, etc.[15]. Por outro lado, a influência dos livros de cavalaria, com ampla difusão no século XVI, gerou um código de conduta do conquistador que reproduz o código de honra e fama próprio do cavaleiro medieval. A segunda barreira mental que impede uma clara percepção do Novo Mundo é o desejo de rápido enriquecimento. Os conquistadores manifestam uma visão economicista da natureza, deslumbrando-se com a riqueza em pérolas da ilha Margarita e Cubágua ou

---

14 Daniel Boorstin (*Os Descobridores*, Lisboa, Gradiva, s.d.) considera que a Colombo se colocavam quatro objecções fundamentais no reconhecimento de outro continente: 1) a doutrina cristã que recusava admitir a possibilidade de terras habi-táveis abaixo do Equador; 2) a resistência da Igreja à ideia de existência de continentes ou terras soltas fora da tricontinentalidade conhecida; 3) a visão ptolomaica-cristã da Terra, que considerava uma única massa de terra rodeada por água; 4) a existência de outro continente impedia a concretização do sonho de Colombo: uma passagem directa para a Índia por ocidente.

15 A este respeito, v. Enrique de Gandía, *Historia Crítica de los Mitos de la Conquista Americana*, Madrid, 1929; e Juan Gil, *ob. cit*.

com os tesouros mexicanos e peruanos. São os missionários e soldados-cronistas que se distanciam desta visão limitada e nos revelam uma visão mais serena da Natureza do novo continente.

À medida que se avança no século XVI e os limites do Novo Mundo se alargam, a experiência e a familiaridade com o continente permitem um olhar mais atento e distanciado, embora cada autor esteja sempre condicionado pela sua profissão, interesses (materiais ou espirituais), ideias e ideais. Daí que o soldado descreva a terra em função das condições para a conquista, o colonizador se fixe nas condições da terra para a sua exploração e o evangelizador se centre num estudo etnográfico e antropológico.

Para Hernán Cortés, o conquistador do México, importava sobretudo «saber o segredo da terra», pelo que a sua narrativa contempla aspectos sociais, políticos, etnográficos, orográficos, e dados relativos à organização da vida urbana e à rede de caminhos. Nas *Cartas de Relación*[16] que escreve a Carlos V, adopta sempre o mesmo procedimento textual. Parte da narrativa dos seus movimentos militares para descrever, em seguida, o território. As suas descrições, aparentemente espontâneas, obedecem a uma cuidadosa selecção da informação em função do seu desígnio, a par e passo evocado: «saber o segredo da terra». Com Cortés observa-se um significativo passo na captação e descrição da natureza americana, passando-se de vagas impressões a informação objectiva. Homem experimentado nas Antilhas, a única novidade que o espanta é a grandeza e a exuberância da cidade do México e manifesta-o muito claramente sob o ponto de vista epistemológico: «para dar conta da grandeza, estranhezas e maravilhosas coisas desta grande cidade de Temixtitán... como das outras que são deste senhor [Montezuma] seria preciso muito tempo e muitos relatores e muito *expertos*; não poderei eu dizer de cem partes uma, das que delas se poderiam dizer, mas como poderei dizer algumas coisas das que vi, ainda que mal ditas, bem sei que serão de tanta admiração que não se poderão crer, porque os que cá com nossos próprios olhos as vemos, não as podemos com o entendimento compreender. Mas pode Vossa Majestade estar certo que se alguma falta na minha relação houver, que será antes por curto que por comprido,

---

16 Hernán Cortés, *Cartas de Relación*, ed. Mario Hernández Sánchez Barba, Madrid, Historia 16, 1998.

assim nisto como em tudo o demais...»[17]. Cortés tem consciência das limitações do seu código de leitura e da dificuldade de recepção do seu destinatário, vítima das mesmas limitações culturais. Para as coisas novas não estão disponíveis novas palavras e as velhas desajustam-se da nova realidade emergente, dada a exiguidade da utensilagem cognitiva. A língua resiste, mas abrir-se-á para a inovação porque o sistema linguístico é, porventura, aquele que beneficia de maior dinamismo enquanto espaço de comunicação. Em termos cognitivos, a mudança joga-se na controvérsia entre o velho e o novo, numa profunda resistência à novidade e no «apego aos velhos paradigmas que toldavam o entendimento e obscureciam as novas sínteses»[18].

Bernal Díaz del Castillo, cronista tardio, participou na conquista do México integrado na hoste de Cortés. Na sua *Historia Verdadera de la Conquista de la Nueva España*[19] narra a conquista já com o filtro do tempo, um quarto de século depois. Asumindo-se como soldado, a sua visão do mundo americano é própria do conquistador comum, despojada de elaboração intelectual e mediatizada pela cultura popular. Parco em recursos expressivos e profundamente marcado pelos livros de cavalaria, em especial *Amadis de Gaula*, recorre com frequência ao imaginário para descrever o real. Interessa-se pela descrição das campanhas militares, pelos aspectos económicos e pela paisagem urbana. A natureza não o atrai. Apenas o despertam os fenómenos inéditos. Bernal Díaz olha, mas só vê o que lhe interessa, dando particular ênfase ao quotidiano dos conquistadores e às facilidades ou dificuldades que o cenário envolvente oferece à progressão militar. A sua escrita está longe de qualquer atitude especulativa.

A narrativa de Cieza de León[20], soldado conquistador do Peru, constitui um avanço, já que passa o limiar do *olhar* para o *ver* e daqui para o *deslumbramento*. Detém-se nas coisas «estranhas e de grande admiração», tanto naturais como antropológicas. Ver, contemplar e

---

17 «Segunda carta. Relación de Hernán Cortes al emperador Carlos V. Segura de la Frontera, 30 Octubre de 1520», *ibid.*, p. 131.
18 A. Marques de Almeida, «Conhecimento e representação do mundo no tempo de Tordesilhas», *ob. cit.*
19 Bernal Díaz del Castillo, *Historia Verdadera de la Conquista de la Nueva España*, edição literária de Carmelo Sáenz, Madrid, csic, 1982.
20 Pedro Cieza de León, *Descubrimiento y Conquista del Peru*, ed. Carmelo Saénz, Madrid, Historia 16; e também *Crónica del Peru*, 1.ª e 2.ª partes.

anotar são as operações que realiza e expressa manifestando uma interiorização da realidade americana que o dispensa do recurso aos parâmetros culturais europeus.

Para atalhar o caminho, porque este não é o espaço próprio a uma exegese exaustiva dos textos, diremos que uma primeira geração de autores (Colombo, Cortés, etc.) escreve sob o impacto do descobrimento, mediatizada pelos seus interesses ou bloqueios particulares. Numa segunda fase, os autores, já distanciados desse impacto, apresentam uma visão mais objectiva e global, em que a contemplação cede o lugar à especulação. É o caso dos cronistas evangelizadores (Fray Toríbio de Benavente, Bernardino de Sahagún, Landa ou Lizárraga) e dos cronistas gerais (Las Casas, López de Gómara, Fernández de Oviedo, José de Acosta).

Vale a pena determo-nos um pouco no padre Bartolomé de Las Casas e o comentário que lhe oferece a ideia de Colombo de que tinha encontrado o Paraíso Terreal. Na *Historia de las Indias* espraia-se sobre a natureza americana e, aplicando o cliché bíblico sobre o Paraíso, justifica a ideia colombina. Contudo, o frade dominicano não corrobora exactamente as palavras de Colombo, até porque ele nunca esteve no Boca del Dragón. Diz que a Colombo lhe parecia estar no Paraíso, mas distingue o ser do parecer, tal como Vespúcio. Aproveita a ideia da suavidade dos ares, a verdura e beleza das árvores, a disposição graciosa e alegre das terras associada à mansidão, bondade, simplicidade e liberalidade humanas e afável conversação, brancura e compostura da gente – ou seja, a identificação das Índias com o Paraíso Terreal – para dignificar as Índias e os seus habitantes. Na verdade, sobretudo na sua *Apologetica Historia*, Las Casas passa de uma atitude de contemplação à de especulação teórica na qual a defesa dos índios e da natureza indiana surgem associadas. Integra e defende as Índias no conjunto da *maquina mundial* como uma terra muito apta para a vida humana, insurgindo-se contra as «difamações»[21] de alguns cronistas.

O padre jesuíta José de Acosta, transcorrido quase um século sobre a viagem colombina, marca um avanço extraordinário como

---

21 Por exemplo, Fernández de Oviedo diz na sua *Historia* (livro I, cap. v) que os índios são ociosos, viciosos, gente de pouco trabalho, melancólicos, cobardes, vis e mal inclinados, mentirosos, de pouca memória e de nenhuma constância.

leitor do Novo Mundo. Na sua *História Natural y Moral de las Indias*[22] empenha-se em esclarecer as causas e razões das novidades e estranhezas da natureza e sobre elas realizar «discurso e inquisição». Segundo Acosta, a natureza indiana deve ser estudada segundo três níveis: o histórico, o filosófico e o teológico, o que corresponde a uma perspectiva naturalista, cientifista e meta-histórica. Estabelece um discurso especulativo, pioneiro entre os cronistas, integrando «mentalmente o continente americano como parte geográfica do globo terráqueo e como matéria de primeira ordem no discurso histórico-descritivo da história natural. Neste sentido, realizou uma brilhante contribuição para as ciências ao ampliar o objecto de estudo da geofísica do globo e ao alargar, assim mesmo, o campo de especulação da filosofia natural, já que o continente americano se afirma desde então como objecto e objectivo de primeira ordem das ciências naturais e da filosofia natural»[23].

Em síntese, podemos integrar a leitura da Natureza do Novo Mundo no século XVI num longo caminho que vai do olhar, do ver e do contemplar ao especular. Os primeiros descobridores estão profundamente constrangidos pelos modelos pré-concebidos da cultura europeia, pelo que a sua percepção peca por deformação. Os cronistas conquistadores, condicionados pelas duras condições de sobrevivência e pelos imperativos da imposição militar, estão limitados a uma leitura utilitária, mas revelam algum distanciamento na descrição da natureza americana. Os cronistas evangelizadores mostram maior empenho na descrição antropológica e cultural que na descrição geográfica e, nesse campo, manifestam um forte eurocentrismo, ainda que a imagem do índio chegue à Europa associada a virtudes como a bondade, a humildade e a afabilidade. Os cronistas gerais, mais ou menos distanciados do seu objecto narrativo, oscilam entre a contemplação e a especulação. Fernández de Oviedo representa a primeira atitude, Acosta é o expoente máximo da segunda.

Após esta breve incursão no discurso narrativo de alguns autores-cronistas das Índias, regressemos ao tema central desta comunicação.

---

[22] José de Acosta, *Historia Natural y Moral de las Indias*, edição literária de José Alcina Franch, Madrid, Historia 16, 1987.
[23] Simón Valcárcel Martínez, *Las Crónicas de Indias como Expresión y Configuración de la Mentalidad Renacentista*, Granada, Diputación Provincial, 1997, p. 326. Tradução da autora.

El Paraíso Terrenal e *El Purgatorio* são topónimos frequentes na cartografia hispano-americana. Revelam, por um lado, a transposição do sistema mítico cristão para o Novo Mundo e, por outro, a passagem do deslumbramento inicial para um estado de desencanto.

A geografia do imaginário tem na América uma primeira configuração cujos elementos fundamentais são os rios e os espaços insulares. Da Boca del Drago, no litoral venezuelano, à costa da Florida, encontramos o Paraíso, Matinino, Ofir, Bimini, o rio Jordão, o El Dorado. Trata-se de um percurso encantatório sucessivamente transposto para o interior meridional, mas sempre associado aos rios e às ilhas. Logo na primeira viagem, Colombo afirma ter visto uma ilha habitada só por mulheres, a que chama Matinino. Mais não fez que ajustar o mito das Amazonas a uma ilha onde as mulheres acorreram à praia à vista das caravelas. Pedro Mártir de Angilera não crê nesta versão e, alguns anos mais tarde, Bernal Díaz[24] desfaz o mito das Amazonas materializado por Colombo na ilha Matinino: «A qual quiseram alguns que era povoada de Amazonas: e outras fábulas muito desviadas da verdade como parece pelos seus tratados e se averiguou depois pelos que vimos a ilha e as outras da sua paragem: e é tudo falso o que desta se disse quanto a ser povoada por mulheres somente porque não o é: nem se sabe que jamais o fosse». Mas o mito das Amazonas continua a atormentar a mente dos descobridores e ficará em definitivo na cartografia. A ideia de Paraíso constitui outro mito em busca de concretização espacial, sendo por isso inúmeros os topónimos a ele associados. Por exemplo, numa ilha do rio Paraguai: «Chamaram a esta ilha *el Paraíso Terrenal* pela sua abundância e maravilhosas qualidades que tem»[25].

El Dorado surge pela primeira vez em 1539, sendo atribuído a Sebastián de Benalcázar o baptismo de um lugar em Nova Granada. Parece que nesta região um cacique mergulhava todas as manhãs num tanque e que saía da água coberto de pó de ouro. Este tanque transformou-se, na mitologia dos conquistadores, num lago localizado sucessivamente em diferentes lugares, desde a Colômbia ao rio

---

24 Bernal Díaz del Castillo, *ob. cit.*, vol. I, p. 33. Tradução da autora.
25 Ruy Díaz de Guzmán, *La Argentina*, p. 83 e na p. 161: segundo Díaz de Guzmán, os espanhóis foram reconhecer «aquella tierra que llaman el Paraíso que es una gran isla, que está en medio de los brazos que divide el río, tierra tan amena y fértil, como queda referido». Acrescenta que os índios são muito amigáveis e amigos dos espanhóis, que o tempo e o clima são amenos, que não há Inverno nem Verão.

Amazonas. Este mito, que remonta à mitologia grega, atormentou as mentes obcecadas de descobridores e conquistadores da América como Federmann, Jiménez de Quesada, Benálcazar e Pizarro. A descoberta do tesouro de Atahualpa configurou o mito na região do Peru. Avançam os conquistadores, retrocede o *El Dorado*, sempre inacessível. Este mito, associado à obsessão pelo ouro, foi um dos móbiles da exploração das profundezas do continente americano[26].

O pseudocenário mítico convoca o delírio perante a riqueza fácil, alimentado pelos relatos dos navegantes e dos conquistadores desejosos de acrescentar as suas hostes. A expectativa e a obsessão, deformando a realidade, acabam por suscitar a desilusão. As crónicas estão repletas de exemplos. Díaz de Guzmán[27] dá conta deste contraste: os espanhóis encontraram na província de Guairá «unas piedras muy cristalinas» que se criavam no subsolo, e assumiam cores diversas com «tanta diafanidad y lustres» que pareciam pedras preciosíssimas. Os conquistadores «acreditaram que possuíam a maior das riquezas do mundo» e decidiram deixar esta terra e caminhar para a costa a fim de partir para Espanha com as suas famílias.

Ofir, terra do ouro, era um mito que vinha de longe (recolhido por Heródoto) e percorreu toda a Idade Média. Colombo situa-a na Espanhola, associada ao mito das Sete Cidades de Cibola. Ofir e Cibola[28] aparecem sucessivamente nos relatos de descobridores do Atlântico ao Pacífico. O mito de Ofir está ligado ao *Eldorado*[29] que mobiliza numerosos aventureiros sujeitos aos maiores perigos e movidos pela

---

26 A este respeito ver, por exemplo, além de Gandía e de Juan Gil, Carmen y Serge Gruzinski, *Del Descubrimiento a la Conquista. La Experiencia Europea, 1492-1550*. México, Fondo de Cultura Económica, 1996.
27 Díaz de Guzmán, *ob. cit.*, p. 257.
28 No seu mapa-múndi J. Ruysch distingue a Espanhola da Antilha e escreve: «Esta isla de Antilia fue descubierta antaño por los portugueses; ahora cuando se la busca no se encuentra». *Apud* Juan Gil, *ob. cit.*, p. 84. Cibola aparece com a variante de «Ciudad de los Césares» em Díaz de Guzmán, *ob. cit.*, p. 64 e Jeronimo de Vivar, *Crónica de los Reinos de Chile*, edição literária de Angel Barral Gómez, Madrid, Historia 16, 1988, p. 280. António Galvão refere que Hernando de Córdoba encontrou no Yucatán templos de pedra e cruzes que atribuiu à anterior presença de cristãos, o que levou os soldados a crer tratar-se de Cibola (*Tratado...*, p. 114); também Frei Marcos de Niza em 1538 na sua viagem para norte do México baptizou uma terra de Cibola, pela notícia que havia de terra rica em ouro, prata, pedrarias e gados de lã muito fina (*ibid.*, p. 154).
29 O *Eldorado* surge em Guzmán, *ob. cit.*, p. 72, como Laguna del Dorado, onde nasce o Paraná Ibauy, afluente do Paraná.

obsessão do ouro. O seu rasto fica nas crónicas e na toponímia. Se o estado de maravilha corresponde ao primeiro impacto do contacto com a natureza do Novo Mundo, o estado de desencanto vai-se instalando à medida que se frustram as expectativas de riqueza fácil.

2. «*El Purgatorio*»: *o estado de desencanto.*

O êxito militar da conquista e o sucesso relativo da evangelização não foram acompanhados de idêntica satisfação individual e colectiva por parte de conquistadores e colonizadores. As dissensões políticas, a iniquidade na repartição da riqueza, o desajustamento entre expectativas e realidade e uma natureza muitas vezes adversa, justificam o desencanto que as fontes revelam. São memoriais de conquistadores em que estes se queixam de que «padecem necessidade», são cartas de viúvas ou de maridos ausentes a reclamar da imensa saudade.

María Díaz escreve do México, em 1577, a sua filha Inés. Como tantas outras missivas familiares, é uma carta de desengano e de tristeza que revela o estado de desencanto e de desilusão comum a muitos viageiros. A expectativa de riqueza fácil e de uma vida cómoda e agradável não era compatível com os perigos da viagem e com a dureza da vida e com a lonjura da família que se deixava. O desencanto manifesta-se logo na travessia atlântica: «Filha minha, o que por esta se oferece será avisar-vos dos grandes trabalhos e perigos nos quais nos temos visto no mar eu e vosso pai, que certo, se entendesse os grandes perigos e tormentas do mar em que nos vimos, não teríamos vindo, porque além das tormentas que nos sucederam no mar, sobre todas foi uma que nos teve dois dias e duas noites, e decerto pensámos perecer no mar, porque foi tão grande a tempestade que quebrou o mastro da nau, mas com todos estes trabalhos foi Deus servido que chegássemos ao porto, onde estivemos alguns dias e despachámos alguma mercadoria da que trazíamos... e logo que chegámos, ao cabo de quinze dias [o vosso pai] tornou a recair da própria enfermidade, da qual foi Deus servido de levá-lo... não permitais que eu esteja nesta terra só e desamparada, se não levar-me a terra aonde eu morra entre os meus, porque depois da salvação nenhuma outra coisa desejo...»[30].

---

30 *Apud* Enrique Otte, Cartas Privadas de Emigrantes a Índias (1540-1616), Sevilha, Junta de Andalucia, 1988.

Lope de Vega, num epitáfio ao poeta Medina Medinilla, escrevia «No mar da América se perdeu a flor e a nata de nossa época»[31], ideia corroborada por Góngora e outros autores. Afogados nos rios, nos portos ou em mar alto, morreram muitos marinheiros e viageiros, muitos dos quais não sabiam nadar ou tinham alguma vez visto o mar.

Tormentas no mar, fome e doença em terra, eram problemas quotidianos no período turbulento da conquista.

Fernández de Oviedo, retratando o quotidiano dos conquistadores, evoca inúmeras vezes a situação de fome de que estes eram vítimas. Em Santo Domingo os primeiros cristãos passaram tanta necessidade que comeram todos os animais de quatro patas que havia na ilha – cães da terra, coelhos, os lebreus, iguanas, e nem perdoaram aos lagartos, lagartixas ou cobras das quais havia «muitas e de muitas maneiras de pinturas»[32].

Fray Antonio de Remesal[33] salienta a morte desastrosa dos conquistadores e governadores das Índias, morte pouco consentânea com a heroicidade veiculada pela literatura cavalheiresca. Os primeiros espanhóis deixados nas Índias (Puerto de Navidad) foram mortos pelos índios que Colombo apresentara com gente doméstica e mansa. Cristóvão Colombo, meio despojado, tolhido de gota, melancólico e pesaroso da má paga de tão avantajados serviços, morreu mais pobre do que esperava. Francisco de Bobadilla morreu no mar vítima de naufrágio. Alonso de Ojeda, primeiro governador da Nova Andaluzia, após muitos sofrimentos, morreu miseravelmente na Espanhola e tão pobre que os padres de São Francisco o enterraram, por esmola, nos umbrais do portal da sua igreja. Diego de Nicuesa, primeiro governador de Castela do Ouro, morreu na viagem de Terra Firme para a Espanhola, quando se dirijia até Espanha. Vasco Núñez de Balboa, o primeiro *adelantado* de Terra Firme do Mar do Sul, foi degolado pelo futuro sogro, o temível Pedrárias de Ávila. Juan de Grijalva, descobridor do Yucatán e Tabasco, morreu às mãos dos índios numa emboscada nocturna. Diego de Almagro foi degolado e afogado pelos pizarristas. Francisco Pizarro, conquistador do Peru, foi morto por Diego de Almagro filho e este degolado pelo licenciado Vaca de Castro. Blasco

---

31 *Apud* Jacques Lafaye, *Los Conquistadores: Figuras y Escrituras*, México, Fondo de Cultura Económica, 1999, p. 114
32 Fernández de Oviedo, *ob. cit.*, livro I, cap. XIII.

Núñez de Vela, que havia prendido Vaca de Castro, foi morto por Gonzalo Pizarro, e este justiciado por Pedro de la Gasca. Juan Pizarro morreu em Cuzco às mãos dos índios. D. Pedro de Mendonza, primeiro governador do Rio da Prata, morreu de sífilis quando regressava a Castela e foi lançado ao mar[34], enquanto Fernando de Souto foi lançado ao Mississipi depois de morrer de calores e dores de costado[35]. Poderíamos acrescentar João Dias de Solis, morto no Paraná, ou Fernão de Magalhães, morto na ilha de Matan. Enfim, mortos num clima de discórdia, às mãos dos índios ou numa simples viagem de regresso.

Bernal Díaz dá conta das doenças mais frequentes entre os soldados no México. Queixam-se de dor nos lombos: «uma coisa aconteceu naquele tempo a seis ou sete soldados, mancebos e bem dispostos, que lhes deu mal de lombos que não se puderam ter pouco nem muito em seus pés se não os levavam às costas: não soubemos de quê; diziam que de ser regalados em Cuba, e que com o passo e calor das armas lhes deu aquele mal»[36]. Uns soldados que haviam ido povoar Pánuco regressaram doentes, amarelos e com as barrigas inchadas pela fome que passaram. Os espanhóis da hoste de Cortés, que estavam em Segura de la Fontera, gozavam-nos chamando-lhes *panciverdetes*, porque traziam as cores de mortos e as barrigas muito inchadas[37].

Os conquistadores enfrentaram ainda aquilo a que Oviedo designa por «mal das índias», níguas[38] e bubas. Sobre a socialização da doença, diz: «e desde há poucos meses no ano dito de 1496 se começou a sentir esta doença entre alguns cortesãos: mas no princípio era este mal entre pessoas baixas e de pouca autoridade: e assim se cria que o cobravam chegando-se a mulheres públicas e daquele mal trato libidinoso: mas depois estendeu-se entre alguns dos maiores e mais prin-

---

33 Fray Antonio de Remesal, *Historia General de las Índias Occidentales y Particular de la Gobernacion de Chiapa y Guatemala*, edição literária de Carmelo Sáenz de Santa Maria, Madrid, Editorial Atlas, 1964, livro IV, cap. II.
34 Díaz de Guzmán, *ob. cit.*, p. 125.
35 Maria da Graça A. Mateus Ventura (ed.), *Relação Verdadeira dos Trabalhos que o Governador D. Fernando de Souto e Certos Fidalgos Portugueses Passaram no Descobrimento da Florida. Agora Novamente Feita por um Fidalgo de Elvas*, Lisboa, CNCDP, 1998.
36 Bernal Díaz, *ob. cit.*, p. 61.
37 *Ibid.*, p. 304.
38 Sobre as níguas, ver António Galvão, Oviedo e Jeronimo de Vivar, entre outros. Fernández de Oviedo, *História General y Natural de las Índias*, tomo I, p. 53.

cipais. Foi grande a admiração que causava em quantos o viam»[39].

A doença de uns associava-se ao descontentamento de outros, pela má repartição do ouro dos saques, e manifestavam-no, por exemplo no México, escrevendo grafites na parede da casa onde Cortés estava instalado. Todas as manhãs surgiam «escritos motes», uns em prosa e outros em verso, «algo maliciosos à maneira como pasquins e libelos». Uns diziam que o sol e a lua e o céu e as estrelas e o mar e a terra têm os seus cursos, e que se algumas vezes saem mais da inclinação para que foram criados mais das suas medidas, que voltam a seu ser, e que assim havia de ser a ambição de Cortés; e outros diziam que mais conquistados os trazia que a mesma conquista que fizeram no México e que não se designassem por conquistadores de Nova Espanha, mas conquistados de Fernando Cortés. Referindo-se directamente ao ouro, outros diziam «Oh que triste está a alma minha até que a parte veja!» e outras coisas que Bernal Díaz não ousa relatar. Como Cortés, saindo todas as manhãs lia estas frases bem escritas e rimadas, com muito estilo, respondia também com «buenos consonantes y muy a proposito». Como cada dia fosse crescendo o tom insultuoso, Cortés escreveu «parede branca, papel de néscios» e, no dia seguinte, aparecia «e ainda de sábios e de verdades». Até que Cortés, identificando os autores de tais impropérios, os ameaçou e acabou com os protestos literários[40].

O descontentamento pela repartição feita em Tutepec por Pedro de Alvarado gerou igualmente protestos que Bernal Díaz, o soldado-cronista, muito bem sintetiza: «e quando os vizinhos que nela ficavam viram que os *repartimientos* que lhes davam não eram bons, e a terra doente e muito calorosa, e haviam adoecido muitos deles, e as *naborías* e escravos que levavam tinham morrido; e ainda muitos morcegos e mosquitos e até pulgas e, sobretudo, que o ouro não o repartiu Alvarado entre eles e o levou, acordaram de deixar e despovoar a vila, e muitos deles vieram para o México e outros para Guaxaca e Guatemala, e se derramaram por outras partes»[41]. A obsessão pelo ouro era forte e a frustração quase sempre inevitável. Bernal Díaz ilustra bem a confusão entre realidade e fantasia quando diz que em Cempoal os cavaleiros espanhóis que exploravam o povoado confun-

---

39 Bernal Díaz, *ob. cit.*, p. 418.
40 *Ibid.*, p. 442.
41 *Ibid.*, p. 442.

diram o branco reluzente das paredes das casas com prata, dizendo que aquelas eram de prata[42].

Por toda a parte o desencanto se generalizava, sem prejuízo de um punhado de homens obter indiscutível sucesso, quer no que respeita à dignificação pessoal, de acordo com os cânones da literatura cavalheiresca, quer relativamente à obtenção de um estatuto de poder e de riqueza. Ruy Díaz de Guzmán acentua a vertente negativista da aventura americana quando escreve a propósito do Rio da Prata: «acontece às vezes ser aos homens tão adversos os sucessos no que empreendem, que entendendo sair deles com honra, e acrescentamento, vêm a dar no ínfimo das misérias e infortúnios. Desta maneira sucedeu aos nossos espanhóis na conquista do Rio da Prata, donde pensaram sair muitos ricos e aproveitados, e foi tão ao contrário, que não houve algum que tivesse voltado remediado à sua pátria, antes acabaram os mais deles as suas vidas miseravelmente»[43].

Na epistolografia privada encontram-se ecos de desencanto, como vimos na carta de María Díaz. Em 1556, Dona Isabel de Guevara escreve de Assunção à princesa governadora Dona Joana, queixando-se da ingratidão de que fora alvo no repartimento de terras e de índios. Após uma exposição detalhada sobre o contributo feminino para o sucesso da expedição de D. Pedro de Mendonza, no Rio da Prata, sublinha a legitimidade dos seus direitos de conquistadora, independente dos benefícios do marido: «Quis isto trazer à memória de V. A., para fazer-lhe saber a ingratidão que comigo se usou nesta terra, porque ao presente se repartiu pela maior parte dos que há nela, assim dos antigos como dos modernos, sem que de mim e de meus trabalhos se tivesse nenhuma memória, e me deixaram de fora, sem me dar índio nem nenhum género de serviço. Muito me quisera achar livre, para me ir a apresentar diante de V. A., com os serviços que a V. M. fiz e os agravos que agora me fazem; mas não está na minha mão, porque estou casada com um cavalheiro de Sevilha, que se chama Pedro d'Esquivel, que, por servir a V. M., foi causa que meus trabalhos ficassem esquecidos e se me renovassem de novo, porque três vezes lhe saquei o punhal da garganta, como aí V. A. saberá. Ao que suplico mande me seja dado repartimento perpétuo, e em gratificação de

---

42 *Ibid.*, p. 86.
43 Ruy Díaz de Guzmán, *ob. cit.*, p. 147.

meus serviços mande que seja provido meu marido de algum cargo, conforme a qualidade de sua pessoa; pois ele, de sua parte, pelos seus serviços o merece»[44].

O frade franciscano Toríbio de Benavente, ou Motolínia, na sua *Historia de los Indios de la Nueva España*, escrita em 1565, apesar de se congratular com a conquista como acrescentamento de almas para o Reino de Deus, apresenta um quadro negro da presença ibérica no México, enunciando as dez pragas trabalhosas com que Deus castigou aquela terra[45]. É uma análise que será retomada em 1619 pelo dominicano Antonio de Remesal.

O balanço é trágico: 1) a varíola e o sarampo que dizimaram, em muitas províncias, mais de metade da população índia; 2) a mortandade elevadíssima provocada pela conquista; 3) a fome decorrente da ocupação e da destruição das colheitas; 4) a apropriação da terra dos índios por estanceiros espanhóis; 5) os tributos e serviços a que os índios foram sujeitos; 6) as minas de ouro onde, pelo trabalho excessivo, morreram muitos índios; 7) a edificação da cidade do México que, pela massiva mão-de-obra e pela dureza do trabalho, provocou elevada mortalidade; 8) os escravos feitos em série que entravam no México como grandes manadas de ovelhas, ferrados na cara com ferro privado ou d'el-rei, «tanto que toda a cara traziam escrita, porque de quantos era comprado e vendido levava letreiros»; 9) o serviço de apoio às minas a que os índios eram obrigados, tendo de se deslocar a grandes distâncias para levar mantimentos aos mineiros, acabando por morrer no caminho; 10) as divisões e bandos entre os espanhóis que originaram muitas mortes entre eles e pôs em risco o domínio da terra. Desencanto para os Espanhóis, sofrimento para os índios. As crónicas dos vencidos dão conta da sua expectativa e do seu desencanto. Também os Aztecas e os Incas integraram os Espanhóis no seu sistema mítico. Mas esta será outra leitura.

Outro parâmetro de leitura é o baptismo do Novo Mundo. Se na fase de descobrimento se baptiza o Novo Mundo de acordo com critérios essencialmente litúrgicos e míticos, na fase de conquista e colonização a toponímia corporiza a frustração e o desencanto. Subsistem

---

44 Jacques Lafaye, *Los Conquistadores: Figuras y Escrituras*, México, Fondo de Cultura Económica, 1999, p. 299. Tradução da autora.
45 Fray Toríbio de Benavente, *Historia de los Indios de la Nueva España*, edição literária de Claudio Esteva, Madrid, Historia 16, 1985. Tratado I, cap. I, pp. 67-73.

na cartografia mexicana actual, por exemplo, topónimos que ilustram a emocionalidade dos viageiros: *El Encanto*, *Islas Encantadas*, *La Encantada*, *El Éden*, *El Delírio*, *El Ideal*, *Las Delícias*, *Esmeralda*, *El Dorado* (Nuevo León, San Luis de Potosi, Sinaloa), *Paraíso* (em Campeche, México, Oaxaca, Yucatán, Queretaro, Quintanaro, Guanajuato); e do desencanto: *El Purgatorio*, *El Infierno*, *El Triste*, *El Perdido*, *El Olvido*, *El Imposible*. A cartografia, só por si, funciona como texto onde a leitura condicionada do mundo, as expectativas e as vivências dos «inventores» da América, se registam em topónimos cujo estudo permite traçar as rotas do imaginário europeu transferido para a América, ou seja, os percursos do desencanto.

3. *Conclusão.*

Partimos da ideia de invenção da América como processo de transferência de valores e de concretização de mitos, e propôs-se uma abordagem às questões da recepção e da representação a partir da dicotomia tradição/inovação. Considerámos os viageiros ibéricos como leitores, partindo de Nelson Goodman, Elliott e Blumenberg. Vimo-los aprisionados, nos primeiros tempos de modernidade, pelos paradigmas culturais que remontam à Época Clássica. Como tal, a resistência a uma natureza e a uma cultura diversas bloqueou, por algum tempo, a inovação que inevitavelmente acabaria por se impor: o reconhecimento da autonomia geográfica do novo continente e da integridade humana do índio. Percorremos os textos quinhentistas em busca da mudança que se operava na capacidade de leitura de um Mundo Novo – de Colombo a Vespúcio e ao Padre José de Acosta. Foi uma viagem muito fugaz, mas, porventura, esclarecedora do aliviar da tensão do impacto cultural inicial.

O aliviar da tensão foi acompanhado do desencanto. Desencanto que se manifesta quer nas crónicas, quer nas narrativas privadas, crónicas produzidas após a conquista territorial, quando o deslumbramento já cedia ao desespero de uma busca desajustada e de êxitos adiados. Ficou por explorar a representação cartográfica do Novo Mundo, mas deixámos uma réplica para o estudo da cartografia enquanto texto narrativo e um espaço privilegiado de representação e recepção do novo. Na cartografia a toponímia ganha especial importância, não apenas como convite à viagem, mas também como representação de um itinerário do encantamento e do desencanto, da transposição e deambulação de mitos e como espaço rememorativo. A iconografia, como os textos narrativos, são representações cujo valor intrínseco consiste na dualidade objecto/sujeito. A informação que contêm ganha valor pelo que traduzem das possibilidades de leitura do mundo, ou seja, dos paradigmas europeus de recepção e leitura.

O olhar da ciência, da ideologia e da utopia

Joaquim Cerqueira Gonçalves

1. Bernard Picart (1673-1733), *L'Asie & ses parfums, les trésors de l'Afrique, et de l'une & l'autre Amerique...*, [s.l., s.n. 1719], gravura.

> Entendendo-se como predestinados, Colombo e outros navegadores julgavam-se na posse das chaves que abririam tanto as mentes, como as terras incógnitas. «y se perdían tantos pueblos cayendo en idolatrías e recibiendo en sí sectas de perdición, y Vuestras Altezas como Católicos cristianos y príncipes amadores de la Santa fe cristiana y acrecentadores de ella, y enemigos de la secta de Mahoma y de todas idolatrías y herejías, pensaron de enviarme a mí, Cristóbal Colón, a las dichas partidas de India para ver los dichos príncipes y los pueblos y las tierras y la disposición de ellas y de todo, y la manera que se pudiera tener para la conversión de ellas a nuestra santa fe» (Cristóbal Colón, *Diario de a Bordo*, 1492).

2. Frontispício de *Nova Reperta*, Antuérpia, Phs galle excud, 1600 ?

Com as novas invenções científicas e a descoberta da América, o Novo Mundo despede o Antigo, na perspectiva utópica do país ideal.
«Temos também meios de fazer crescer diversas plantas, graças a misturas de terras, sem sementes. [...] Arranjamos maneiras de fazer misturas e cruzamenos de espécies diversas que têm produzido muitas espécies novas e que não são estéreis. [...] Mas acima de tudo temos calores que imitam os do sol e dos corpos celestes. [...] Temos também casos de máquinas onde preparamos motores e instrumentos de toda a espécie de movimentos. [...] Também imitamos o voo das aves. [...] Temos também uma casa das matemáticas [...] temos também casa de ilusão dos sentidos» (Francis Bacon, *Nova Atlântida*, 1627).

3. Alfredo Roque Gameiro, 1864-1935, *O desembarque dos portugueses no Brazil ao ser descoberto por Pedro Álvares Cabral*, Conc. Silva, Lisboa, José Bastos, ca. 1900.

Com a simplicidade das ofertas e das trocas, corria de par a candura aparentemente adâmica dos ameríndios. Segundo Caminha, «a feição deles é serem pardos, maneira de avermelhados, de bons rostos e bons narizes, bem feitos. Andam nus, sem nenhuma cobertura, e é-lhes indiferente cobrir ou mostrar suas vergonhas. E procedem nisso com tanta inocência como em mostrar o rosto. Ambos traziam os beiços de baixo furados e neles metidos seus ossos brancos verdadeiros, com o comprimento de uma mão travessa e da grossura dum fuso de algodão, e agudos na ponta como um furador. Metem-nos pela parte de dentro do beiço, e o que lhes fica entre o beiço e os dentes é feito como roque de xadrez, e de tal maneira o trazem ali encaixado que não lhes faz doer nem lhes estorva a fala, o comer ou o beber. Os seus cabelos são corredios e andavam tosquiados, de tosquia alta mais que de sobre-pente, de boa grandura e rapados até por cima das orelhas» (*A Carta de Pêro Vaz de Caminha*, 1500).

4. Alfredo Roque Gameiro, 1864-1935, *A Chegada de Vasco da Gama a Calecut em 1498*, Lisboa, José Bastos, ca. 1900, gravura.

A sumptuosidade e o brilho das míticas Índias não podiam deixar de ser retratadas logo na primeira viagem do Gama.
«Desta terra de Calecute, que é chamada Índia Alta, vai a especiaria que se come em poente e em levante e em Portugal e bem assim em todas as províncias do Mundo. Assim mesmo vão desta cidade chamada Calecute muitas pedras preciosas de toda a sorte, a saber; em esta dita cidade há de sua própria colhença esta especiaria que se segue – muito gengibre e pimenta e canela, posto que não é tão fina como é a de uma ilha que se chama Ceilão, a qual está de Calecute oito jornadas» (*Relato da Viagem de Vasco da Gama*, 1497-99).

5. Abraham van Diepenbeeck, 1596-1675, *São Francisco Xavier, no trono junto com o Rei de Mogor, em discussão religiosa*, gravura.

Sob a égide real, as «religiões do livro», cristã e maometana, comparam-se ou afrontam-se.
«Assombrado ficou o mulá com tal exposição, e virando-se para os seus lhes dizia: "Vêde a cegueira destes Cristãos, que, tendo nos seus Evangelhos testemunhos claros da vinda e santidade de nosso grande profeta, não os querem entender, antes errar, interpretando os Evangelhos e pala-

vras de seu Isai (assim chamam a Cristo) não como pede a verdade, mas como mais lhe serve para sua perdição. Ao nosso santo Mafamede, bafo de Deus, chamam profeta falso, tendo-lhe o mesmo Isai dado nome de espírito de verdade. Só por esta blasfémia merecia este [ser] afogado» (Padre Manuel Godinho, *Relação do Novo Caminho que Fez por Terra e Mar Vindo da Índia para Portugal no Ano de 1663*).

6. António dos Santos, *D. Cristóvão da Gama desbarata o uzurpador da Abissinia*, [Lisboa, s.n., 1840], litografia.

Estimulado pelo ideal de Cruzada na dilatação da Fé e do Império, o rei D. Duarte assim legitima os direitos de «invadendi, conquerendi, expugnandi et subjugandi»: «Por estas razões me demovi, com a graça de Deus para fazer a guerra dos mouros [...] por serviço de Nosso Senhor Deus, crendo verdadeiramente que é assim fazê-la, pois o Santo Padre assim o manda por muitas escrituras, direitos e por as terras que sobre isto a El-Rei meu Senhor, cuja alma Deus haja, e a mim tem autorgadas. [...] Por vermos as partes contrárias mui dispostas para as guerrear por não haverem reis e todos em grandes revoltas e desacordo» (D. Duarte, *Livros dos Conselhos de D. Duarte,* 1423-38).

7. Abraham van Diepenbeeck, 1596-1675, *Bartolomeu de Omura ordena a demolição de um templo*, gravura.

O olhar intolerante impõe em qualquer nova terra a própria cultura sobre os escombros da outra, que é dever aniquilar.
«En el año de mil y quinientos y diez y siete se descubrió la Nueva España, y en el descubrimiento se hicieron grandes escándalos en los indios y algunas muertes por los que la descubrieron. En el año de mil y quinientos y diez y ocho la fueron a robar y a matar los que se llaman cristianos, aunque ellos dicen que van a poblar. [...] Porque son tantos y tales los estragos y crueldades, matanzas y destrucciones, despoblaciones, robos, violencias y tiranías, y en tantos y tales reinos de la gran Tierra Firme, que todas las cosas que hemos dicho son nada en comparación de las que se hicieron» (Bartolomé de Las Casas, *Brevísima Relación de la Destruición de las Indias*, 1663).

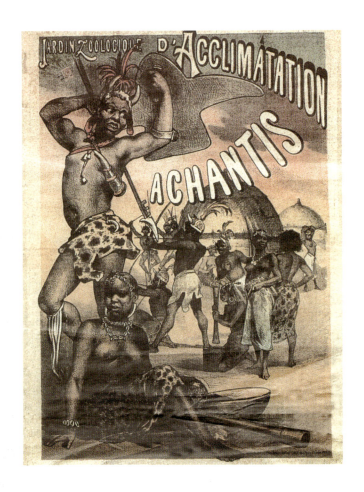

8. Cartaz de autor anónimo, *Achantis do Gana em exposição no Jardin Zoologique d'Acclimation de Paris dirigido por Geoffrey Saint-Hilaire*, 1887.

Depois do pesadelo da escravatura veio a degradação do racismo teorizado e praticado pelas grandes Sociedades Científicas europeias, e dado como espectáculo culto em jardins zoológicos humanos que atraíam multidões. «LENTZ: Não acredito que da fusão com espécies radicalmente incapazes resulte uma raça sobre que se possa desenvolver a civilização. Será sempre uma cultura inferior, civilização de mulatos, eternos escravos em revoltas e quedas. Enquanto não se eliminar a raça que é o produto de tal fusão, a civilização será sempre um misterioso artifício em todos os minutos roto pelo sensualismo, pela bestialidade e pelo servilismo inato do negro» (Graça Aranha, *Chanaan*, 1902).

1. *Vida, transparência e labirintos do olhar.*

O ser humano é constitutivamente viador, percorrendo os caminhos do mundo – e da alma –, sobretudo para ver, mesmo que, cego, se oriente pela luz do bastão. Na cultura ocidental, porém, ver e deambular entram muitas vezes em colisão: o movimento é inimigo do ver. Para ver, para observar, para ver bem, é preciso parar e paralisar.

O fenómeno do movimento, que ocupa a *Física* de Aristóteles, explicita essa dificuldade, tornando-se o movimento questão por que não pode ser visto adequadamente, isto é, racionalmente. Ver em andamento insinua a visão superficial, «ver pela rama». Talvez, por isso, tão tardiamente se generalizou a ideia de que pisávamos um planeta em movimento. Quiçá ainda pela mesma razão, o sentido da vista tem honras de prioridade, na galeria dos órgãos do corpo humano.

Mas a visão cujo privilégio reside no facto – ou na suposição – de gerar a transparência, está rodeada de ambiguidades e paradoxos, bem trabalhadas em infindáveis mitos, que vão ao ponto de metamorfosear a cegueira em luz: arrancar os olhos para ver.

A necessidade de fechar os olhos para ver melhor será um dos momentos característicos da cultura ocidental. As dúvidas sobre o conhecimento do real, através dos sentidos, não se limitaram ao tacto e olfacto, aparentemente os mais subjectivizantes, atingindo também a vista, o órgão da transparência. Sabe-se que nem todos vêem bem, que há deformações oftálmicas, que, para ver correctamente no declínio da existência, se carece de intervenção miraculosa. No percurso da história da cultura, parece que somente a Idade Moderna começou a ver bem, só ela merecendo, por isso, o epíteto de iluminada. Ela foi preparada pela técnica do aperfeiçoamento da vista, a descoberta das lentes, o instrumento prodígio de *O Nome da Rosa* de Umberto Eco. Mas, se nem as próteses mais sofisticadas podem atenuar os riscos do exercício da visão e ainda que possa lesar-se fatalmente o órgão da visão, o ver continua insubstituível para a vida humana, que não subsiste sem ele. Por isso, em vez de se contemplar as coisas, cujas cores e brilhos tanto podem encandear como iludir, olha-se para o espírito, para nós mesmos, para dentro, onde tudo aparece na imediatez da transparência, sendo então possível atingir a tão almejada certeza. Mas, a ser assim, será de perguntar: vemos, vemo-nos ou vemo-nos no que vemos em nós, nos objectos mentais? Não será este modo de ver um processo de pernicioso autismo?

Com efeito, o que vemos nós quando olhamos, quer para nós quer para as coisas? Os percursos batidos pelos *viatores*, que todos somos, são de facto os do universo ou os da topografia da nossa psique?

Opera-se, assim, a substituição do arriscado olhar dos sentidos pela contemplação do espírito, com o persistente fito de salvaguardar a visão, mesmo que a desfavor do prestígio do órgão da vista, cuja configuração, ao menos exterior, se exige inalterável. Seria uma tarefa bem conseguida, se também sobre a visão da própria alma não subsistissem dúvidas. Será, contudo, o espírito mais do que um espelho da cultura, onde residem os produtos – resíduos discutíveis – elaborados pelas mãos – frágeis – do ser humano? Tantas vezes confundida com a inteligência – a faculdade quase sempre privilegiada –, não será a alma, afinal, apenas memória, onde se cristalizaram referências boas e más, mais aquelas do que estas, de modo que, quando contempladas, não é a verdade que se intui, mas apenas o erro disfarçado? De facto, os «mestres da suspeita» conseguiram minar a consistência das garantidas produções do espírito, por estas representarem possíveis sintomas de obscuros poderes, de pulsões irracionais ou de injustiças sublimadas.

O prestígio do olhar consagrou-se com a leitura, mesmo para os invisuais. Não será que, ao vermos, não estamos a contemplar realidade, mas apenas a projectar páginas lidas? O «livro do mundo», que os nossos olhos julgam contemplar, não será o repositório das nossas fantasias ou o baú das ilusões da humanidade viadora?

Magna quaestio a do olhar que, por isso mesmo, a humanidade se esforça por simplificar, a maior parte das vezes mistificando-o, não raro em nome do sagrado dever de o educar, afastando dele os riscos do erro.

2. *Ver no tempo.*

Suspender – tarefa impossível – o movimento, no espaço, tanto o das coisas como o do observador, constituindo pólos resistente e eternamente inamovíveis, para ver melhor, não é suficiente. Se essa é uma operação artificial, escamoteando um fenómeno óbvio, mais o será a suspensão no tempo, como se este não fizesse parte constitutiva da realidade, a nossa e a dos outros, tornando-a versátil, maleável, distendida, relativizada. Ver, porém, as coisas como elas são, «filhas do tempo», é o milagre que a visão da cultura ocidental sempre teve dificuldade de acolher. Por isso se prefere ver, aliás em atitude pomposa, não as coisas, mas as essências, estas, tanto quanto possível, puras, sobretudo isentas das contingências do tempo, como se fossem contempladas pelos olhos de Deus, que também, se destes fosse privado, não seria ser perfeito.

Contemplar, porém, as essências equivale a nada ver, porque, nessa operação, fecham-se os olhos às singularidades, o modo de os entes se manifestarem. Assim se perpetraria, mediante crime sofisticado, o maior atentado da vida da humanidade, pelo facto de esta fechar os olhos ao matizado e rico mundo das diferenças singulares. A forma mais requintada dessa fatal operação consuma-se quando o nosso olhar força o olhar das outras singularidades a ver apenas o universal que lhe vamos propondo, que para elas fomos construindo, no propósito de fugir ao tempo, ao diverso, ao singular, ao movimento, à vida, ou, então, para a nossa singularidade dominar, mediante as nossas mentais construções, os outros.

3. *Ciência, ideologia, utopia: estratégias de visão infalível.*

Dada a importância da visão, não admira que tudo na vida gire à volta dela, tanto para a glorificar como para a invectivar, pelos malefícios que não venceu.

Entre os ingredientes do processo da visão, parece assumir particular relevo a presença do outro, um exercício de intencionalidade que aponta para referências objectuais. Esta situação, contudo, implica, de per si, sérias dificuldades. A visão de si, a visão interior, parecendo ser a consistente visão do outro, merecendo, por isso, o predicado de objectiva, pode nada mais ser do que um a ver-se a si próprio.

Daí a importância da metodologia, essa estratégia da visão infalível, que, a julgar pelo próprio nome, vai associar a condição humana de viador e de vidente. A metodologia é o caminho para ver com segurança, com necessidade, sem contingências nem alternativas. Perante os outros, os que não sejam nós mesmos, os outros que escapam ao nosso olhar infalível, a metodologia emerge como um dom da divindade, não dispensada nem a todos os povos nem a todas as épocas. A metodologia seria a forma humana possível de ser divino: de ver bem e de ser senhor. Em termos psicológicos, é uma capacidade que pode tornar-se satânica, já porque quer ser dominadora, já porque a resistência do outro se torna o inferno que deve ser fulminado.

Mas a metodologia representou, todavia, a soteriologia da época moderna ocidental, porque permitiu o conhecimento certo, sem o qual o ser humano não teria atingido a sua idade adulta de perfeição.

Com a metodologia criou-se a ciência, que substituiu o ver dos olhos pela luz do próprio mundo desta. Só terá existência e luz o que for iluminado pelos raios da ciência. Uma vez mais, a ilusão a imiscuir-se no processo, dado que o mundo da ciência é o exercício do espírito a olhar para si mesmo, contemplando o que nele está, sem se aperceber, quase nunca, do modo como os seus objectos aí se chegaram. É também a ilusão da auto-redenção do mesmo espírito, alienando-se no que supõe ser a pura verdade, a única redentora.

A produção científica apresenta-se, na cultura ocidental, quer como um fim, quer como o termo de um processo de aperfeiçoamento, que nela culmina. Nesses termos, a ciência consegue impor-se porque ela é mais do que saber: é ideologia e utopia.

Os mundos da ciência são filtros da realidade, tendendo a diversidade do real a ser reduzida àqueles, já porque tudo é contemplado pelos olhos científicos, já porque a realidade existente vai sendo progressivamente substituída pelo mundo construído pela técnica, em conformidade com os modelos pela ciência desenhados. Não obstante esta constituir um sistema hipotético dedutivo, logo se esquece, ao menos na aplicação, o seu carácter hipotético para ver o que ele é, com a certeza que decorre das produções – eficazes –, de que nós próprios somos autores.

A passagem entre o teórico e o prático – técnico – não é, porém, imediata, recorrendo ao expediente de mediação, que é a ideologia. Esta conduz – força – à prática a teoria, convencendo o espírito da obrigação de universalizar e espiritualizar o mundo mental e transformando a cosmologia na arquitectónica, exigida pela deontologia política. Esta acaba por realizar uma injunção de ordem ética, que é a espiritualização da matéria.

Verdadeiramente, nem a ciência nem ideologia nem a técnica representam o acme do processo. Este aponta para uma idealidade pura, sem espaço nem tempo, onde tudo esteja consumado, sem vislumbre de novas possibilidades, enfim, para a utopia que, aliás, por vezes, se julgou realizada na ciência e na ideologia, mas que a inesgotabilidade da experiência temporal se encarrega de desalojar das suas definitivas instalações. O olhar que nos resta é, afinal, o da história.

4. *Os olhos da história.*

A vida, a nossa e a do mundo, porém, não se conforma com os olhares fixos e definitivos, mesmo que fascinados por seduções utópicas. Vê-se envolvida num horizonte sempre aberto, um presente nutrido por um passado e por um futuro, ambos inesgotáveis. Impõe-se, assim, a irrecusável temporalidade, que desafia todos os pruridos de visões totalitárias e definitivas.

Em vez interpretarmos a história como «mestra da vida», consideremo-la, antes, como o verdadeiro saber desta. Não é por acaso que a história tem representado, no âmbito da epistemologia, o maior desafio às propensões da cultura ocidental a reduzir o saber ao seus modelos cientificistas. Não têm faltado, é certo, tentativas de fazer também da história uma ciência, com particular interferência das ideologias e das utopias, mas tanto a dinâmica da vida como a resistência da temporalidade malogram o que parecia ser o curso normal da cultura ocidental.

A história vive, assim, com os ingredientes que a ciência repele – a singularidade e a temporalidade. A universalidade inerente ao saber da história supõe uma unidade diferenciada, que não é compatível com a universalidade abstracta da ciência. Na história, trata-se de uma visão no tempo, oposta à instantaneidade para que aponta a ciência.

Não dissolve as diferenças nem sobre elas lança o juízo radical e moralista das ideologias. Como a identidade não é o princípio que a move e porque não se orienta por miragens de perfeccionismo utópico, a história convive com a diferença, sem a confundir com a imperfeição. Porque o olhar da história não é apenas bivalente, preto/branco, verdadeiro/falso, conservador/progressista, não lhe basta também a dualidade romano/bárbaro, cristão/pagão, resultados de esforços de simplificação ideológica. Se tem sentido a asserção «o cristianismo é religião de historiadores», tal se deve à universalidade concreta que ele estimula.

5. *Os olhos lusos.*

A longa duração da cultura, pátria e nação portuguesas parecem constituir um peso demasiadamente grande, para que os portugueses possam viver intensamente o presente e ter a disponibilidade de olhar para o futuro. Além de outros motivos, é possível que desmedida presença do passado dificulte a adesão dos portugueses ao que se considera ser timbre da modernidade, particularmente a tecno-ciência.

É consabida a relutância sentida pelos portugueses, em termos de perfil colectivo, à adaptação à ciência e à técnica, não obstante a presença do positivismo que, tendo marcado embora, decisivamente, a escola, não atingiu o tecido cultural da psique do povo.

Os portugueses são povo de historiadores. Descrevem mais do que prescrevem, vivem mais do que projectam. É possível que o esforço e a amplitude dos descobrimentos tenham contribuído para fazer desse acontecimento referência epicêntrica e monopolizante da sua história, em vez de estimular o alargamento desta, na sua viência temporalizante.

Sem se pretender transformar em cartilha da Pátria Lusa *Os Lusíadas* de Camões, esse texto pode ajudar a compreender, paradigmaticamente, o olhar dos portugueses. Já aí, a grandiosidade dos feitos celebrados, aliada à ausência de historicidade característica da época humanista, em que Camões se insere, conduz à situação paradoxal de uma utopia consumada. Mas também aí fica bem consignado o estilo do olhar luso: na diferença, na cor, na convivência. A noção de experiência, com que Camões caracteriza o saber dos portugueses, é menos uma experiência cientificamente construída – ou colhida dos livros – do que o exercício de um contacto directo com a realidade que, por ser imprevista, tinha menos hipóteses de se tornar objecto constituído. Aí está também patente a recíproca interacção dos sentidos, em que o olhar se metamorfoseia em experiência sensual. As diferenças, porque imprevistas, eram acolhidas com espanto, para logo se diluírem, não na transparência dum mundo mental, mas na espessa e ambígua fusão do prazer por todos e por tudo partilhado, tendo como suporte inconsciente o universalismo cristão panteisticamente absorvido.

Da «boa-fé» colonizadora à «má-fé» colonialista e racista

Fernando Cristóvão

Mesmo não sendo o objectivo desta exposição debater os problemas da colonização, do colonialismo e do racismo, que aqui relacionamos com os olhares de boa e má-fé dos viajantes sobre as novas terras descobertas e conquistadas, é imprescindível partir de algumas noções que tipifiquem esses procedimentos resultantes das navegações oceânicas e registadas em textos que apelidamos de «Literatura de Viagens».

Comecemos por distinguir *colonização* de *colonialismo*, pois se trata de duas realidades com muita coisa em comum, mas com diferenças tão substantivas que mais parecem realidades sem ligação.

No que toca à colonização moderna[1], inaugurada pelos portugueses no século XV, consiste ela na descoberta e conquista de territórios alheios, posteriormente povoados com os objectivos de exploração das riquezas da terra e da evangelização cristã.

A colonização arrasta consigo, para além da exploração dos recursos naturais, a organização do comércio, normalmente em regime de monopólio, envolvendo também a promoção dos povos colonizados, e provocando um diálogo étnico, cultural e ideológico de assimilação, aculturação ou rejeição. Esta foi a colonização feita a partir da expansão dos povos ibéricos, seguida depois da de outras nações com objectivos cada vez mais diferentes, tais como as de franceses, ingleses, holandeses.

Diferentemente da colonização, o colonialismo resulta do prolongamento e transformação qualitativa dessa ocupação, para além de entender de outro modo tanto as relações humanas como a exploração dos recursos da terra. Se, em princípio, a colonização devia terminar pela integração ou pela independência, o colonialismo, ao contrário, não só não reconhece um termo de vigência, como cada vez mais se prolonga, enraíza e se globaliza diluindo a sua identidade.

---

1 J. da Silva Cunha, «Colonização, colonialismo, descolonização», in *Rumo*, Lisboa, Dezembro de 1960.

Foi a industrialização que agravou, substancialmente, este estado das coisas, e cedo se aliou ao racismo para tirarem da variedade e comparação das etnias a conclusão de que a raça branca era superior, possuindo conhecimentos e tecnologias impossíveis de alcançar pelas raças apelidadas de inferiores.

Para além disso, usando o velho argumento do dever de civilizar, as potências imperialistas do meio do século XVIII consideravam que era um dever não só contribuir para elevar o seu nível técnico mas, ainda mais, pôr a render, em benefício de toda a humanidade, as riquezas naturais que esses povos guardavam inexploradas e inúteis.

Daí às multinacionais dos nossos tempos não se mudou muito.

Qual o olhar do viajante ao contemplar as novas terras?

Também aqui importa uma outra distinção importante, a do olhar de boa-fé, oposto, naturalmente, ao olhar de má-fé.

Pode dizer-se que na primeira colonização, em princípio, o olhar era de boa-fé, na medida em que o viajante se integrava num processo histórico aceite e tido por moral não só pela maioria dos povos civilizados, como pelas mais altas instâncias éticas, nomeadamente a Igreja Católica, representada especialmente pelo Papa.

Em todas as épocas da história, e entre todos os povos civilizados, quando uma nação atingia o ponto mais alto da sua pujança económica e de ideais, sempre conhecia uma fase de expansão, invadindo e ocupando territórios alheios. Assim aconteceu na Antiguidade com fenícios, gregos, romanos e cidades marítimas italianas, assim voltou a acontecer depois dos descobrimentos portugueses, seguidos depois dos dos espanhóis, franceses, holandeses, ingleses. Por outras palavras, só os povos em fase de estagnação e fraqueza, desprovidos de projectos colectivos, ou envelhecidos, não conheceram uma época expansionista.

A colonização é, pois, resultante de uma dinâmica civilizacional, e diferentes, bem diferentes eram os juízos de valor dos religiosos, juristas, governantes, filósofos e teólogos dessa colonização moderna, daqueles que passaram a ser feitos a partir da Revolução Francesa e, modernamente, depois da proclamação dos direitos do Homem e das nações, da ONU, em 1948.

Chegou-se assim, nos nossos tempos, a uma mentalidade avessa e muito crítica, relativamente não só ao colonialismo mas também à própria colonização. Rejeição que vai desde o *Manifesto do Partido*

Comunista de Marx e Engels, de 1848, até à encíclica *Populorum Progressio* de Paulo VI, de 1967.

Em teoria, era de «boa-fé» a colonização ibérica das Américas desde o século XV ao XVI, porque baseada tanto na teologia e jurisprudência do tempo, como nos documentos pontifícios que atribuíam aos soberanos portugueses e espanhóis o domínio de muitas terras.

Teologicamente a colonização, quer nos aspectos políticos, quer nos de evangelização, assenta na teoria legitimadora da «guerra justa» que se radica no que se entendia então ser o dever de civilizar, de pôr termo à infidelidade, ao paganismo e, maximamente, às práticas antropofágicas e idolátricas. Teoria que São Tomás de Aquino elaborou na *Suma Theologica* (1266-73) e que, durante séculos justificou a conquista e ocupação das terras, e de condição prévia para a evangelização.

Para este teólogo dominicano, uma guerra, para ser justa, deve obedecer a três critérios: o da legitimidade do soberano que a decreta, o da existência de uma justa causa como, por exemplo, a de reparar injustiças, a da existência de uma recta intenção em favorecer o bem e evitar o mal[2].

A partir daqui prosperou uma casuística sobre o que poderiam ser causa justa e meios justos a utilizar.

Nesta reflexão notabilizou-se, entre nós, Frei Álvaro Pais, que foi bispo de Silves em 1349.

Partia ele do princípio de que «*ab initio*, após o pecado, o domínio começou pela usurpação, de um certo acto de soberba», visto que o primeiro «Senhor» foi Caim, mas com o andar dos tempos, «para refrear o governo dos senhores ambiciosos e a malícia dos homens desordenados, conservar cada um em sua justiça e dispor os cidadãos em concórdia foi provido e permitido por Deus o domínio: provido para concórdia dos bons, e permitido para punição dos maus»[3].

Até porque, e citando Santo Agostinho na *Cidade de Deus*: «os reinos não existem pelo destino, pelo acaso ou pelos falsos deuses, mas são ordenados pela Providência». Mais: «cumpre, pois, saber que é bom e conveniente ao género humano haver um reino e poder de um governo», sendo «necessário que a sociedade dos homens, que, na

---

[2] Santo Tomás de Aquino, *Suma Teologica*, 3.ª ed. Madrid, BAC, 1964, II a II ac, p. 10.
[3] Frei Álvaro Pais, *Espelho dos Reis*, vol. I, Lisboa, Instituto de Alta Cultura, pp. 53, 145.

maior parte, não podem governar-se a si mesmos, seja regida e dirigida por algum, ou alguns que sobressaem dos demais pela ciência, pela prudência e inteligência».

Daí que, para melhor clarificar o seu pensamento, elabore uma relação de «pecados» dos maus príncipes que governam «sob o poder do diabo» e «devem ser depostos», além de «poderem ser justamente impugnados». Guerra Justa é recuperar ou defender as coisas próprias: «é justa a guerra contra os serracenos que detêm e usurpam a terra da fé de Cristo» e «é também guerra justa a guerra contra os ex-comungados e os heréticos» (pp. 239, 251).

Não viveu Álvaro Pais no tempo do descobrimento e conquista das Américas, pois não hesitaria, se então vivesse, em declarar guerra justa a guerra contra as infidelidades e idolatria dos índios.

Nesta boa-fé teológica, a que frequentemente não correspondia a prática, se moviam também os defensores da colonização, por exemplo, os soldados. Assim, e em paralelo com as boas regras da etiqueta na Corte, regulamentada por Castiglione no *Il Cortegiano* (1528), também um autor anónimo português publicou em Lisboa, inspirado nessa obra, um código de ética militar, *Primor e Honra da Vida Soldadesca no Estado da Índia* (1630). Logo no primeiro capítulo se declara: «Pressupondo da doutrina dos teólogos e pregadores da palavra de Deus, termos de fé que justamente podemos fazer guerras, e na vida soldadesca se pode ganhar o Céu»[4].

Por isso exalta a acção dos portugueses que «descobrindo terras incógnitas, bárbaras gentes, novas regiões onde e a quem se denunciasse o Santo Evangelho, levantando o pendão da Vera Cruz a força de braço e pesar dos imigos do nome cristão, desde o último ocidente até o nascer do sol, tomando-lhes como injustos possuidores do Reyno, províncias, cidades. E dos casos de idolatria e abominação fizeram templos santos [...] e assim frutificaram metendo no curral do Senhor tantos milhares de almas como ora vemos» (p. 5).

Mas se esse direito de ocupação e colonização existia, nem por isso eram permitidos os excessos que tantas vezes se verificaram, devendo o soldado cristão dar exemplo de humanidade, fé, piedade e disciplina. Por exemplo, como se preceitua no capítulo vi da 4.ª parte: «Que o soldado não há-de deixar as armas pela preza, nem

---

[4] *Primor e Honra da Vida Soldadesca no Estado da Índia*, Lisboa, Jorge Rodrigues, 1630, p. 4.

furtar quando os outros vão pelejando, comer nem beber inconsideradamente o que acham dos inimigos» (p. 17).

Além disso, deve ter sempre presente que «o matar ou afrontar o próximo não se pode fazer segundo as leis, senão enquanto inimigo em guerra justa, ou enquanto é castigo ou dano feito pela pública autoridade em justiça ou em nossa defensa», pelo que «nenhum soldado há-de matar na guerra os rendidos, mulheres, velhos, nem meninos [...] porém quando o capitão mandar que a ninguém dê vida, assim o há-de fazer, porque em tal caso não é obrigado esquadrinhar o que a isso o move, antes o é a executar que se manda, conforme à obediência que sempre há-de guardar» (p. 108).

Esta teoria e prática já era, por sua vez, considerada pelos documentos pontifícios *Dum Diversas*, de 1452, e *Romanus Pontifex*, de 1453, a mais alta autoridade do tempo.

Na *Romanus Pontifex*, o papa Nicolau V confirma a determinação de que D. Afonso V, «os seus sucessores e o Infante», tenham «a faculdade plena e livre de invadir, conquistar, atacar, vencer e subjugar quaisquer sarracenos e pagãos e outros inimigos de Cristo onde quer que estejam estabelecidos, bem como os seus reinos, ducados, principados, domínios, possessões e outrossim que pudesse reduzir a escravidão perpétua as suas pessoas, reinos, ducados, condados, principados, domínios e possessões, e apropriar-se de seus bens, atribuindo-os a si e aos seus sucessores ou aproveitando-os em seu uso e utilidade e na dos seus sucessores»[5].

O grande teólogo dominicano Francisco de Vitória, o criador do direito internacional, que negava ao Papa a jurisdição sobre o domínio temporal, vendo-se obrigado a debruçar-se sobre os problemas da colonização espanhola, por causa dos muitos abusos cometidos, tomou a seguinte posição nos Cursos Universitários de Salamanca de 1538 e 1539 e nos livros que sobre eles se publicariam, o *De Indis* e o *De Jure Belli*: os índios, antes da chegada dos espanhóis, eram os verdadeiros donos daquelas terras e era a partir deste dado fundamental que todas as questões de posse, guerra, exploração, etc. deviam ser equacionadas. Deste modo, as suas opiniões vão basear-se sobre os três conceitos que na época eram básicos na Teologia moral e no Direito: o da

---

[5] In João Martins da Silva Marques, *Descobrimentos Portugueses. Documentos para a sua História*, vol. I, Lisboa, Instituto de Alta Cultura, 1944, p. 510.

guerra justa, o da validade dos títulos de posse, também dos escravos, e o da posição do índio face à religião cristã.

Assim, contestava os sete títulos de legitimação defendidos pelo Dr. Ginés de Sepúlveda, pelos *conquistadores* e por quase toda a corte dos Reis Católicos, a saber: 1) era direito do Imperador dominar o mundo; 2) era válida a doação feita pelo Papa; 3) a prioridade da descoberta concedia legitimidade de posse; 4) a mesma podia resultar da resistência dos naturais em receber o Cristianismo; 5) ou dos crimes dos índios contra o Direito Natural; 6) a sujeição voluntária à Coroa devia ser interpretada também no mesmo sentido da legitimidade da posse; 7) também o castigo da Providência[6].

Para Vitória, só eram legítimas as razões decorrentes de uma guerra justa. Quanto a esta, não podia resultar nem da diversidade de religião nem da vontade de engrandecimento do Príncipe. Somente a resposta a uma injúria grave podia ser razão para uma guerra justa que, aliás, ele regulamenta nas suas várias interpretações. Deste modo, Vitória não só rebateu falsas razões de domínio, como criou razões mais válidas para a guerra justa.

Embora negando o domínio universal do Imperador e do Papa, admitia que só por causa de uma guerra justa se devia aceitar a colonização, assente no Direito Natural. Assim entendida, no conjunto de outras sete proposições: todos os povos têm o direito de se expandirem; é direito da religião cristã espalhar-se por todo o mundo; os príncipes cristãos devem favorecer essa difusão; é legítima a reacção às perseguições contra os convertidos; é da maior conveniência que esses gozem da protecção de um príncipe cristão; devem combater-se os costumes bárbaros, nomeadamente os sacrifícios humanos; também é legítimo corresponder ao desejo de se obter a soberania do Imperador, ou de se implorar a sua protecção ou jurisdição.

Dado o grande prestígio de Francisco de Vitória, como teólogo (renovou várias áreas da teologia pastoral) e como canonista, as suas ideias tiveram ampla repercussão e valimento.

A defesa da colonização ibérica conheceu novos argumentos na contestação que o nosso Frei Serafim de Freitas fez da obra de Huig de Groot (1583-1645) *De Jure Praedae*, reivindicando o nosso direito

---

[6] Francisco de Vitória, *Relectio de Indis*, ed. crítica Madrid, Consejo Superior de Investigaciones Científicas, 1967, pp. 76 segs.

ao domínio dos mares que o jurista holandês declarava abertos e livres a todos os povos. Aliás, no seguimento dos procedimentos de má-fé do seu compatriota Jan Huygen van Linschoten para encontrar uma via marítima alternativa para a Índia.

Apesar do brilho argumentativo do seu capítulo VII, demonstrando que «Romanus Pontifex committere potuit regibus Hispaniae convertione indiorum et in consequentia navigationem, et comercium aliis prohibere»[7], as suas palavras caíram no vazio.

Paradoxalmente, a refutação de Serafim de Freitas no *De Justo Imperio Lusitanorum*, de 1625, marca o fim jurídico da boa-fé colonizadora e do *mare clausum*, tanto pela inaceitação internacional dos seus argumentos, como por dar razão, *a contrario*, aos argumentos de Francisco de Vitória, que ficaram a meio caminho da sua clarividência jurídica e da sua coragem de ir até ao fim na via contestatária.

Os seus argumentos da guerra justa mais parecem uma estratégia de contemporização com a doutrina oficial do Papado, do que um raciocínio levado às últimas consequências. Seja como for, foi nesta «escola» legitimadora da colonização com argumentos jurídicos e morais que se manteve, durante algum tempo, a boa-fé colonizadora, e é nela que devemos situar «As cinco razões que o Senhor Infante foi movido a mandar buscar as terras da Guiné», segundo Zurara, na *Crónica da Guiné*, precedendo esta e outras tomadas de posição.

O olhar do viajante, condicionado por semelhantes doutrinas, nem sempre se manteve nos limites da boa-fé da colonização, e ao lado do labor honesto e honrado dos que construíam a prosperidade do Reino e da Colónia, e dos que evangelizavam com pureza de intenção e de métodos, muitos houve cujo olhar era deliberadamente de má-fé, nos abusos que cometiam na posse de terras e riquezas, ou de boa-fé enlouquecida ou fanatizada de uma evangelização que também cometeu excessos e abusos.

Para exemplificarmos essas formas de má-fé colonizadora, escolhemos textos relativos também ao Novo Mundo, por serem os mais característicos da evangelização ibérica, num quadro de novidade civilizacional.

---

[7] Frei Serafim de Freitas, *De Justo Imperio Lusitanorum Asiatico*, Vallisoleti H. Morillo, 1625.

Em 1511, o padre Montesinos protestou violentamente contra o processo da escravidão, de tal modo que D. Fernando de Castela aderiu à convocação de uma Junta de Conselheiros e Teólogos que viriam a provocar as «leis de Burgos» de 1512 que, para além de princípios gerais sobre os indígenas, fixaram pressupostos políticos, económicos e sociais para a colonização.

Mas quem mais clamorosamente denunciou abusos e violências foi o dominicano Bartolomé de Las Casas, Bispo de Chiapas, na sua *Brevisima Relación de la Destrucción de las Indias*, de 1552. O próprio título da obra indica que era de grande má-fé o olhar sobre os índios, suas terras e bens: «Em estas ovejas mansas y de calidades susodichas por su Hacedor y Criador asi dotadas, entraron los españoles desde luego que las conocieron como lobos y tigres y leones crudelísimos de muchos dias hambrientos. Y outra cosa no ham hecho de cuarenta años a esta parte»[8].

Depois desta acusação geral enumera Las Casas, metodicamente, as crueldades e excessos cometidos nos diversos reinos e províncias da América. Por exemplo, o ocorrido no Peru, com a prisão do «Rey Universal y emperador de aquellos reinos que se lhamó Atalaliba com mucha gente desnuda y con sus armas de burla, no sabiendo como cortaban las espadas y heriam las lanzas y como corriam los caballos» (p. 159). Depois de uma mortandade em massa, pois não pode chamar-se batalha a afrontamento tão desigual, prenderam a Atalaliba que, por resgate, prometeu pagar quatro milhões que depois subiu para quinze, obtendo a promessa da libertação. «Pero, al fin, no guardándole la fe ni verdad (como nunca en las Indias con los indios por los españoles se ha guardado) [...] No obstante todo esto, lo condenaron a quemar vivo, aunque después rogaron al capitán que lo ahogasen y ahogado lo quemaron [...] y en pós del quemaron vivo a su capitán general Cochilimaca, el cual habia venido de paz al gobernador con otros principales. Asi mesmo, después de éstos dende a pocos dias quemaron a Chamba, otro señor muy principal [...] Asi mesmo quemaron a Chapera señor de los Canarios, injustamente. Asi mesmo Alvis, gran señor» (pp. 159-61). E prossegue a série de personalidades barbaramente assassinadas e de dizimação do povo indefeso:

---

8 Bartolomé de Las Casas, *Brevisima Relación de la Destrucción de las Indias*, Madrid, Cátedra, 1991, p. 77.

«los españoles recogieron mucho numero de indios y los encerraron en tres casas grandes cuantos en ellas cupieron, y pegáronles fuego y quemáronlos a todos sin hacer la menor cosa contra español ni dar la menor causa» (p. 162). Assim se chegava a acções de extermínio total de populações na Nueva España: «Entre otras matanzas hacieram esta en una ciudad grande de más de treinta mil vecinos, que se lhama Choluba» (p. 107) ou em Tejiaca, cidade ainda mas populosa, onde foram recebidos amistosamente pelo grande rei Motenzuma e toda a sua corte. Houve depois grande carnificina na Cidade do México e em outras províncias.

Contudo, eram tais a cegueira da guerra e a barbaridade dos costumes (de uma e outra partes), que também Las Casas foi criticado pelo seu relato, considerado excessivo e inexacto. Nem todos viram com os mesmos olhos essa destruição e suas motivações, entendendo-a em proporções menores, de resposta a outros ataques, ou para defender interesses considerados superiores.

Um dos que o faz, deixando por escrito as suas razões, é um militar de carreira, o governador e capitão-general da ilha Margarita, da América Espanhola, por volta de 1608, Don Bernardo de Vargas Machuca. Indignado com a *Brevisima Relación* de Las Casas, que considera denegrir a imagem da conquista espanhola como bárbara e cruel, e apesar de admitir abusos e excessos, considera essa obra errónea e muito exagerada, pelo que redigiu um conjunto de *Apologías y Discursos de las Conquistas Occidentales*, refutando, segundo a mesma ordem de expressão, as afirmações do dominicano.

Para Vargas Machuca, a evangelização dos índios só era possível depois da conquista e apoiada pela força militar, porque não eram os índios aquelas «ovejas mansas» de que falava Las Casas. E para o provar, rebatendo afirmações do livro «de indigno título», assim retrata os índios: «Si hay gente cruel en el mondo lo es ésta, así por la experiencia que tenemos de las cosas que intentan y hacen, como adelante se irán refiriendo, y es cosa natural hallarse en ánimos cobardes la cruedad, porque cuanto son cobardes tanto son crueles, vicio de fieras, y estos indios lo muestran bien, y de aqui nace cuanto se ven vencidos y que tienen miedo ser unos corderos, pero quando les falta y sobra la liberdad con vencimento no hay tigres que tan bravos sean, y asi si acuden a la obediencia y doctrina del Santo Evangelio es temiendo la fuerza de soldados a la vista, que hasta hay no se ha entendido en las Indias Occidentales haber echo efecto religiosos en ellas entrando solos sin campo de gente que ya se han hecho muchas pruebas en el caso y dejan sus vidas, y si alguno ha habido ha sido en indios cansados de la guerra y deseosos y de la paz y viendo cerca los soldados que estan mostrándose con las armas. Daré mi voto como hombre que tanto los he tratado y que tiene experiencia dellos en las conquistas y fuera de ellas, y créamme como cristiano que soy que para que se conviertan conviene que entreis a la par los religiosos y la gente de guerra porque será más breve la conversión y más almas las que se salvarán, pues todo este mundo no se puede estimar en tanto como el valor de uma sola»[9].

Para além disso, contrapõe outros factos em que mostra o papel positivo e civilizador dos seus soldados, ao mesmo tempo que enumera traições e crueldades dos índios...

Aliás, o mesmo tipo de argumentação justificativa da acção castelhana nas colónias americanas tinha usado o teólogo e canonista Dr. Sepúlveda, na famosa controvérsia de 1552 com o bispo de Chiapas, numa das doze objecções consideradas. Entendia Sepúlveda dever rebater as acusações de Las Casas apoiando-se em «el indulto y autoridad de la sede Apostolica y la justicia y honra de nuestros Reys y nación» (p. 45), ao considerar a guerra justa um mal menor em relação aos crimes cometidos pelos índios: «*Undécima objeción* – A lo que dice que por librar de muerte a los inocentes que sacrificaban era justa la guerra, pero no se debe hacer porque de dos males se ha de escoger el menor, y que son mayores los males que se siguen de esta guerra que las muertes de los inocentes, muy mal hace de todos los que de ella vienen y han tenido cuidado de saber esto, se sacrificaban cada año más de viente mil personas, el cual número multiplicando por treinta años que ha que se ganó y se quitó este sacrifício serían ya seiscientos mil, y en conquistarla a ela toda no creo que murieran más de número de los que ellos sacrificaban en un año, y también por esta se evita la perdición de infinitas animar los que convertidos a la fé se salvarán presentes y venideros» (pp. 52-53).

Quanto aos portugueses, a má-fé do viajante colonizador revelou--se, sobretudo, na renovação e intensificação da escravatura negra, parte dela então justificada pela teoria da guerra justa.

---

[9] Bernardo de Vargas Machuca, *Apologías y Discursos de las Conquistas Occidentales*, Junta de Castilla y Léon, 1993, p. 60.

Segundo Maurício Goulart, citado por Leonardo Dantas Silva, foram trazidos para o Brasil, de 1538 a 1850, cerca de 3 500 000 africanos[10].

É milenar a prática da escravatura, e ao longo da história tem sido praticada até aos primeiros reconhecimentos dos direitos do Homem, de maneira generalizada e justificada, praticamente por todas as nações.

A má-fé lusitana esteve na renovação e intensificação do tráfico negro a partir dos Descobrimentos, e nas tentativas de escravização dos índios através das chamadas «entradas» ou «resgates».

A elas se opuseram especialmente o franciscano Frei Cristóvão de Lisboa e o jesuíta António Vieira.

Vieira não encontrava melhor símile do fogo e suplícios do inferno que um engenho de açúcar do Brasil com seus escravos: «E que cousa há na confusão deste mundo mais semelhante ao Inferno, que qualquer destes vossos engenhos, e tanto mais quanto de maior fábrica? [...] E verdadeiramente quem vir na escuridão da noite aquelas fornalhas tremendas perpetuamente ardentes; as labaredas que estão saindo a borbotões de cada uma pelas duas bocas ou ventas, por onde respiram o incêndio; os etíopes ou ciclopes banhados em suor, tão negros como robustos, que subministram a grossa e dura matéria ao fogo, e os forcados com que o revolvem e atiçam»[11]. E quanto aos escravos: «Tiranizados devera dizer, ou martirizados; porque ferem os miseráveis pingados, lacrados, retalhados, salmourados, e outros excessos maiores que calo, mais merecem o nome de martírios que de castigos»[12].

Ao lado da má-fé do viajante colonizador, também navegaram alguns equívocos, paradoxalmente originados num certo tipo de boa-fé evangelizadora, mas que a contradiziam. Assim aconteceu quando o zelo evangélico se transformou em proselitismo, ao interpretar-se de maneira fundamentalista a máxima «extra Ecclesiam, nulla salus». Vinha tal aforismo desde o século III, de São Cipriano, que comparava a Igreja à «Arca de Noé fora da qual todo o homem perece», e que em

---

[10] Leonardo Dantas Silva, *Estudos sobre a Escravidão Negra*, vol. I, Recife, Fundação Joaquim Nabuco, 1989.
[11] Padre António Vieira, «Sermão Décimo Quarto», in *Obras Escolhidas*, vol. XI, Lisboa, Livraria Sá da Costa, p. 40.
[12] Idem, «Sermão Vigésimo Sétimo», *ibid.*, vol. XI, Lisboa, Livraria Sá da Costa, p. 93.

outro, igualmente radical, sentenciava: «Quem não tiver a Igreja por mãe, não pode ter a Deus por pai»[13]. Ideias estas reforçadas pela interpretação literalista da doutrina do Concílio de Florença (1438-45), sobretudo na sua aplicação aos pagãos: «nullos intra catholicam Ecclesiam non exsistentes, non solum paganos, sed nec iudeos aut haereticos atque schismaticos, aeternae vitae fieri posse participes»[14]. Daí a necessidade de expandir a fé, e a importância decisiva do Baptismo para a salvação.

O bom senso e a reflexão teológica bastaram à maioria dos evangelizadores para conciliarem o dever de evangelizar com uma actuação pastoral adaptada às culturas locais e respeitadora dos sentimentos individuais, embora entendidos restritamente pela mentalidade da época, tal como eloquentemente o demonstraram Vitória, Las Casas ou Vieira. Mas não assim para alguns obcecados e excessivos, como o franciscano Toríbio de Metolínea, autor de uma *Historia de las Indias de la Nueva España*[15], de 1616, e que permaneceu no México de 1524 a 1569. Interpretando estritamente os ideais de austeridade e pobreza, deu-lhes um sentido apocalíptico e milenarista, bastante inspirado em Joachim de Floris.

Como o frade florentino, Metolínea acreditava estar já adiantado o milénio que devia preceder o juízo final, e que tempo era chegado em que a Igreja romana, material e sacerdotal, ia passar para a Igreja do fim, a igreja espiritual dos religiosos, inaugurando um reino de caridade pura[16]. Daí uma verdadeira pressa e fúria evangelizante e baptizante que o levou a atacar Las Casas, que não procedia do mesmo modo, como descurando uma evangelização sistemática e eficaz.

Para Las Casas a evangelização devia ser respeitadora da soberania dos índios, pacífica.

Apesar de serem ambos contra a escravatura e a dizimação dos índios, Toríbio censurava Las Casas pela denúncia dos excessos castelhanos, por entender que isso traria prejuízo à evangelização. Ele não

---

13 *Epistolae*, LXIII/21,2 e IV/4,3; *De Unitate Ecclesiae*, 23, apud F. Cayré, *Patrologie et Histoire de la Theologie*, I, I, Paris, Desclée, 1953, pp. 290-303.
14 Denzinger, *Enchiridion Symbolorum*, Barcelona, Herder, 1951, n.º 714.
15 Frei Toríbio de Metolínea, *Historia de Los Indios de la Nueva España*, Madrid, Castalia, 1985.
16 Georges Baudot, «Introducción» a Metolínea, *Historia de Los Indios*, pp. 7-40.

perdia o seu tempo e apressava o baptismo de multidões. Com entusiasmo e orgulho declarava no capítulo II da sua obra: «Yo creo que después que la tierra se ganó, que fue el año de mil quinientos y veinte e uno, hasta el tiempo que esto escribo, que es el año de 1536, más de quatro milliones de animas (se han bautizado) y por dónde yo lo sé, adelante se dira»[17]. Cifra esta que completa mais adiante: «a mi juicio y verdadeiramente serán bautizados en este tiempo que digo, que serán 15 años, más de nueve miliones de indios», atribuindo a si próprio um número impressionante de baptizados: «en cinco dias que estuve en aquel monasterio otro sacerdote y yo bautizamos por cuenta catorce mil y doscientos y tantos» (p. 235).

Este verdadeiro delírio sacramentalizante e proselitista que relevava, por certo, de uma urgência milenarista, não só teve forte objecção de outros missionários, como da própria Santa Sé, que se viu forçada a intervir pela bula pontifícia *Altitudo Divinii Consilii*, de 1537, antecedida e corroborada por advertências várias, e de sínodos relativos à evangelização do México.

Também na boa-fé/má-fé se inscrevem as atitudes dos viajantes missionários que não se limitavam, em certos casos, a condenar e insultar os seguidores de outras religiões, mas iam ao ponto de quebrar os ídolos e destruir os seus templos. Aliás, também adeptos dessas outras crenças destruíam e queimavam igrejas cristãs.

A evangelização era também entendida como guerra aberta entre Deus e o Diabo, como está encenada no teatro de Anchieta, nomeadamente no *Auto de São Lourenço*[18].

Por exemplo, o Padre António de Andrade, em 1625, no seu *Novo Descobrimento do Gran Cathayo*, ao escutar as aclamações dos gentios ao seu pagode, desabafava: «Ouvíamos nós estas vozes do inferno, e já que não podíamos tomar outra vingança do maldito pagode nos apostávamos a lhe lançar com a mesma frequência outras tantas maldições»[19].

Acrescente-se que estas e outras formas deturpadas de evangelização relevam não só dos imperativos do ideal de Cruzada incenti-

---

17 Frei Toríbio de Metolínea, *ibid.*, p. 225.
18 Padre Armando Cardoso, *Teatro de Anchieta*, São Paulo, Loyola, 1977.
19 Padre António de Andrade, «O descobrimento do Tibete», in *Notícias da China e do Tibete*, Lisboa, Alfa, 1989, pp. 69-70.

vado inicialmente pelos Pontífices Romanos, mas também por uma convicção generalizada segundo a qual a evangelização só era possível, ou pelo menos mais fácil e eficaz, se precedida por uma acção civilizadora por parte do Estado.

Em compensação, o Estado teria o proveito indirecto de os missionários funcionarem como elementos de ocupação e soberania no território, sendo as vantagens comuns. Daí a instituição do Padroado Ultramarino Português, iniciado praticamente em 1418, com o Papa Martinho V, em que cada vez mais as duas partes se apoiavam.

Se a Coroa apoiava com todos os seus meios a evangelização, esta, por sua vez, operava também como agente de ocupação do território, de sedentarização das populações, sobretudo nas regiões mais inóspitas. Daí a ambiguidade de muitas acções e os equívocos modernamente satirizados por António Alçada Baptista quando afirmava que em várias ocasiões a cruz fazia as vezes da espada e a espada as da cruz, sem se darem os seus detentores grande conta disso.

Este foi, pois, um dos pressupostos axiológicos que durante séculos guiou os viajantes na colonização e na evangelização.

No prolongamento e degradação do sistema colonial veio o colonialismo, pelo adiamento contínuo da independência da colónia ou simplesmente pela única preocupação de explorar exaustivamente todos os recursos naturais e matérias-primas que a civilização industrial e, depois, a produção em série exigiam sempre mais. Grandes companhias, protegidas militarmente, foram instaladas, como percursoras das multinacionais modernas em países teoricamente independentes.

Descrição esclarecedora de uma dessas situações é a que faz Louis-Marie de Bougainville no *Voyage autour du Monde*, em que teve de aportar às ilhas Molucas, mais precisamente, à de Boëro. Aí foi encontrar uma «companhia holandesa» cuja actividade reguladora e controladora da região é notável. Descreve-lhe a situação geográfica, as classes de habitantes, suas festas, formas de exploração dos recursos, etc., resumidas nestas palavras: «Tout ici appartient à la Compagnie direct ou indirectement, gros et menu bétail, grains et denrées de toute espèce. Elle seule vend et achéte»[20].

---

20 Louis-Antoine de Bougainville, *Voyage autour du Monde*, Paris, Maspero, 1980, p. 236.

Com ligação, por vezes subtil, ao colonialismo ou preparatório dele, existiu ainda o olhar de viajantes pouco escrupulosos de Companhias, ditas, por exemplo, das Índias Orientais ou Ocidentais, que através da ocupação, pirataria, presa e saque arrecadavam riquezas fabulosas, por exemplo, assaltando galeões espanhóis e portugueses que regressavam das Américas, do Brasil ou das Índias.

É exemplo de uma situação desse tipo o relato pitoresco de um mercenário que se alistou na frota holandesa que atacou a Bahia em 1625, tendo-a conquistado e depois perdido. Aldenburgk descreve assim o saque: «Na mencionada cidade de São Salvador, não encontramos outra gente senão negros, mas grandes riquezas em pedras preciosas, prata, ouro, âmbar, muscada, bálsamo, veludo, sedas, tecidos de ouro e prata, cordovão, açúcar, conservas, especiarias, fumo, vinho de Espanha e Portugal, vinho das Canárias, vinho tinto de Palma, excelentes cordiais [...] não tardou em começar o jogo *à vous, à moi*, dividindo-se o ouro e a prata em chapéus, e havendo quem arriscasse numa carta trezentos a quatrocentos florins»[21].

Olhar ainda mais malévolo e colonialista foi o dos viajantes-exploradores que substituíram os viajantes-navegadores, sobretudo depois de 1788, data em que foi formada a Sociedade de África, em Londres, por Sir Joseph Banks, e que impulsionou as grandes expedições tal como as ambições das grandes potências incentivadas pela Conferência de Berlim de 1884 a partilharem entre si a África.

A má-fé desses olhares é bem visível nos relatos das expedições ou nos comentários das Sociedades Científicas considerando que países pequenos e de economia débil, como Portugal, não mereciam nem podiam sustentar impérios coloniais grandes, impondo-se o dever civilizador de serem as grandes potências a administrarem-nos. Criou-se assim uma espécie de teoria do «colonialismo comparado», legitimador de novos imperialismos colonizantes.

Os seus agentes estão agora melhor preparados que os antigos. O novo viajante-explorador já não é um curioso marinheiro, missionário ou escrivão, a registar «singularidades» e «maravilhas», mas um cien-

---

21 Johann Gregor Aldenburgk, *Relação da Conquista e Perda da Cidade do Salvador pelos Holandeses em 1624-1625*, Rio, Brasiliensia Documenta, 1961, pp. 173-74.

tista com a mentalidade racionalista da *Enciclopédia* que no final das expedições elabora um relatório que apresentava em reuniões de sábios. Relatório esse corroborado por desenhos feitos pelos artistas que o acompanharam, e por objectos – máscaras, minerais, fósseis, plantas, esculturas, etc. – trazidos dos locais, que iam depois enriquecer as colecções dos museus da Europa.

Outro olhar do viajante que muito dificilmente escapa à má-fé, é o olhar do racismo, construído a partir das diferenças antropológicas, de que se tiraram graves ilações sociais e morais, pretensamente científicas. O olhar do racismo distorce a realidade e leva outros a falseá-la, porque se apresenta como baseado em observações científicas, naturalmente mais credíveis que as espontâneas. Racismo que, embora surgindo como tal no século XVIII, foi buscar às observações dos viajantes dos séculos anteriores, geralmente feitas de boa-fé, matéria para a sua teorização.

Com efeito, sempre os viajantes relataram as diferenças físicas e os usos e costumes dos povos descobertos, no esforço de os perceberem, acrescentando a essas descrições exteriores os seus hábitos sociais e religiosos diferentes. A discriminação feita nesses primeiros séculos mais tinha a ver com as ideias fantasistas da tradição medieval que, com Santo Isidoro de Sevilha, queriam explicar o estranho e insólito através de quatro categorias de seres: portentos, ostentos, monstros e prodígios[22], sem cuidar de outro tipo de critérios.

O que vai ocorrer no chamado Século das «Luzes», que tudo julgava saber e dever julgar, é o paradoxo de ser ele, o século da razão, a criar o racismo como teoria científica de uso social, teoria que o século seguinte, positivista, vai pôr em prática de maneira desumana. Antes, as diferenças de cor e outras características morfológicas não eram necessariamente associadas a um estatuto de inferioridade ou superioridade, até porque o estado de natureza podia ser ultrapassado pelos hábitos da civilização. O racismo vai ser determinista, fixando inapelavelmente as pessoas a uma raça superior ou inferior.

Merece alguma atenção ver como antes, nos primeiros contactos, foram descritos os índios, e como depois tudo foi alterado.

Cristóvão Colombo, no *Diario de a Bordo*, deu aos naturais das ilhas o nome de índios porque andava obcecado à procura das Índias.

---

22 Santo Isidoro de Sevilha, *Etimologias*, vol. II, Madrid, BAC, p. 47.

Mas trata-os com respeito, chamando-lhes «homens», «mancebos», «todos a una mano son de buena estatura de grandeza y buenos gestos, bien echos»[23]. E, pelo que observou, concluiu que eles podiam ser cristãos como ele, «deben ser buenos servidores y de buen ingenio [...] y creo que ligeramente se harían cristianos, que me pareció que ninguna secta tenian» (p. 91). Observações estas tanto mais valorativas quanto continuava a pensar existirem seres monstruosos, pois registou a informação dos índios de que naquelas paragens existiam homens com um só olho ou com focinho de cão, antropófagos que bebiam sangue (p. 116).

Com mais respeito e consideração ainda são os índios tratados por Pêro Vaz de Caminha na sua Carta. Quando a eles se refere, as palavras e expressões que emprega são, repetidamente: «homens», «dois mancebos dispostos e homens de prole», «os hóspedes assentam-se cada um em sua cadeira», «gente de tal inocência»... Só uma vez é empregada uma expressão depreciativa, quando dois índios presenteados pelo Capitão não voltaram mais à nau, chamando-lhe Pêro Vaz «gente bestial e de pouco saber»[24].

Atitude e classificação mais severa é a usada por Álvaro Velho, presumível autor do *Roteiro de Vasco da Gama para a Índia*, descrevendo uma pequena festa dada pelos negros em Angra de Santa Helena, em que, inesperadamente, alguns deles se puseram a tocar flauta, comentado o cronista: «concertavam muito bem para negros de que não se espera música; e bailavam como negros»[25].

Entendemos que, tanto num caso como noutro, não há qualquer espécie de racismo, antes o registo da diferença, pois estavam ainda no estado natural de não civilizados, ignorando as maneiras e comportamentos próprios dos europeus. Diferença que não impede Pêro Vaz, por exemplo, de considerar o índio como seu semelhante.

Essa a razão por que, tal como Colombo, também os considera dignos de receberem a fé cristã: «a feição deles é serem pardos, maneira de avermelhados, de bons rostos e bons narizes bem feitos [...]

---

23 Cristóvão Colombo, *Diario de a Bordo*, Madrid, História 16, p. 91.
24 Jaime Cortesão, *A Carta de Pêro Vaz de Caminha*, Lisboa, Imprensa Nacional - Casa da Moeda, 1994, p. 166.
25 *Diário da Primeira Viagem de Vasco da Gama*, in *Grandes Viagens Marítimas*, coord. de Luís de Albuquerque, Lisboa, Alfa, 1989, p. 13.

ali andavam entre eles três ou quatro moças bem moças e bem gentis com cabelos muito pretos e compridos, pelas espáduas e suas vergonhas tão altas e tão cerradinhas e tão limpas das cabeleiras [...] Parece-me gente de tal inocência que se homem os entendesse e eles a nós, seriam logo cristãos» (p. 161).

Observações diferentes foram as de estrangeiros ainda no século XVI, a do alemão Hans Staden (1548-1505) e a do francês Jean de Léry (1578). Foi o alemão capturado pelos índios, tendo conseguido escapar a ser comido. Deixou-nos o relato dramático de uma sentença de morte antropofágica permanentemente adiada. Sempre que se refere aos índios trata-os por «selvagens», logo a partir do título do seu relato de viagem: *A Verdadeira História dos Selvagens Nus e Ferozes Devoradores de Homens, Encontrados no Novo Mundo, a América*[26].

Do mesmo modo Jean de Léry na *Histoire d'un Voyage en Terre du Brésil*: «Mon intention et mon sujet sera en cete histoire de seulement déclarer ce que j'ai pratiqué, veu, ouy et observé tant sur mer, allant et retournant, que parmi les sauvages ameriquains»[27].

Para os homens esclarecidos da *Enciclopédia* de Diderot, que recolheram esta tradição, selvagens eram os que não estavam sujeitos a nenhum jugo e que viviam à parte dos outros. Nisso, segundo a mesma *Enciclopédia*, se distinguiam os bárbaros, pois «il y a cette difference entre les peuples sauvages et les peuples barbares, que les premiers sont des petites nations dispersées qui ne veulent point se réunir, ou bien que les barbares s'unissent souvent, et cela se fait lorqu'un cheff en a soumis d'outres»[28]. Nessa situação, os selvagens eram apenas dominados pela natureza e pelo clima, não tendo qualquer religião.

Para os positivistas do século XIX, e segundo a *Grande Encyclopédie* de Berthelot (1886-1903), que sintetiza as ideias da época já trabalhada pelas «luzes», selvagens e bárbaros situavam-se no mesmo pólo, oposto ao dos civilizados.

No artigo «civilization» (que não figura na *Enciclopédia* de Diderot) expõe-se em sete colunas densas a dialéctica que opõe uns aos

---

26 Hans Staden, *A Verdadeira História dos Selvagens, Nus e Ferozes Encontrados no Novo Mundo, a América*, Rio de Janeiro, Dantas, 1999.
27 Jean de Léry, *Histoire d'un Voyage en Terre du Brésil*, Paris, Poche, 1994, p. 105.
28 *Encyclopédie ou Dictionnaire Raisonné des Sciences, des Arts et des Métiers*, Paris, Briasson, 1753.

outros: «Le nouveau point de vue» assenta em que «on admet, en général que les hommes passent graduellement de la sauvagerie à la barbarie, et de la barbarie à la civilization; c'est la doctrine du progrès»[29]. Entendia-se, assim, que a História caminhava segundo um processo linear e contínuo de progresso, e que o homem selvagem, muito próximo do estado de natura, vivia uma fase rudimentar, ainda muito animal. Na desorganização social e religiosa dos «selvagens» encontravam os viajantes colonizadores fundamentação para os dominarem e ensinarem novas formas de vida em sociedade, e novas crenças. Pêro de Magalhães de Gândavo no *Tratado da Província do Brasil* observa: «A língua deste gentio toda pela costa é uma, carece de três letras *s* não se acha nela *f*, nem *l* nem *r*, cousa digna de espanto por que assi não tem fé, nem lei, nem Rei, e desta maneira vivem sem justiça e desordenadamente»[30]. Staden afirma no capítulo doze: «Eles não têm nenhum direito estabelecido e também nenhum governo próprio. Cada cabana possui um chefe que é, por assim dizer, um rei. Todos os chefes são da mesma linhagem, tendo poderes iguais de mando e de governo – independente de como se queira chamá-los»[31]. Jean de Léry no cap. XVIII, «Ce qu'on peut appeler loix et police entre les sauvages»: «Quant à la police de nos sauvages, c'est une chose presque incroyable, et qui ne se peut dire sans faire honte à ceux qui ont les loix divines et humaines, comme estans seulement conduits par leur naturel, quelque corrompu qu'il soit, s'entretiennent et vivent bien en paix les uns avec les outres»[32].

Ora, como era dever das nações europeias civilizarem e evangelizarem os selvagens, as respostas mais adequadas foram as das «*encomiendas*», «reduções», «aldeamentos», etc., e de uma actividade sedentarizante e civilizadora. Deste modo, a terminologia definidora destas situações era a de «selvagem» *versus* «civilizado», e de «pagão» *versus* «cristão».

O olhar dos novos viajantes é agora diferente: o de Cook, Bougainville, Humboldt, Spix e Martius, Darwin, Capelo e Ivens, Ale-

---

29 *Grande Encyclopédie, Inventaire Raisonné des Sciences, des Lettres et des Artes*, Paris, Lamirault, 1886-1903.
30 Pêro de Magalhães de Gândavo, *Tratado da Província do Brasil*, Rio de Janeiro, Instituto Nacional do Livro, 1965, p. 138.
31 Hans Staden, *ibid.*, p. 146.
32 Jean de Léry, *ibid.*, p. 439.

xandre Ferreira... Os seus retratos humanos, as suas descrições do *habitat*, as suas observações sobre as diferenças de cor, morfologia, usos e costumes, forneceram ampla matéria para que os teóricos tirassem ilações deterministas de carácter racista.

O espírito do tempo, iluminado e positivo exigiu que as ciências da natureza se regessem pela filosofia, e postulavam para estas uma inspiração das ciências da natureza, revalorizando a experiência.

As classificações surgem como conclusões raciocinadas, segundo as classificações de Lineu no *Sistema Naturae*, misturando os caracteres com a anatomia: o negro africano guiado pela fantasia, o europeu pelos costumes, por exemplo. Cuvier considerava os indígenas africanos como pertencendo à mais degradada das três raças, branca, amarela e negra. Das observações feitas por Darwin em longas viagens científicas, e partindo da teoria da *Origem das Espécies* e da sua evolução, alguns foram mais longe colhendo argumentos para uma hierarquização de capacidades e de raças. Humboldt, apesar de espírito esclarecido e avesso a todas as formas de discriminação não deixou, porém, de se referir a algumas raças como de melhor desenvolvimento mental. Também Buffon sustentava que as raças consideradas inferiores podiam melhorar no contacto com a raça superior branca. Agassiz não se coibiu de afirmar que o negro ocupava o lugar inferior na escala das raças por ser a sua dotada de uma «apatia particular»[34].

Na expressão de Stephen Jay Gould, na segunda metade do século XIX as ciências humanas ficaram obcecadas pelos números e pela crença em medidas rigorosas que garantem um rigor tão irrefutável como o da física de Newton. Deste modo, «l'evolution et la quantification formèrent une alliance impie: en un sens, leur union forgea la première théorie élaborée du racisme scientifique»[35].

O grande entusiasta deste rigor foi Francis Galton, e tudo viria a ser quantificado e medido: os casamentos, o número de filhos, a beleza, o aborrecimento e até, imagine-se, a eficácia da oração calculada através de um inquérito estatístico!

Foi esta dinâmica quantificadora e hierarquizadora desencadeada pelas viagens dos sábios naturalistas que resolveram aplicar ao homem classificações de raça e de capacidade a partir de critérios morfoló-

---

[34] Stephen Jay Gould, *La Mal-Mesure de l'Homme*, 2.ª ed. Paris, Odile Jacob, 1997, pp. 64 segs.
[35] *Ibid.*, p. 108.

gicos mensuráveis: a cor da pele, a forma dos cabelos, a estatura, a forma e o conteúdo do crânio, os grupos sanguíneos, etc. Tudo serviu para enquadrar a humanidade em raças, desde as quatro propostas de Lineu até às vinte e sete de Henri Vallois[35].

Particular atenção mereceu a craniometria, por exemplo, de Morton, a teoria frenológica de Broca, estudando as circunvoluções e localizações cerebrais, a medição do ângulo facial que tanto identificava o grau de inteligência como de criminalidade, chegando a estabelecer-se uma escala que era de 50° para os gorilas, 62° para os negros do Níger e os 100° para os habitantes do Tirol.

E desses ângulos faciais se aproveitava a chamada antropologia criminal de Gall, Broussais ou Lombroso.

Dessa teoria também se utilizou o anticlericalismo, medindo o ângulo facial dos jesuítas para provar serem eles criminosos sociais.

Se hoje a Antropologia julga inaplicável à espécie humana o conceito de raça, e se foram abandonadas as correspondências entre raça e cultura[36], o certo é que estes conceitos tiveram um notável prestígio científico, hoje dado como falso e preconceituoso, de consequências bem conhecidas no plano social.

Gobineau com o seu *Essai sur l'Inégalité des Races Humaines*[37] não fez mais do que articular as conclusões de um processo de observação prestigiado pelas ciências. Aliás, o Iluminismo na sua orgulhosa pretensão de tudo submeter ao crivo da razão – «c'est nous les modernes les premiers que savons que...», sentenciava Gobineau –, desdenhando dos saberes anteriores, multiplicou-se em «viagens filosóficas» – de que é exemplo típico a do nosso Alexandre Rodrigues Ferreira[38] às capitanias do Norte do Brasil – e já tinha diagnosticado a inferioridade da terra americana, dos seus animais e plantas[39].

Esta inferioridade também se estendeu ao homem, não só americano mas, sobretudo, negro, a partir das observações das viagens e

---

35 François de Fontette, *Le Racisme*, 8.ª ed., Paris, PUF, p. 9.
36 J. Hiernax, «Race», in *Dictionnaire de l'Ethnologie et de l'Anthropologie*, 2.ª ed., Paris, PUF, 1992, p. 612.
37 Gobineau, *Essai sur l'Inegalité des Races Humaines*, Paris, Gallimard, 1983 [1853].
38 Alexandre Rodrigues Ferreira, *Viagem Filosófica*, Rio de Janeiro, Conselho Nacional de Cultura, 1974.
39 Antonello Gerbi, *O Novo Mundo*, São Paulo, Companhia das Letras, 1996, pp. 132 segs.

reflexões de Lineu, Buffon, Pow, Hegel, Darwin, Bougainville... Foi com esses dados que Gobineau no *Essai* explicou a causa dos sucessos ou colapsos das civilizações, «si grands qu'on les suppose paraissent s'expliquer aisément; on les accept comme des simples conséquences des dons intellectuels de l'homme»[40]. Por isso, baseando-se na anatomia comparada do cérebro concluiu pela superioridade e inferioridade das raças e das línguas faladas. Estas, pela sua constituição, serão intelectualmente desiguais, sobressaindo as raças brancas, as únicas criadoras de cultura, mas que precisam de ser purificadas por já terem admitido misturas.

Para chegar a estas conclusões tiveram grande importância para Gobineau os textos da literatura de viagens, pelo que citava, repetidamente, a obra de Spix e Martius *Reise en Brasilien*, de Von Humboldt, Pickering e outros.

A discriminação racista foi tão longe, que Albert Saint-Hillaire, da família do grande naturalista, teve a ideia de exibir «selvagens» das colónias, com o aplauso entusiasta da Societé Anthropologique de Paris, criada por Paul Broca, como iniciativa louvável de fomento da «educação nacional». Aliás, a ideia não era nova: já no tempo das primeiras navegações se traziam homens de outras «raças» e animais estranhos (elefantes, rinocerontes...) para serem mostrados e servirem de prova das novas descobertas. Chegaram a ser organizados espectáculos em que eles eram mostrados à corte e ao povo, já com algum preconceito racista, mas sem se chegar aos extremos do século XIX.

Dessas exibições, uma das mais notáveis foi a de Rouen, em 1550, nas margens do Sena, perante Francisco I e Catarina de Médicis, em que 50 índios tupinambás simulavam combates na selva, em cenário cuidadosamente reconstituído para o efeito, não faltando a reconstrução de malocas, profusão de flores, papagaios, macacos, etc., trazidos por marinheiros franceses.

A inferioridade dos índios era entendida como superável pela civilização e assentava tanto em aspectos sociais como religiosos, para além de algumas dúvidas sobre a sua condição humana. Ferdinand Denis, que apresentou documentação sobre esse episódio e o comentou, considera que esses textos descrevem os índios «étant un peu moins que les noirs et un peu plus que orangoutangs». Contudo,

---

[40] Gobineau, *ibid.*, p. 141.

oportunamente, continua Denis, antes dos filósofos, dois frades dominicanos, Frei Domingos de Minoya e Frei Domingos de Betamos, refutavam tais dúvidas, pedindo em 1536 ao Papa Paulo III que reconhecesse numa bula, para toda a Cristandade, os direitos e a dignidade dos naturais da América, e condenasse a sua escravização. O que ele fez através da bula promulgada em 9 de Junho de 1536 que declara a concluir: «veritas ipsa quae nec falli nec fallere protest», dando como certo que os americanos sejam reconhecidos como homens verdadeiros.

A questão voltaria a ser debatida no Concílio de Lima, em 1583, que confirmou serem os índios, plenamente, homens dotados de inteligência e dignos de receberem os sacramentos[41].

Que pensar dos «sábios» que, até 1825, exibiram Sara Baartman, a «Vénus hotentote» africana, nua, em Universidades e Museus da Europa, comparada por Cuvier a um orangotango, símbolo étnico e sexual?

Voltando a Saint-Hillaire: depois de uma exposição de cães em 1877, iniciou uma série de exposições ditas etnográficas de enorme sucesso popular: só no ano de 1878 registou 985 000 visitantes.

As exposições estenderam-se a Londres em 1877 e ao Jardim Zoológico de Berlim em 1879. Em Paris foram quase contínuas durante mais de 35 anos, com o público a lançar por cima das grades alimentos, bugigangas, no meio de gargalhadas divertidas[42].

Com as mostras destas «espécies» selvagens, também concorriam as exposições de anões, liliputianos, corcundas, gigantes, por exemplo, no Jardim de Aclimatização de Paris, em 1909.

Momentos de exaltação especial nestas exibições, e outros espectáculos nelas inspirados eram os «combates sanguinários» dos «selvagens», sobretudo dos «selvagens antropófagos», suas danças tribais no Champ de Mars ou nas Folies Bergères.

A seguir vieram as exposições coloniais que chegaram até aos nossos dias nas grandes capitais e outras cidades europeias, a partir da Exposição Universal de Paris de 1889.

Em Lisboa, na Grande Exposição do Mundo Português de 1940 ainda se exibiram amostras desses aldeamentos indígenas.

---

41 Ferdinand Denis, *Une Fête Brésilienne*, Paris, J. Techener, 1851, pp. 1-19.
42 Regis Guyotat, in *Le Monde*, Paris, 16 e 17 de Janeiro de 2000.

Modernamente, a versão que ainda se conserva, mas artificial, para atrair turistas, são as aldeias típicas que se apresentam como uma síntese de civilização e culturas, como acontece na Coreia e na África do Sul.

Quanto à caminhada do racismo no século XX, já depois do ocaso da literatura de viagens, todos sabemos como foi a sua triste marcha, quer no nazismo e holocausto, quer em disfarces do *apartheid*. Mas essa tragédia já nada teve a ver com a literatura de viagens, nem com a ciência, mas tão-somente com formulações ideológicas enlouquecidas pela ambição política.

Viajes y viajeros. Modalidades y motivaciones
desde la Antigüedad clásica hasta el Renacimiento

Juan Gil

Es probable que tengan su parte de razón los que pretenden reducir la Historia a una lucha constante entre los pueblos nómadas y los sedentarios, duelo sin cuartel mantenido hasta que el fuego de los cañones puso triste fin a la romántica carga de caballería. En último término, sin embargo, la única cultura que conoció la cuenca mediterránea, a la que por motivos obvios vamos a circunscribirnos, fue desde tiempos remotísimos la urbana. Esta circunstancia tuvo repercusión tan inmediata como evidente en el abanico de posibles viajes a realizar por los miembros de la comunidad. En realidad, el único viajero propiamente dicho que aparece en los poemas homéricos es el mercader que, desafiando los peligros del mar, trafica de mercado en mercado y cuenta llegado a puerto exóticas aventuras; y aun, si se tercia, roba el tierno corazón de la princesita local. En cuanto a los héroes (Ulises, Menelao, Jasón), sus aventuras venían a ser un viaje iniciático gracias al cual se lograba fama imperecedera y hasta se alcanzaba la inmortalidad, recompensa máxima que había quien rechazaba desdeñoso.

Con el tiempo – o la mayor abundancia de fuentes narrativas – se ampliaron las oportunidades de ver mundo. Las naves helenas llegaron hasta el Mar Negro y el reino de Tarteso, narrando maravillas de uno y otro extremo. De Grecia salieron soldados, artistas, médicos y aventureros de toda laya a ofrecer sus servicios a Egipto y Persia. El hermano de Alceo, Antiménidas, regresó «de los últimos confines de la tierra» muy orgulloso de llevar colgando del tahalí una espada con incrustaciones de marfil en su empuñadura[1]. Los tiranos exiliados – o sus familiares – desempeñaron un papel importante en la política del Mediterráneo oriental. Las guerras médicas fueron en muchos casos una verdadera guerra civil, buena prueba de la profunda y cordial comunicación que se había llegado a establecer entre persas y griegos.

1 Alceo, fragmento Z 27 Lobel-Page.

Festividades y oráculos, que contribuyeron a dar cohesión a la Hélade, facilitaron y estimularon al tiempo los desplazamientos. Los juegos reunían a una muchedumbre variopinta en Olimpia, Delfos, Corinto o Némea. A consultar el oráculo acudía gente desde muy lejos, incluso desde Lidia y Persia. La afluencia de visitantes generó otras necesidades que ya podríamos denominar turísticas, pues no todos se conformaban con admirar los frontones del templo délfico, como hizo boquiabierto el coro de mujeres atenienses que aparece en el *Ión* de Eurípides[2]. En los lugares sagrados hubo desde antiguo cicerones o *exegetaí* que ilustraban a los visitantes sobre las venerandas reliquias que en ellos se guardaban; en los templos suplían sus veces los *neokóroi* o sacristanes.

Cuando el viaje empezó a ser considerado una fuente de conocimiento, fue Egipto el país que más atrajo el interés de los griegos. Heródoto dedicó todo un libro de su historia a narrar las excelencias de una civilización por la que se sintió hondamente impresionado y a la que también Platón profesó admiración ilimitada. El historiador, que trató de distinguir entre lo que refería de vista (hasta Elefantine) y lo que contaba de oídas (de allí en adelante), trató de conversar con los naturales del país en su aspiración por contrastar la veracidad de sus informaciones: como las explicaciones dadas en Menfis por los sacerdotes de Hefesto le parecían exigir una comprobación, se desplazó a Tebas y a Heliópolis[3]; otros personajes, en cambio, no le merecieron tanto crédito, como el escriba del tesoro de Atenea en Sais, que le pareció un chufletero[4]. Alejandro Magno también rindió el debido tributo a Egipto, donde el Ammón del oasis de Siwa lo saludó como hijo de Zeus. Fundación suya fue Alejandría, que señoreó, broche de dos mares, el comercio mediterráneo en época ptolemaica. Sus fastuosas procesiones, asombro del mundo, convocaron a un gentío inmenso; la muchedumbre se agolpaba en las calles sobre todo durante la fiesta de la muerte de Atis, celebrada a finales de marzo, para oír cómo cantantes afamadas entonaban endechas por el dios fallecido que pronto habría de resucitar.

El embrujo del Nilo sedujo hasta a los nuevos bárbaros de Occidente que desde la segunda Guerra Púnica aspiraron sin tapujos al

---

2 Verso 184ss.
3 Cf. II 3, 1; 10, 1; 13, 1; etc.
4 II 28, 1.

dominio del Mediterráneo. En el 112 a. C. un senador romano, Lucio Memmio, realizó un viaje turístico hasta Arsínoe. La cancillería ptolemaica, deferente con los representantes de la nueva potencia mediterránea, preparó con servil cuidado los más mínimos detalles de la visita; al ilustre huésped, mimado y recibido con regalos por doquier, se le habían de enseñar las curiosidades locales sin perdonar la más mínima: los cocodrilos sagrados, con la carnaza preparada, el laberinto, etc.[5]; ni más ni menos que como a un senador estadounidense se lo podría llevar hoy a dar palmas desangeladas a un *tablao* flamenco. Augusto intentó preservar como coto cerrado del emperador la cuenca del Nilo, siempre turbulenta y, para colmo, sacudida por rebeliones intermitentes de los «boyeros» (*boukóloi*), bandidos que, por cierto, amenazaron con poner sangriento fin a los amores de Leucipe y Clitofonte[6]. Todo en vano. Egipto precisamente fue la meta de uno de los pocos viajes de recreo que emprendió un miembro de la familia imperial romana, Germánico, quien, contraviniendo quizá inconscientemente las órdenes de su tío Tiberio, remontó el Nilo hasta Tebas para contemplar asombrado los monumentos de los faraones[7].

Pero pasemos ya a Roma, que, heredera aventajada del helenismo, extendió la civilización griega por toda la *ecúmene*. Bajo la paz del imperio aumentó el intercambio cultural entre las diversas provincias y se multiplicaron los viajes, sobre todo los mercantiles: un mercader de Hierápolis en Frigia, Flavio Zeuxis, se jactó de haber navegado 72 veces a Italia[8]. Todo romano cultivado (Cicerón, Horacio, Virgilio) sintió el deber de ir a la Hélade una vez como mínimo, como después será obligado que todo europeo culto rindiera un viaje a Italia. Este turismo floreciente inspiró en el siglo II a Pausanias la excelente idea de hacer una guía de Grecia para uso de romanos distinguidos y aun de los habitantes de Asia Menor.

Para entonces Italia tenía también sus celebridades y sus centros turísticos. Horacio describió un viaje desde Roma a Bríndisi en una de sus *Sátiras* (I 5), reseñando irónicamente las particularidades de las

---

5 A. S. Hunt-C. C. Edgar, *Select Papyri*, II, Cambridge Mass., 1977, p. 566, n.º 416.
6 La pareja protagonista en la novela de Aquiles Tacio (III 9ss.).
7 Tácito, *Anales*, II 59, 1. Un siglo más tarde Demetrio de Sunio viajó a Egipto por el deseo de «contemplar las pirámides y oír [al coloso] de Memnón» (Luciano, *Toxáride*, 27ss.).
8 L. Friedländer, *Sittengeschichte Roms*, Leipzig[5], 1881, II, p. 58.

villas y aldeas por donde pasaba: el blanco roquedo de Ánxur, el pan «pétreo» de Canusio, el milagro del incienso de Gnacia, supuestamente derretido sin fuego. Pero de todas las ciudades itálicas se llevaba la palma Roma, la Áurea Roma, la capital del imperio, engalanada con los humildes recuerdos de los orígenes y los imponentes monumentos construidos por Augusto y los demás Césares: cerca de Vélitras se encontraba el lugar donde había sido criado Octavio; según otros, allí mismo había nacido[9]. Al curioso se le ofrecían otras excursiones apetecibles. Los amantes de la poesía se daban cita ante la tumba de Virgilio, situada en la vía Puteolana a menos de dos millas de Nápoles, o bien acudían a Tíbur (la actual Tívoli), donde cerca del bosquecillo sagrado de Tiburno se mostraba la casa de Horacio. La fama se extendía a los gramáticos: en el Capitolio de Benevento se enseñaba a los visitantes la estatua de Orbilio, el maestro de Horacio, y en el foro de Preneste la de Verrio Flaco[10].

Con el tiempo variaron los centros de irradiación del saber, señal inequívoca de la decadencia de Atenas y de la descentralización del imperio. San Jerónimo, un dálmata de Estridón, se educó primero en Antioquía, después en Alejandría y por último en Belén[11]; San Agustín, un africano de Tagaste, estudió en Cartago y en Roma; Orosio, un hispano de Limia, en Hipón Regio y en Belén. Pero el máximo – y fabuloso – exponente del estudiante viajero fue un pretendido mago, Apolonio de Tiana, que marchó a la India para aprender sabiduría de los bracmanes y después completó su educación en Etiopía con los guimnosofistas[12]: ¿quién daba más?

Por las vías de Roma caminaron una y otra vez a los cuatro puntos cardinales los funcionarios encargados de la administración provincial, acompañados de un séquito voraz dispuesto a enriquecerse como fuera. No todos tuvieron igual suerte: César se resarció de su bancarrota en la Bética, mientras que Catulo[13] se quejó amargamente de haber vuelto de Bitinia tan pobre como había ido. Para Cicerón[14], en

---

9 Suetonio, *Divino Augusto*, 6.
10 Cf. Suetonio, *Vida de Virgilio*, 36; *Vida de Horacio*; *Sobre los Gramáticos*, IX, XVII.
11 *Cartas*, 84 3.
12 San Jerónimo, *Cartas*, 53 1. La novela de sus peripecias y aventuras la relató Filóstrato (*Vida de Apolonio de Tiana*).
13 *Poemas*, 10 7ss.; 28 7ss.
14 *Cartas a Ático*, V 16, 3.

cambio, fue motivo de orgullo que las «desdichadas ciudades» de Cilicia no hubiesen tenido que hacer el más mínimo desembolso con él y su comitiva en el 51 a. C.: ni siquiera se les había exigido heno o leña, y Cicerón se había contentado con recibir para él y su séquito cuatro catres y un techo, y a veces ni siquiera eso: le había bastado para dormir una tienda cuartelera.

La civilización romana, tan parecida a la nuestra, institucionalizó la trashumancia veraniega. Llegada la canícula, los habitantes de Roma abandonaban en masa la ciudad para procurarse un ameno «retiro» (*secessus*) en Campania, sobre todo en el golfo de Nápoles. Lugar muy de moda fue la atractiva Bayas, «la hospedería de los vicios» al decir de Séneca[15], quien execró las costumbres disolutas que imperaban en su seno: como que unos hombres, ebrios ya, vagaban por la playa y otros se emborrachaban alegremente en barcos de placer, mientras todo el mar resonaba con canciones, espectáculo en verdad poco edificante para el gusto del filósofo. Otros romanos de postín rivalizaron en construirse *villas* a troche y moche, cuyo lujo hicieron cantar luego a los poetas del momento (Estacio, por ejemplo).

La vida trepidante de la ciudad, la preocupación política y los problemas financieros acabaron por causar serios quebraderos de cabeza y hasta alguna que otra depresión nerviosa a los asendereados habitantes de Roma. Ciertos médicos aconsejaron a los hombres de humor melancólico cambiar de aires, y su recomendación fue seguida a raja-tabla por no pocos pacientes acomodados. Otros, más escépticos, tomaron tal aviso a burla: «cambian de cielo, no de ánimo los que corren allende el mar», sentenció Horacio[16]; y con él se mostró totalmente de acuerdo Séneca[17], que tachó como propia de «espíritu inestable» la mudanza frecuente de ciudad de residencia. ¿No plantea este debate cuestiones muy actuales?

En la Antigüedad la idea de ponerse en camino tuvo un sentido más hondo y simbólico. En efecto, para la cultura mediterránea la muerte fue interpretada como el comienzo de un largo viaje: el hombre partía, sólo que para no regresar jamás. En Egipto era sólo el Faraón fallecido quien traspasaba el umbral del cielo tras acreditar su

---

15 *Cartas a Lucilio*, 51 3ss.
16 *Epístolas*, I 11, 27.
17 *Cartas a Lucilio*, 28 1; 69 1; *Sobre la tranquilidad del espíritu*, II 13.

origen divino al portero celestial; y así, una vez superados los peligros de la travesía, el monarca divinizado se embarcaba en la almadía del Sol para salir y ponerse al compás perpetuo del movimiento del astro[18]. Grecia, más democrática, abrió a todos los hombres los cerrojos del Más Allá, si bien utilizando la misma imaginería: el muerto cruzaba las aguas de la Estige en la barca de Caronte, previo pago de un óbolo al barquero, y después franqueaba las puertas sombrías del Hades, vigiladas por Cérbero, el perrazo de tres cabezas. Y hasta en la Edad Media perduró el viaje del alma que, abandonado el cuerpo desmayado, regresaba luego a su prisión carnal para contar al estupefacto auditorio su vagar por las delicias del Paraíso y los suplicios del Infierno: es, en definitiva, el esquema que guió a Dante en la elaboración de su *Divina Comedia*, sólo que filtrado por un intermediario musulmán, la ascensión de Mahoma al Cielo (*miray*).

El triunfo del cristianismo supuso un viraje radical en esta sensibilidad religiosa común a la cuenca mediterránea. El destino del hombre no se hallaba ya en este mundo, sino en el otro. Por tanto, era más bien la vida la que debía ser considerada como una etapa transitoria hasta llegar al puerto definitivo: el Infierno o el Paraíso. Si el hombre era un simple peregrino que caminaba por un valle de lágrimas, era lógico que así, Peregrino, gustara de llamarse el eremita o el monje[20]; y un hispano, Aquilio Severo, escribió un volumen sobre su vida como si compusiera la relación de un viaje[21].

Visto que las cosas de este siglo son burlerías o engaños del demonio, más vale huir del mundo despreciando sus pompas. La conciencia de la caducidad de la vida pobló de anacoretas (los «retirados») el desierto de Egipto y Mesopotamia así como las islas de Dalmacia[22]. En estos eremitas y aun en las comunidades de monjes la curiosidad viajera brilló por su ausencia: San Hilarión, un palestino que no salió jamás de su patria, no quiso estar más que un día en Jerusalén, y si visitó la Ciudad Santa fue a fin de evitar que su ausencia pareciera des-

---

18 Cf. *Egyptian Religious Texts and Representations*. Volume 6: *The Wandering of the Soul*, Princeton, 1974.
19 Cf. Aristófanes, *Ranas*; Virgilio, *Eneida*, VI; Luciano, *Diálogos de los Muertos*.
20 Según el abad Olimpio, el monje debía repetir continuamente: «Soy peregrino (xénos eimí)» (Juan Mosco, *Prado espiritual*, 12 [PG 87.3, c. 2861 B]).
21 San Jerónimo, *Sobre los Varones Ilustres*, 111 (PL 23, c. 746).
22 Cf. San Jerónimo, *Cartas*, 60 10.

precio: para el verdadero creyente, Dios estaba en todas partes[23]. Y, sin embargo, en este patético replegarse sobre la conciencia y la salvación individual que fue el final de la Antigüedad todavía cupo pensar en viajes terrenales, siempre que estuvieran al servicio de la fe. Una tradición antigua y devota refiere cómo Santa Helena, la madre de Constantino, haciendo una piadosa prospección arqueológica descubrió la Vera Cruz en Jerusalén. A partir de entonces empezó la moda de ir de romería a los Santos Lugares, al objeto de edificarse con la contemplación de los parajes donde nació y padeció Jesús por salvar al género humano. «Esta tierra [de Judea], montañosa y situada en lugares altos, cuanto más privada está de los placeres de este mundo, tanto mayores deleites espirituales tiene», sentenciaron Paula y Marcela, dos mujeres de la más rancia alcurnia romana que llevaron a cabo dicha peregrinación[24]. De esta nueva hornada de viajeros salieron peregrinos que apenas tuvieron ojos más que para empaparse de santidades, reliquias y devociones, dado que el cambio de paisaje tenía un único sentido: acrisolar la fe. En Chipre Paula permaneció diez días con el único fin de visitar y dar limosnas a los monasterios de la isla; después, ya en Asia, le interesaron en exclusiva los lugares bíblicos: la ilustre visitante, cuya presencia se rifaban las autoridades locales, no atendió a la invitación del procónsul de Palestina hasta no haber visto en Jerusalén la Cruz y el Santo Sepulcro[25]. En la larga serie de mujeres peregrinas un lugar de honor correspondió a Egeria,

---

23 San Jerónimo, *Cartas*, 58 3.
24 Id., *Cartas*, 46 2. Ofrezco a manera de ejemplo el itinerario que siguió en el 385 San Jerónimo al hacer el viaje de Roma a Belén en compañía del presbítero Vicente y otros monjes (*Contra Rufino*, III 22 [PL 23, c. 494-95; *Cartas*, 45]; es el mismo realizado por Santa Paula [cf. San Jerónimo, *Cartas*, 108 7]):
— Roma (embarque en agosto).
— Regio (allí lo adoctrinan los cicerones locales: «Me detuve un poco de tiempo en la costa de Escila, donde aprendí las antiguas leyendas: el curso desatentado de Ulises urdidor de engaños, los cantos de las sirenas, el remolino insaciable de Caribdis»).
— Málea.
— Islas Cícladas.
— Chipre (recibimiento en Salamina por parte de San Epifanio).
— Antioquía (recibimiento por parte de Paulino).
— Jerusalén.
— Desierto de Egipto (monasterios de Nitria).
— Regreso a Belén (386).
25 San Jerónimo, *Cartas*, 108 8ss.

una gentilhembra de la Galecia que quiso transmitir a las monjitas de su tierra las impresiones que le habían producido los países, reliquias, iglesias y monasterios vistos durante el viaje a Tierra Santa, realzando principalmente los actos litúrgicos a los que había asistido (por ejemplo, Pascua y Epifanía); y aunque la noble señora hizo el viaje acompañada por un destacamento de soldados en «los parajes sospechosos», fue ella la primera en mencionar las explicaciones de los guías, que unas veces eran monjes, otras presbíteros y otras los propios obispos de Arabia o de Edesa[26].

A lo largo de la ruta de peregrinación a los Santos Lugares floreció, como es lógico, el negocio turístico y, a la par, la picaresca de los cicerones que, aunque hicieron su agosto temporal y espiritual, supieron estar sin embargo a la altura de las circunstancias. Gracias a su anónima labor, fértil en recursos imaginativos, se aclararon algunos incómodos enigmas. En efecto, sobre los primeros años de la vida de Jesús reinaba una incertidumbre absoluta que había que salvar a toda costa, si se quería satisfacer la ávida curiosidad del peregrino. Pronto se colmó tan pavorosa laguna, como demuestran las muy precisas indicaciones contenidas en el *Itinerario*, compuesto hacia el 570, que se atribuye a un compañero de Antonio de Piacenza. La ciudad de Diocesarea se enorgullecía de tener el canastillo y aun la silla donde estaba sentada la Virgen al recibir la Anunciación. En Nazaret se visitaba la casa de María, convertida en iglesia, y en la sinagoga local se enseñaba «el volumen en el que el Señor aprendió el abecedario»; y para completar la entrañable imagen escolar, en la misma sinagoga estaba «el banco donde se sentaba con los demás niños», banco, por cierto, que no podían mover los judíos, pero sí los cristianos, tal y como estaba mandado. Inciso interesante: la belleza de las mujeres de Nazaret era inigualable, y su buen palmito se debía a una gracia especial de la Virgen, su paisana y, por tanto, mujer también de sin par hermosura. Estamos ya a un paso de las ingenuas historias que tejieron los Evangelios apócrifos sobre la infancia de Jesús, fruto de las mismas necesidades e idénticas circunstancias.

Llegado a Jerusalén, el peregrino, tras besar postrado la tierra, adoraba conmovido el Santo Sepulcro, recogiendo como reliquia un

---

26 Hay edición bilingüe de A. Arce, *Itinerario de la Virgen Egeria* (381-384), Madrid, 1970. [Edição portuguesa, Colibri, Lisboa, 2000 – NdE]

puñado de tierra, y contemplaba admirado las donaciones de los grandes del mundo, pues los reyes de la tierra no paraban de ofrendar sus coronas al rey del Cielo (igual fin tenían las coronas votivas visigodas encontradas en Guarrazar): «los adornos que tiene [el Santo Sepulcro] son infinitos: de perchas de bronce cuelgan brazaletes, ajorcas, collares, anillos, diademas, ceñidores completos, cinturones, coronas de emperadores de oro y piedras preciosas y joyas de emperatrices». Después, ascendiendo por una escalera, el peregrino, con un nudo en la garganta, subía al Gólgota, donde aún era dado contemplar cuajarones de sangre divina en la roca donde Jesús fue crucificado. El lugar venerando encerraba otros trascendentales simbolismos: donde Cristo murió para redimir el pecado original estaba enterrado Adán, el causante de la culpa, y la calavera de nuestro primer padre había dado nombre al Calvario. Figura y precursor de Jesús había sido Isaac, que estuvo a punto de ser inmolado por su padre igual que Cristo se había sacrificado por la humanidad; pues bien, en el Gólgota se enseñaba también el altar de Abraham, donde ofreció el sacrificio Melquisedec. Y el guía solícito, para rematar la visita con un misterio jocoso que descargara la honda tensión emocional, hacía notar una curiosidad increíble: «junto al altar hay una grieta; si pones la oreja, oyes el ruido del agua, y si lanzas una manzana o algo que pueda flotar, vete a la fuente de Siloé y allí lo recogerás». Otro de los itinerarios jerosolimitanos más antiguos, el llamado *Breviario de Jerusalén*, reseñó algunas de las reliquias asombrosas que se exhibían al culto en la iglesia del Gólgota: «el cuerno con el que se ungió a David y Salomón; el anillo con el que Salomón selló a los demonios, y que es de ámbar»[27].

La peregrinación dio de comer a infinidad de personas y por descontado a los guías, pues la ruta estaba jalonada de iglesias y lugares milagrosos, la mayoría de ellos subvencionados por el erario o el fisco. En Nazaret acontecían muchos portentos gracias a los vestidos de la Virgen; Samaria se enorgullecía de tener el pozo de la samaritana, con cuya agua se curaban muchas enfermedades; en las termas de Elías, a tres millas de Tiberíades, sanaban de su tormento los leprosos, y —

---

[27] *Corpus Christianorum*, vol. 175, p. 110. Según la tradición, el arcángel San Miguel dio a Salomón un anillo, con la pentalfa grabada como sello, que le otorgaba poder sobre todos los demonios celestes, terrestres e infernales; gracias a su ayuda pudo el rey construir el templo de Jerusalén. Sobre este asunto se compuso en época tardía un tratadillo disparatado, el *Testamento de Salomón* (PG 122, c. 1316ss.).

cosa muy digna de recuerdo – los enfermos se alojaban gratis en la hospedería. Pero evidentemente no era éste el caso habitual en aquellos primeros tiempos: antes o después, la bolsa del romero se vaciaba en dar limosnas o propinas, adquirir reliquias (llamadas eufemísticamente *eulogíai* o *benedictiones*, «bendiciones») o comprar cirios. Algunas de sus reacciones, por otra parte, resultan extrañamente familiares a la sensibilidad del hombre de nuestros días. Llegado a Caná el viajero placentino llenó varias jarritas de agua milagrosa, no sin habernos hecho antes una ingenua confidencia: «me acosté donde el Señor se había reclinado, y allí, mísero de mí, escribí los nombres de mis padres»; de la misma manera los turistas griegos y romanos o los rudos legionarios emborronaron las piedras de las Pirámides o del Coloso de Memnón grabando sus nombres, sus inepcias y hasta sus versos; o como la grafomanía actual embadurna las paredes, a veces por el mero placer de pintarrajear garabatos incomprensibles.

Pero entre tantas visitas consagradas a estimular la piedad y devoción podía colarse en el itinerario previsto alguna curiosidad pagana: en Joppe se mostraba la roca a la que se ató a Andrómeda para que la devorara la bestia marina, y hasta un santo como Jerónimo acudió intrigado a ver la antigualla mitológica[28]. El peligro que tal espectáculo podía suponer para un hombre menos devoto era obvio. Por otra parte, no siempre el viaje respondía a motivos claros y transparentes. Un hombre dotado de especialísima sensibilidad para gozar del paisaje como San Gregorio de Nisa, escandalizándose ante la avalancha de peregrinos y sobre todo de peregrinas, puso de relieve que la romería no entraba dentro de los mandamientos de Jesús ni por sí sola hacía santos a quienes la hacían. A mayor abundamiento, durante el viaje reinaba una promiscuidad de sexos poco recomendable: la mujer estaba obligada a tener un acompañante, fuera familiar, amigo o asalariado, que la protegiese de los peligros del camino y la ayudara a subir y bajar del jumento, ocasión propicia – ¡ay! – para el pecado; y el roce y el peligro y la tentación se acrecentaban a la llegada a posadas y mesones y, sobre todo, en medio del bullicio jacarandoso de

---

[28] Cf. San Jerónimo, *Cartas*, 108 8; *Comentarios a Jonás*, I 3 (PL 23, c. 1123 A). Otros detalles sobre el tamaño del monstruo añadió Solino, *Colectáneas*, 39; cf. Guillermo de Tiro, *Historia de las Cosas de Ultramar*, VIII 8 [PG 201, c. 417 B-C]). El templo de Zeus Casio en Pelusio tenía una pintura representando a Andrómeda y el monstruo (Aquiles Tacio, *Leucipe y Clitofonte*, II 6-7).

las grandes ciudades[29]. ¿Quién no ha oído alguna vez a algún catón de pacotilla lanzar censuras parecidas contra las romerías actuales?

Estas críticas acerbas no enfriaron el ardor peregrino; antes bien, puede decirse que las romerías a Roma y a Jerusalén, uno de los fenómenos más importantes del Medievo, tendieron lazos insospechados entre los pueblos de la alborotada cuenca mediterránea y aquellos otros que, a falta de otra denominación mejor, pronto recibieron el nombre de «europeos». La dominación musulmana no puso obstáculos a los visitantes de los Santos Lugares, satisfecha de poder exigirles un impuesto. A principios del siglo VIII un visigodo huido de Hispania se refugió en Jerusalén, sin duda para morir en lugar sagrado. Muchos otros hicieron lo mismo. Así, los viajes a Tierra Santa pasaron a convertirse en una exigencia y hasta en un tópico literario: una canción de gesta se conoce bajo el nombre de *El Peregrinaje de Carlomagno*, y las relaciones en prosa son legión ya desde época medieval.

Mas Jerusalén estaba lejos, demasiado lejos, y además en manos de infieles. Es humano y comprensible que a finales del siglo VIII tuviera lugar la feliz invención de la tumba del Apóstol Santiago. Fue fabuloso el éxito que tuvo aquel hallazgo sensacional en el campo donde brillaba la estrella (tal fue la etimología, *campus stellae*, que se buscó a Compostela): a principios del siglo XII la ruta de Santiago, en pleno apogeo, era conocida y con toda justicia como el «camino francés», estando festoneado todo él por ciudades y villas en las que bullía una burguesía incipiente. Un francés en cualquier caso, Aimery Picaud, compuso por aquellos tiempos una guía, el llamado *Libro de Santiago*[30], para ilustración del futuro peregrino. Todos los puntos de interés para el turista estaban atendidos cumplidamente en este inapreciable vademécum: los posibles itinerarios y sus jornadas, los ríos y sus aguas, las tierras y sus habitantes, los santuarios situados en el camino y la descripción de la ciudad y basílica de Compostela. No faltaban tampoco los consejos al viandante: cuidado con comer barbo y carne de vaca y cerdo, mucho ojo con las estafas; no se ha pagar portazgo en los Pirineos, tampoco hay que dejarse cobrar el pan y la

---

29 *Cartas*, 2 (PG 41, 1009ss.). La carta fue recibida como agua de mayo por los protestantes: de ahí la agria disputa entre el calvinista P. Molineo y el jesuita Gretser (la *Patrología Griega* de Migne sólo publica la respuesta del segundo [*ibid.*, c. 1223ss.]).
30 Hay buena traducción de A. Moralejo, C. Torres y J. Feo: *Liber Sancti Jacobi. «Codex Calixtinus»*, Santiago, 1951 (reimpresión, 1992).

posada, que han de ser gratuitos; por fin, para el aficionado a las lenguas, hasta unas palabritas en vascuence como botón de muestra. Un libro, en fin, de espíritu cartesiano.

«Al principio era el camino». Con esta frase campanuda de resonancia testamentaria resumió J. Bédier su famosa teoría sobre los orígenes de la épica francesa. O dicho de otra manera: al calor de la peregrinación a Santiago los monasterios y las villas florecieron y se engalanaron de nuevas reliquias y de héroes postizos, cuyas hazañas fueron objeto de canto oportunísimo por parte de juglares interesados. Una exageración la de Bédier, sin duda. Es obvio, sin embargo, que el «camino francés» contribuyó grandemente al desarrollo de la Península Ibérica en todos los aspectos. En torno al pivote de la peregrinación compostelana giraron todos los proyectos de autonomía política que acarició el Occidente peninsular durante el turbulento siglo XII: el intento frustrado de Galicia (después de León/Galicia), compensado después por el triunfo de la independencia portuguesa.

En 1099 las tropas cristianas conquistaron Jerusalén. A partir de ese año se sucedieron a un ritmo acelerado los viajes a Tierra Santa, de los que, por la cuenta que nos trae, nos van a interesar sólo unos cuantos: los que salieron de los puertos de la Europa septentrional. Las naves, procedentes de diversos puntos (Colonia, Boloña, etc.), se reunían en Dartmouth y bajaban después por la costa de Francia y la Península Ibérica hasta pasar el estrecho de Gibraltar. Estas expediciones entre religiosas y militares tuvieron enorme importancia para la historia hispana: en 1147 la intervención del ejército cruzado fue decisiva en la toma de Lisboa por D. Alfonso Enriques. Mas ahora nos ha de ocupar un viaje posterior, cuyo relato está inserto en la historia del benedictino frisio Emón[31], por tener en él un cierto protagonismo la Andalucía musulmana.

La flota cruzada partió de Dartmouth el 5 de junio de 1217, y el 16 de junio dio vista a la ría de Faro (la Coruña), cuyo puerto se distinguía «por una alta torre [la Torre de Hércules] construida por Julio César». Después de saltar la gente en tierra, pareció obligado ir de romería a Santiago. A los nueve días continuó la navegación, pasando

---

31 *Chronica*, MGH SS., XXIII, p. 478ss. El editor, L. Weiland, hace algunas sugerencias inaceptables: identifica *Phare* (= Faro, la Coruña) con el cabo de Vares; *Alcoz* (= Alcácer) con Alchaz; *caput de Sacis* (= cabo de Sagres) con Cabo Sancheto; *Alvor* con Alveroa.

por Tuy y Oporto, hasta llegar el 14 de julio a Lisboa, la ciudad «fundada por Ulises [*Ulisipona* > Lisboa] y Aquiles», donde los expedicionarios tuvieron ocasión de admirar las iglesias de San Vicente y Popteto. Reanudado el viaje, la armada dobló el cabo de San Vicente y bordeó la costa enemiga de Odiatia (Olhão), Haimund (Ayamonte), Kazala (Cartaya), Saltus (Saltés), Arena sanctae Eulalie (¿Arenas Gordas?) y la «gran» Sevilla. ¡La morisma a mano! La tentación de hostigarla y obtener rico botín era demasiado fuerte como para no sucumbir a ella. El 2 de agosto se hizo un desembarco en Rota, abortado por un contraataque del vecindario musulmán. La suerte sonrió al siguiente intento: el 4 de agosto los cruzados, precursores del duque de Essex, entraron a sangre y fuego en Cádiz y la saquearon durante tres días, destruyendo sus edificios y talando sus huertos. Llegada a este punto, la narración del cronista revienta de orgullo: «redujimos al suelo la mezquita, construida con tal arte y tanto lujo que nadie hubiera dado crédito a quien lo contara, y nadie hubiera sido capaz de describirlo; sus vigas, de colores resplandecientes, las empleamos en nuestras necesidades». El riquísimo artesonado y sus almocárabes acabaron, pues, sirviendo de leña o de maderamen: humilde destino para tanta grandeza.

Una característica muy notable de todos los viajes marítimos es el miedo pasado a bordo, que, agudizado por la angustia de la tempestad, da origen a visiones espantosas. En 1147 los cruzados oyeron a las sirenas, «sonido horrible, primero con llanto, después con risas y carcajadas»[32]. San Teotonio, de vuelta de Jerusalén, contó a sus monjes que había visto una vez entre las olas encrespadas un monstruo marino, «tan horrible que no se podía comparar a bestia alguna: sus ojos brillaban como teas encendidas»[33].

Otra nota común, ésta exclusiva de la Península Ibérica: los extranjeros – peregrinos, cruzados o viajeros – que la visitaron solieron ver a nuestros antepasados con bastante malos ojos. ¿Malquerencia tópica? Quizá, pero lo cierto es que hay condenas para todos los pueblos ibéricos, y provenientes de autores de todas las épocas. El romero Aimery repartió lindezas a roso y velloso: los «impíos navarros y vascos» parecían cerdos al comer y perros al hablar; Castilla estaba

---

32 *Conquista de Lisboa*, p. 60.
33 *Vida de San Teotonio*, 12 (PMH, I, p. 82).

llena de «hombres malos y viciosos»; los gallegos eran «iracundos y litigiosos»[34]. Oigamos ahora a un inglés: la provincia de Asturias, montuosa, fértil y llena de caza, sería una tierra «muy agradable si no la estropearan sus habitantes»[35]. Para Tetzel, que formaba parte de la comitiva del barón de Rozmital, los habitantes de Haro y Burgos eran «homicidas y mala gente», muy en consonancia con la tierra a través de la cual cabalgó en aquel trayecto: las más desoladas montañas del mundo, donde no se veía rastro de hombre ni animal ni había agua ni otra cosa que no fueran montes pelados[36].

Pero no nos precipitemos. Vale la pena pararse a considerar la nueva sensibilidad viajera que surgió con el movimiento gibelino, sin duda por oposición a la beatería de los güelfos. A principios del siglo XIII Conrado de Querfurdt, partidario decidido de Federico II, escribió una carta a su amigo Arnulfo contándole las incidencias de su viaje a Apulia. El curiosísimo texto está plagado de reminiscencias clásicas, de modo que cabe decir que Conrado hizo una devota peregrinación a Tierra Pagana, sustituyendo santos y reliquias por romanos y ruinas monumentales. César viene a la mente del tudesco al cruzar el Rubicón, Ovidio al llegar a los fríos de Sulmona; Chieti es la ciudad de Tetis, Giovenazzo la nación de Júpiter. De todos los clásicos se lleva la palma Virgilio el mago, autor de prodigiosos talismanes que Nápoles enseña orgullosa: una maqueta diminuta de la ciudad, un caballo y una mosca de bronce (mosca que impedía la entrada de sus congéneres vivas), la puerta de hierro que ahuyentaba las serpientes. El turista tampoco puede dejar de ver la tumba y los baños del poeta (Bayas), el palacio de la Sibila, el Vesuvio, la entrada del Infierno en Ischia y mil cosas más, todas dentro del más rabioso paganismo virgiliano[37]. Si se me permite la comparación, las anteojeras paganas del buen Conrado traen a la memoria las manías clasicistas de Winckelmann: la voluntad cuadriculada todo lo puede.

Y por fin tuvo lugar la abertura al mundo. A mediados del siglo XIII las andanzas de aquellos infatigables viajeros que fueron los fran-

---

34 *Liber Calixtinus*, pp. 518-20 y 523.
35 *Conquista de Lisboa*, p. 62.
36 M. Letts, *The Travels of Leo of Rozmital*, Cambridge, 1957, pp. 78-79.
37 Arnolfo, *Crónica de los Eslavos*, V 19 (MGH ss., XXI, p. 192ss.). A la labia de los cicerones locales, como es sabido, atribuyó D. Comparetti la creación del Virgilio mago en su famoso *Virgilio nel Medio Evo* (Florencia, 1955).

ciscanos y los mercaderes rompieron las viejas barreras ancestrales. Por primera vez sonaron en los anales de Occidente nombres como Karakorum, Balj, Pamir, Cachemira, Taná, Java, Fucheu, Cambalic y se hollaron rutas antes transitadas sólo por judíos y musulmanes; y por primera vez el europeo, sintiéndose perdido en aquel maremágnum de pueblos, lenguas y creencias, se dio cuenta de su propia pequeñez e insignificancia y se asombró ante las vastedades de mares y llanuras, montañas y desiertos nunca vistos.

Mientras tanto, ¿qué hacían nuestros antepasados? Salvando algunas excepciones — recuerdo ahora la breve carta de fray Pascual de Vitoria relatando su misión truncada al reino mongol — los castellanos de los siglos XIII y XIV no pusieron por escrito sus viajes, y es improbable que salieran al extranjero con la misma asiduidad que los demás europeos: la cruzada la tenían en casa, y la peregrinación también; para colmo, los que vivían en la frontera mal podían desampararla. De ahí su apego tenaz al terruño, propio de labriegos, y su desconfianza y altanería, no menos campesinas. Hubo, sí, viajes de estudio: en París se educaron los dos grandes historiadores del siglo XIII, R. Jiménez de Rada y Lucas de Túy. Faltó, sin embargo, antes recreación literaria en la belleza que gusto artístico. Ejemplo al canto. Un poema latino celebró la toma de Sevilla por Fernando III; su autor, Guillermo Pérez, apenas se molestó en describir la populosa ciudad que abría vencida sus puertas al ejército cristiano: tampoco llamó su atención el majestuoso minarete de la mezquita aljama, sino que su mirada quedó prendida, quizá por el simbolismo trinitario, en las tres bolas doradas superpuestas que lo coronaban entonces, como rematan ahora la Kutubia de Marraqués. ¡Qué gran chasco se hubiera llevado Hernán Ruiz, el autor del pináculo actual, de haber sabido la admiración del poeta benedictino por las esferas de oro almohades!

Hubo después, ya en el siglo XV, tres animadas relaciones de viaje, la embajada de Clavijo a Tamerlán, las correrías de aquel corsario y caballero andante que se llamó Pero Niño y las andanzas por el Mediterráneo de Pero Tafur, incógnito pretendiente al trono de Constantinopla; pero son la excepción que confirma la regla, producto arquetípico de las coordenadas mentales de su tiempo. En efecto, el ideal caballeresco fomentó la movilidad de los paladines que, convertidos en profesionales de justas y torneos, paseaban la destreza de su brazo por todos los palenques o, cuando lo pedía la ocasión, ponían su espada al servicio de alguna causa que les pareciese justa: el Príncipe Negro ayudó infructuosamente a Pedro el Cruel en la guerra fratricida y el «conde» de Scales, vestido de punta en blanco[38], fue el asombro de los españoles y, de paso, perdió un diente en la toma de Loja por los Reyes Católicos. El arrojado esfuerzo de estos especialistas en mandobles, galardonado por la victoria en la lid, tenía una compensación añadida en las galanterías amorosas que alegraban su vagar errante de desafío en desafío.

En el siglo XV comenzaron a soplar en Europa aires renovadores, y con la nueva sensibilidad nacieron otros tipos de viajero. Poggio aprovechó sus andanzas por todo el Occidente cristiano para exhumar viejos manuscritos de la Antigüedad, y lo mismo hizo G. Aurispa en la Hélade, prefigurando así la estampa del sabio decimonónico baqueteado por las diligencias y rebuscador de mil archivos. Schiltberger utilizó este género literario para desnudar su alma, narrando sus desventuras como cautivo de los tártaros. Otros, en fin, menos originales, prefirieron emular a Luciano en la redacción de viajes imaginarios (Juan de Mandeville).

También en el siglo XV los portugueses iniciaron su portentosa serie de navegaciones. De aquella época nos quedan unos míseros *Roteros*, la magra historia del *Descubrimiento de Guinea*, de Diego Gomes, y los relatos algo más jugosos de Luis de Cadamosto y Eustaquio de la Fosse; poca cosa, en definitiva, pero salpicada de escenas imborrables y palabras tan tremendas como evocadoras: oro, esclavos, selva verde, macareos, antílopes, elefantes. A finales del mismo siglo dio España el gran salto transoceánico. En 1492 puso pie Colón en Guanahaní, y en 1522 volvió de circunnavegar el globo terráqueo la nao *Victoria*: treinta años en verdad decisivos. Y, sin embargo, sorprende lo poco que escribieron los españoles en el curso de aquellos decenios de acción trepidante. De las primeras navegaciones por las Indias nuevas apenas sabríamos hoy nada de no ser por la facundia impagable de aquellos italianos españolizados (Cristóbal Colón, Amerigo Vespuche) que alternaron el timón con la pluma. Otro tanto ocurre con la primera vuelta al mundo; de ella dejó recuerdo memorable un lombardo (Pigafetta), un alemán (M. Transilvano) le dedicó

---

38 Una hermosa descripción del presunto lord se debe a A. Bernal, *Memorias de los Reyes Católicos*, LXXX (p. 170-71 Gómez Moreno-Carriazo).

un útil tratadito en latín. Pero, ¿dónde están los diarios de a bordo de los Pinzones? ¿dónde las relaciones de Juan de la Cosa, de Juan Díaz de Solís, de Juan Sebastián de Elcano? ¿Cómo no fueron los impresores de Sevilla los primeros en satisfacer la curiosidad de un público deseoso de conocer las modernas aventuras? El primer conquistador que se comportó como hubiese sido de esperar en un hombre renacentista fue Cortés; y no es de extrañar que a partir de 1522 viera la luz en Sevilla una auténtica y revolucionaria novedad editorial: las *Cartas de relación* de la conquista de México, en cuya impresión tuvieron un importantísimo papel bazas propagandísticas, muy hábilmente jugadas por el conquistador y sus partidarios. Este mutismo tenaz quiere decir que en los últimos años del siglo XV y en los primeros del siglo XVI los castellanos no juzgaron dignos de memoria sus viajes. Lo fundamental era haber llegado a la meta deseada, y a Dios había que dar infinitas gracias por ello: a su lado, ¿qué importaban los detalles o qué valor tenían las etapas intermedias? Frente al individualismo que se imponía en la Europa del Septentrión, España seguía anclada en la mentalidad medieval, más atenta a la sociedad en su conjunto que a sus miembros en particular: la diferencia que aun hoy nos separa del mundo anglosajón.

La misma atonía literaria padecieron los demás protagonistas. Muchos pasaron a Indias en estos primeros años, pero pocos contaron sus experiencias. Se daban por descontadas, de la misma manera que Cicerón, recalando en Atenas y Delos, no dedicó ni una línea de recuerdo a sus monumentos arquitectónicos, tan queridos por otra parte, al escribir a su amigo Ático en el 51 a. C. A otros españoles los coartó cierta timidez innata o el sentido del ridículo: desvergonzarse ante el destinatario de la carta, como hizo Miguel de Cúneo, cronista impasible de indignidades y tropelías tanto suyas como de los españoles, hubiera sido un baldón deshonroso para el recio castellano que se embarcaba a Santo Domingo con el exclusivo fin de luchar contra el infiel y volver enriquecido cuanto antes. Una buena parte de los «indianos», por fin, era analfabeta. Así, un pálido reflejo de la vida cotidiana nos ha llegado sepultado en la balumba de pleitos, por ventura numerosos, que se pusieron los españoles unos a otros. Gracias al papeleo incesante de los tribunales y sus escribanos conocemos hasta un caso de acoso sexual: en 1527 una viuda al parecer de carne apetecible, María García, sufrió un susto morrocotudo cuando volvía de

Santo Domingo a España a bordo de la *Santa Ana*. Fue el caso que, pasada la medianoche, el maestre de la nave, Francisco García, bajó al aposento donde dormía la mujer, que ante las insinuaciones del visitante comenzó a dar gritos hasta desasirse del intruso y huir despavorida del camarote. Llegada a tierra, la viudita, mujer de armas tomar, puso querella ante la justicia de Sevilla al aspirante a Don Juan, que fue condenado a una multa de 20 ducados y a seis meses de destierro de la ciudad[39]. Se trata de una escena previsible en una navegación de 30 días más o menos; así y todo, estas anécdotas y detalles, silenciadas por decoro en otras relaciones, sólo cobran vida merced a los interrogatorios y probanzas usuales en demandas y litigios. De las demás peripecias e incomodidades del viaje por mar no tenemos más noticias hasta las ironías y lindezas de Eugenio de Salazar. ¡Qué diferencia con el resto de Europa, donde dejaron memoria escrita de sus andanzas todos: diplomáticos, mercaderes, médicos, humanistas, navegantes, generales, religiosos!

Así se comprende que fueran pocos los libros que llevaron consigo los españoles en sus navegaciones: algún breviario de rezos, algún *Almanaque* y – quizás en el caso de Andrés de San Martín – algún Ptolemeo. Pero, ¿de qué servía Ptolemeo en el Nuevo Mundo? En cambio, el cartógrafo alejandrino todavía podía ser de alguna utilidad en otras latitudes. Y así D. João de Castro, al embocar el Mar Rojo al frente de la armada lusa, lo hizo con la *Geografía* ptolemaica en la mano, identificando las coordenadas del alejandrino con los accidentes y puertos de la costa egipcia y somalí[40]. Esta es una de las más bellas estampas del Humanismo renacentista: la del capitán general que en un mar hostil, siempre a punto de ordenar el zafarrancho de combate, toma la latitud y longitud a hora fija e intenta corregir o explicar los errores de la Antigüedad: ni más ni menos que como hicieron después los atildados y sabios marinos ingleses.

En la segunda mitad del siglo XVI, tras un tímido intento primerizo (los *Paesi novamente ritrovati* de 1508), comenzaron a aparecer grandes y eruditas colecciones de viajes. Sin embargo, no las recopilaron españoles y portugueses, como hubiese sido de esperar: fueron

---

39 Archivo General de Indias, 698 4 (n.º 7), cf. J. Llavador-E. Trueba, *Jurisdicción Marítima y la Práctica Jurídica en Sevilla (siglo xvi)*, Valencia, 1993, p. 109ss.

40 Tenemos ahora una hermosa edición con prólogo de L. de Albuquerque: *Roteiro do Mar Roxo de dom João de Castro*. Ms. Cott. Tib. Dix da British Museum, Lisboa, 1991.

sus autores Juan Bautista Ramusio y Ricardo Hakluyt, merecedores por ello de eterno reconocimiento. El Consejo de Indias, siguiendo una política comprensible pero equivocada, trató de atajar la impresión de todo libro que diera noticias sobre el Nuevo Mundo. Y la prohibición afectó a la obra cumbre de una figura señera como Gonzalo Fernández de Oviedo, escritor prolífico y oportuno, corresponsal de Ramusio y Olao Magno (el obispo de Upsala, exiliado en Italia) y ensayador de nuevas vías, como, p. e., la literatura de naufragios, que tanta boga iba a tener pocos años después con la *Historia Trágico-Marítima*; y la autocensura privó de ver la luz a la historia tan fundamental como imprescindible de un dominico admirable, fray Bartolomé de las Casas, por la gracia de Dios y ventura nuestra gran inquisidor de los conquistadores. Después, con varia fortuna, aparecieron otras crónicas generales y se escribieron innumerables relaciones particulares, debidas sobre todo a religiosos; de las primeras, es notable que la más elegante, equilibrada y certera saliera de la pluma de un hombre que jamás pisó las Indias: Francisco López de Gómara. Y más sintomático todavía es que, en este siglo de espectaculares viajes por tierra y por mar protagonizados por españoles y portugueses, viajes que inspiraron a Moro una Utopía política y a Rabelais una sátira despiadada, en Castilla, siempre contradictoria, prendiera contra la vanidad de vanidades que era el mundo circundante una reacción genial: la cataplasma descarnada de la picaresca o, en el polo opuesto, el antídoto neoplatónico: el viaje interior, el *camino de perfección*[41] en búsqueda solitaria y afanosa de Dios.

---

41 De «camino espiritual» habla también Santa Teresa en las *Moradas* (VII 1, p. 217 Navarro Tomás).

Sobre os autores

João David Pinto-Correia Nascido em São Gonçalo (Funchal), licenciado em Filologia Românica na Faculdade de Letras da Universidade de Lisboa, obteve o DEA na École des Hautes Études en Sciences Sociales de Paris, e é doutorado em Letras pela Universidade de Lisboa. Actualmente professor associado da FLUL, director do Centro de Tradições Populares Portuguesas Professor Manuel Viegas Guerreiro e da *Revista Lusitana:Nova Série*.Colaborou em cursos, seminários e conferências em universidades portuguesas e estrangeiras. Entre 1993 e 1996 foi Presidente da Comissão Instaladora da Universidade da Madeira.
Algumas publicações: *Autobiografia e Aventura na Literatura de Viagens: a «Peregrinação» de Fernão Mendes Pinto* (1979, 3.ª ed. 2002); *Romanceiro Tradicional Português* (1984); *Os Romances Carolíngios da Tradição Oral Portuguesa* (1993-94).

Horácio Peixoto de Araújo Mestre em Literatura e Cultura Portuguesa pela Universidade Nova de Lisboa, em 1993, doutorou-se em Língua e Cultura Portuguesas pela Universidade Católica em 2000. É Professor Auxiliar da Faculdade de Ciências Humanas da Universidade Católica. É autor de estudos sobre Literatura de Viagens e missionação no império da China. Editou obras do jesuíta António de Gouveia.
Algumas publicações: *Os Jesuítas no Império da China* (2000); *Os Romances Carolíngios da Tradição Oral Portuguesa* (1993-94), «A longa travessia asiática de Bento de Góis», in *Indagación. Revista de Historia y Arte*, n.º 2, 1996, pp. 49-65; «Os mares do Oriente nos relatos portugueses de viagens», in *La Lusophonie:Voies/Voix Océaniques*, Lisboa, 2000, pp. 301--310.

Maria Lúcia Garcia Marques Licenciada em Filologia Românica pela Faculdade de Letras da Universidade de Lisboa, doutorou-se em Linguística pela mesma Universidade. Investigadora no Centro de Linguística da Universidade de Lisboa. Docente na Universidade Católica Portuguesa, foi coordenadora da *Revista ICALP*, ex-Instituto de Cultura e Língua Portuguesa.
Além de teses e artigos especializados, publicou dois volumes de poesia.

Alexandra Curvelo Mestre em História da Arte pela Faculdade de Ciências Sociais e Humanas da Universidade Nova de Lisboa. Trabalha no Museu Nacional de arte Antiga (IPM-MC). Comissária da exposição «Arte e Cartografia: os biombos cartográficos japoneses».

Ana Vasconcelos Conservadora na Fundação Calouste Gulbenkian. Autora da dissertação de Mestrado *Imagens do nordeste brasileiro no século XVII. Um discurso visual de apropriação colonial* (sobre a presença de artistas holandeses no Brasil seiscentista). Interessa-se fundamentalmente pelo tema da viagem como mecanismo despoletador da criação artística e literária.

Maria Adelina Amorim Prepara o Doutoramento em Letras em História do Brasil pela Universidade de Lisboa. Mestre em História e Cultura do Brasil pela Faculdade de Letras da Universidade de Lisboa (1998).Licenciada em História (1992). Bolseira de doutoramento da FCT; Investigadora do CLEPUL (L3).Coordenadora da Comissão de Investigação da ACLUS, Associação de Cultura Lusófona. Integra a comissão científica do *Dicionário Temático da Lusofonia* (ACLUS e Instituto Camões). Sócia fundadora e vogal da direcção da ACLUS. Sócia efectiva da Sociedade de Geografia de Lisboa. Membro da APHA, Associação Portuguesa de Historiadores de Arte. Sócia do ICIA, Instituto de Cultura Ibero-Atlântica. Sócia da SLP, Sociedade de Língua Portuguesa.
Algumas publicações: *História do Brasil Colonial* (co-autoria de Rui Loureiro e Susana Brites Moita), Madrid, www.enciclonet.com, 2002; «O Brasil na Imprensa Oitocentista de Angola. A colonização de Moçâmedes por luso-brasileiros», in *Portugal e Brasil no Advento do Mundo Moderno*, Instituto de Cultura Ibero-Americana, Lisboa, Edições Colibri, 2001, pp. 347-360; «Santa Rita Durão em Caramuru, o poeta dividido», in *Fim do Milénio, VIII Fórum Camoniano*, Centro Internacional de Estudos Camonianos da Associação da Casa-Memória de Camões em Constância, Lisboa, Edições Colibri, 2001, pp. 163-186; «Os primórdios da missionação na Feliz Lusitânia: o caso de Frei Cristóvão de Lisboa, superior da Custódia do Maranhão», in *De Cabral a Pedro I. Aspectos da Colonização Portuguesa no Brasil*, de Maria Beatriz Nizza da Silva (org.), Porto, Universidade Portucalense Infante Dom Henrique, 2001, pp. 89-96; «A formação cultural dos Franciscanos no Brasil--Colónia à luz dos textos legais», in *Lusitania Sacra*, 2.ª série, tomo XI (*Sentimento, Religião e Política na Idade Moderna*), Lisboa, Universidade Católica Portuguesa, 2000, pp. 361-377; «Frei Henrique de Coimbra primeiro missionário em terras de Vera-Cruz», in *Revista Camões*, n.º 8

(*Terra Brasilis*), Lisboa, Instituto Camões, 2000, pp. 72-85; «Viagem e Mirabilia. Monstros, Espantos e Prodígios», in *Condicionantes Culturais da Literatura de Viagens. Estudos e Bibliografias* (dir. de Fernando Cristóvão), Lisboa, CLE-PUL e Edições Cosmos, 1999, pp. 127-181; Coimbra, CLEPUL e Almedina, 2002.

Tese de mestrado: *Missão e Cultura dos Franciscanos no Estado do Grão-Pará e Maranhão (Século XVII): Ao Serviço de Deus, de Sua Majestade e Bem das Almas* (apresentada à FLUL em 1999).

Maria da Graça Mateus Ventura Doutora em Letras pela Universidade de Lisboa. Licenciada e Mestre em História dos Descobrimentos e da Expansão Portuguesa. Vice-presidente do Instituto de Cultura Ibero-Atlântica e membro do Núcleo Coordenador da Cátedra de História da Ibero-América da Organização dos Estudos Ibero-americanos. Participa em projectos ligados à História e Cultura Ibero-americana.

Das suas publicações em livro salientam-se: *Relação Verdadeira dos Trabalhos que o Governador D. Fernando de Souto e certos Fidalgos Portugueses Passaram no Descobrimento da Província da Flórida, agora novamente Feita por um Fidalgo de Elvas*, Lisboa, CNCDP, 1998; *Negreiros Portugueses na Rota das Índias de Castela (1521-1556)*, Lisboa, Colibri e ICIA, 1999; *Portugueses no Descobrimento e Conquista da Hispano-América: Viagens e Expedições (1492--1557)*, Lisboa, Colibri e ICIA, 2000.

Alberto Carvalho Doutoramento em Literatura Cabo-Verdiana. Professor Associado, docente de Literaturas Africanas de língua Portuguesa da FLUL. Investigador-Coordenador em Literaturas Africanas de Língua Portuguesa (CLEPUL), Fundação da UL, Fundação para a Ciência e Tecnologia. Participação com comunicações científicas em encontros nacionais e internacionais.

Algumas publicações: «Baltasar Lopes, a Obra e o Autor do seu Tempo», in *Arquivos do Centro Cultural Português*, Vol. XXIX, Lisboa-Paris, Fundação Calouste Gulbenkian, 1991; «Evasionismo, configuração existencial da insularidade caboverdiana», in *Coscienza Nazionale Nelle Letterature Africane di Lingua Portoghese*, Roma, Bulzoni, 1995; «Caminhos literários da Carta de Pêro Vaz de Caminha», in *Mare Liberum*, n.° 11-12, Lisboa, CNCDP, 1996; «Apresentação», in Falucho Ancorado, Lisboa, Edições Cosmos, 1997; «A Alameda da Infância, entre a Cidade e o Musseque», in *Regards sur la ville et la campagne au xxe siècle*, Université de Toulouse, 1997; «Sur les itinéraires nautiques portugais», in *Travel Writing and Cultural Memory / Écriture du Voyage et Mémoire Culturelle*, Amsterdam-Atlanta, Rodopi, 2000; «Autobiografia e Individualidade

Nacional», in *Literatura e Pluralidade Cultural*, Lisboa, Colibri, 2000; «A narrativa cabo-verdiana, nacionalidade e nacionalismo», in *La narrativa en lengua portuguesa de los últimos cinquenta años. Revista de Fililogia Românica. Anejos*, Madrid, Universidad Complutense, 2001.

Rogério Miguel Puga (Lapa-Cartaxo, 1974-), a leccionar no Instituto Superior de Educação e Ciências de Lisboa e no Ensino Secundário. Investigador integrado do Centro de Estudos Anglo-Portugueses e do Centro de História de Além-Mar (FCSH UNL), colaborador do CLEPUL. Algumas publicações: «Shakespeare e os Descobrimentos Portugueses», in *Revista de Estudos Anglo-Portugueses*, 1998; «Imagens de Macau na Literatura Inglesa Setecentista: A Pérola do Oriente na obra de Daniel Defoe», in *Administração*, Macau, 2000; «Images and Representations of Japan and Macao in Peter Mundy's *Travels* (1637)», in *Bulletin of Portuguese/Japanese Studies*, Lisboa, 2000; «A dimensão da alteridade em *Os Lusíadas*' *Lucero: a Journal of Iberian and Latin Studies*, Berkeley, EUA, 2001.

Joaquim Cerqueira Gonçalves Professor Catedrático da Faculdade de Letras da Universidade de Lisboa (Jubilado). É coordenador da Área Científica de Filosofia da Faculdade de Ciências Humanas da Universidade Católica Portuguesa, Director do Instituto de Coordenação da Investigação Científica e Presidente da Direcção da Sociedade Científica da mesma Universidade. Foi Presidente do Conselho Científico da Faculdade de Letras de Lisboa, e Director do Centro de Filosofia da Universidade de Lisboa.
Algumas publicações: *Homem e Mundo em São Boaventura* (1970), *Humanismo Medieval* (2 vols., 1971), «Individuality and Society in Spinoza's mind», in Siegfried Hessing (org.), *Speculum Spinozanum, 1677-1977* (1977), *Em Louvor da Vida e da Morte – Ambiente: a Cultura Ocidental em Questão* (1988).

Fernando Alves Cristóvão (Setúbal, 1929-), Professor Catedrático da Faculdade de Letras da Universidade de Lisboa. Foi Presidente do Instituto de Cultura e Língua Portuguesa, actual Instituto Camões. Criou colecções editoriais (Identidade, Diálogo, Compilação), além da *Revista ICALP* para os leitorados no estrangeiro. Membro da Academia das Ciências de Lisboa. Presidente da Associação de Cultura Lusófona, ACLUS. Director do projecto Linha 3, sobre Literatura de Viagens, do Centro de Literaturas de Expressão Portuguesa da Universidade de Lisboa, CLEPUL. Principais publicações em livro: *Os Sermões do Teólogo Diogo de Paiva de Andrade* (1966); *Graciliano Ramos. Estrutura e Valores de um Modo de Narrar*

(1975; 4.ª ed. revista 1998); *Marília de Dirceu ou a Poesia como Imitação e Pintura* (1981); *Cruzeiro do Sul, a Norte* (1983); *Notícias e Problemas da Pátria da Língua* (1985); *Diálogos da Casa e do Sobrado* (1994); «Europa cultural e valores cristãos», in *Questões Sociais, Descobrimento e Política* (1994); *Método, sugestões para a Elaboração de um Ensaio ou Tese* (2001); «A diferença oriental de flores e jardins nas narrativas de viagem», in *Oriente*, n.º 3, Agosto de 2002, pp. 3-13; *O Romance Político Brasileiro Contemporâneo e Outros Ensaios* (2003).

Juan Gil Catedrático de Filología de la Universidad de Sevilla (1971), editor de Jenofonte (Jenofonte. Económico, Madrid, 1967), ha publicado diversos textos medievales hispanos (*Miscellanea Wisigothica*, Sevilla, 1972, *Corpus scriptorum Muzarabicorum*, Madrid, 1973), a los que ha consagrado numerosos artículos y monografías. Se ha interesado asimismo por los mitos de la expansión europea (*Mitos y utopías del Descubrimiento*, Madrid, 1989, 3 vols.; traducción italiana, 1993) y por la literatura de viajes en la Antigüedad y en el Medievo (*El libro de Marco Polo anotado por Colón. El libro de Marco Polo traducido por Rodrigo de Santaella*, Madrid, 1987; *En demanda del Gran Kan. Viajes a Mongolia en el siglo XIII*, Madrid, 1993; *La India y el Catay. Textos de la Antigüedad clásica y del Medievo occidental*, Madrid, 1995). También ha trabajado sobre las relaciones de España con el Japón (*Hidalgos y Samurais*, Madrid, 1991; traducción japonesa, 1999), Benito Arias Montano (*Arias Montano en su Entorno. Bienes y Herederos*, Badajoz, 1998) y los conversos sevillanos en los siglos XV y XVI (*Los Conversos y la Inquisición Sevillana*, Sevilla, 2000--2003, 7 vols.).

Índice onomástico

Abbeville, Claude d', 103 e n.
Abou, Selim, 157 e n.
Academia de França (Roma), 136n., 145
Academia Real da História Portuguesa, 96
Acosta, padre José de, cronista, 241-42 e n., 251
D. Afonso Henriques, rei, 302
D. Afonso V, rei, 269
África, 48, 49, 111, 138, 139, 149 segs., 271
  negros, 155, 157, 160, 163, 164, 165, 168 segs., 185n., 196, 211, 281, 284, 286, 287
África do Sul, 288
Agassiz, Louis, geólogo e paleontólogo, 284
Águas, Neves, 16n.
Aimery, 302
Albagano, Francisco d', mercador, 110 e n.
Alberti, Leon Battista, 127
Albuquerque, António de, 99
Albuquerque, Luís de, 12, 16n., 115n., 281n., 308n.
Aldenburgk, Johann Gregor, mercenário, 279 e n.
Alemanha, 127, 133n., 161, 169, 282, 287, 302
Alexandre o Grande, 125, 292
Almada, André Álvares de, explorador, 152
Almagro, Diego de, 246
Almeida, António de, 37, 38n., 42-43
Almeida, António Marques de, 235 e n., 240n.

Almeida, Dr. Lacerda e, explorador, 153 e n.
Almeida, Miguel Vale de, 179n., 183n., 187n., 213n.
Alpers, Svetlana, 127, 128n.
Altitudo Divinii Consilii, bula, 277
Álvares, padre Francisco, 114, 116
Alvarado, Pedro de, 248
Álvaro Velho, 16 e n., 18 segs., 21, 31, 47 segs., 281 e n.
Amadis de Gaula, 240
Amazónia, 91, 92, 96, 98, 103, 236, 244
América Central, 111, 149, 267
América do Sul, 135, 138, 149, 236, 267
Anchieta, padre José de, 7, 192n., 195, 206n., 216, 277
Andrade, António de, 37, 38, 39 segs., 277 e n.
Angola, 99, 153, 158, 160, 162, 163, 164, 166, 175, 185
Antilhas, 239
Antimédias, 291
Antioquia, 297n.
António, Nicolau, 97
Arens, W,. 212n.
Aristófanes, 296n.
Aristóteles, 188, 235, 255
Armazém da Guiné e Índias, 111, 112, 113
Arménia, 38, 237
Arnolfo, 304n.
Aschroft, Bill, 208n.
Ásia, 139, 149, 155, 157, 284
Atalaliba, imperador peruano, 272

Ático, 307
Atlas «Vallard», 118
Augusto, imperador, 293, 294
Aurispa, G., 306
Ávila, Pedrárias de, 246
Ávila, Santa Teresa de, 309n.
Azevedo, Ana Maria de, 182n., 194 e n., 209n.
Azevedo, B. Inácio de, jesuíta, 194
Aztecas, 250

Banks, Sir Joseph, 279
Baptista, António Alçada, 278
Barba, Mario Hernández Sánchez, 239n.
Barber, Peter, 109n.
Barbuda, Luís Jorge de, 112
Barlaeus, Gaspar von, 133n., 134-35 e n., 207n.
Barral Gómez, Angel, 244n.
Barreto, Francisco, explorador, 156 e n.
Barros, João de, cronista-mor, 116n.
Barthes, Roland, 218n.
Bartolomeu Velho, cartógrafo e cosmógrafo, 110
Bastide, Roger, 154-55n., 157n.
Baudot, Georges, 276n.
Bédier, J., 302
Bell, Dianne, 181n.
Beluzzo, Ana Maria, 129n.
Benalcázar, Sebastián de, 243, 244
Benavente, Frei Toríbio de, 241, 250 e n.
Bernal, A., 306n.
Bernard, Claude, 167n.
Berredo, Bernardo Pereira de, 101
Berthelot, 282-83
Betamos, Frei Domingos de, 287
Bitterlli, Urs, 156n., 157
Blaeu, Johan, impressor, 135n.
Blanckaert, Claude, 181n.
Blumenberg, Hans, 235 e n., 251

Blois, Adela de, condessa, 109
Boas, Franz, antropólogo, 193n.
Bobadilla, Francisco de, colonizador, 246
Boeseman, 129
Boorstin, Daniel, 238n.
Bougainville, Louis-Antoine de, navegador, 278 e n., 284, 286
Bourdieu, Pierre, 149, 187n.
Bouza Álvarez, Fernando, 114n.
Boxer, Charles R., 122, 139n.
Braga, Isabel Mendes Drumond, 189n.
Brandão, Ambrósio Fernandes, 129n.
Brandeburgo, 136, 137
Brasil, 13, 14, 20-21, 31, 91 segs., 124 segs., 180, 182 segs., 268, 279, 285
  escravos africanos, 184-85 e n., 185, 194n., 196, 206, 208, 209, 211, 274-75
  índios, 20-21, 25, 50-52, 94, 96, 98, 100, 130 e n. seg., 134 e n., 137, 155, 157, 180, 182 segs., 281, 286-87
Brazza, Pierre Savorgnan de, explorador, 152
Breviario de Jerusalén, 299
Brito, Bernardo Gomes de, 27, 155n., 309
Broca, Paul Pierre, antropólogo, 285, 286
Broussais, François, médico, 285
Bruner, Jerome, 181n.
Buescu, Maria Leonor Carvalhão, 13, 188-89n.
Buffon, Leclerc de, naturalista, 284, 286
Burton, explorador, 152

Cabot, Sebastian, navegador, 119
Cabo Verde, arquipélago de, 18, 19, 116
Cabral, Pedro Álvares, capitão, 21, 76, 192, 194, 198, 199n., 210, 213, 281
Cadamosto, Luis de, 306
Calado, frei Manuel, 133n.

Caldeira, Arlindo Manuel, 203n.
Calemplui, ilha de, 25-26
Câmara, padre Luís Gonçalves da, 210n.
Cameron, Verney Lovett, explorador, 152, 171
Caminha, duque de, 95
Caminha, Pêro Vaz de, 7
Camões, Luís Vaz de, 13, 15 e n., 16 1n., 183 e n., 260-61
Canárias, ilhas, 18, 19, 272, 279
Cancioneiro Geral, 47
Cantino, Alberto, 111
Capelo, Henrique, explorador, 150, 157 segs., 284
Cardim, Fernão, 180. 181, 182n., 185 segs.
Cardona, Giorgio Raimondo, 31 e n.
Cardoso, padre Armando, 277n.
Carlos *o Calvo*, 109
Carlos V, rei espanhol, 110, 239, 240n.
Carlos IX, rei francês, 110 e n.
Carpino, Piano, 7
Carvalho, Alberto, 11 e n.
Carvalho, Filipe Nunes de, 110n.
Casa da Guiné, Mina e Índias, 112n.
Casa de la Contratación de Sevilha, 110, 112, 113 e n., 118
Casa da Moeda, 100
Castel Branco, João Ruiz de, 47
Castellanos, Juan de, 235
Castilho, Augusto de, governador, 175
Castro, Aníbal Pinto de, 16 n.
Castro, D. João de, 308
Castro, Josué de, 194n.
Castro, Vaca de, licenciado, 246, 247
Cataio, 37
Catarina de Médicis, 286
Catulo, 294
Cavério, Nicolau, cartógrafo, 111, 117
Cayré, F., 276
Chaillu, explorador, 152
China, 25, 37, 42-43, 119, 190 e n.
Chipre, 297 e n.
Cícero, 293, 294-295, 307

Cieza de León, Pedro, 240-241 e n.
Cilícia, 295
Clanet, Claude, 161n.
Clastres, Pierre, 181n.
Cochilimaca, capitão-general, 272
Coelho, Duarte, 209
Coelho, Francisco de Lemos, 153
Coelho, Nicolau, 210
Colômbia, 243
Colombo, Cristóvão, navegador, 119, 183 e n., 233, 235, 236, 237 e n., 238n., 241, 243, 246, 251, 280-81, 306
Companhia das Índias Holandesas, 112
Companhia de Jesus, tb. *jesuítas*, 37, 38n., 119, 190n., 192-93n., 194, 195, 210n., 285
Comparetti, D., 304n.
Comte, Auguste, filósofo, 154
Concílio de Florença, 276
Concílio de Lima, 287
Conferência de Berlim, 279
Connel, R. W., 179n., 187n., 213 e n.
Constantino, imperador, 297
Constantinopla, 305
Cook, James, navegador, 284
Copérnico, Nicolau, astrónomo, 235
Córdoba, Hernando de, conquistador, 244n.
Coreia, 288
Cortés, Hernán, conquistador, 239-40 e nn., 241, 247, 248, 307
Cortesão, Armando, 110n., 114n.
Cortesão, Jaime, 189n., 281n.
Couto, Jorge, 131n., 190n., 192n., 199n., 208n., 212n., 213n., 215n.
Couto, Mia, 184
Cosa, Juan de la, piloto, 111-12, 113
Costa, Elisa Maria Lopes da, 185n.
Cristóvão, Fernando, 12 e n., 188n.
Cristóvão de Lisboa, frei, 89-104, 275
Cuba, 247
Cúneo, Miguel de, 307
Cunha, D. António Álvares da, 100

Cunha, J. da Silva, 265n.
Cursos Universitários de Salamanca, 269
Cuvier, Georges, zoologista e paleontólogo, 284, 287

Dalmácia, 296
Dante Alighieri, 236, 237, 296
Darwin, Charles, 7, 161, 169, 284, 286
David, Dionísio, 111n.
Davies, Arthur, 112n.
Denis, Ferdinand, 286-87 e n.
Desportes, François, pintor, 136n.
Dias, Bartolomeu, piloto, 48
Díaz, María, 245, 249
Díaz de Guzmán, Ruy, 243n., 244 e n., 249 e n.
Díaz del Castillo, Bernal, soldado-cronista, 240, 243 e n., 247 e n., 248 e n.
Diderot, Denis, filósofo, 282
Dinamarca, 137 e n.
Domingues, Francisco, cosmógrafo, 110
Domingues, Francisco Contente, 112n., 114n.
Donelha, André, explorador, 153
Douglas, Mary, 187n.
Doyle, Laura, 211n.
Dum Diversas, 269

Eckhout, Albert, pintor, 103, 126, 128 e n., 130 e n., 131, 132, 134, 135, 137 e n., 139, 143-44
Eco, Umberto, 255
Egéria, 7, 297-298
Egipto, 125, 237, 291, 292, 293n., 295-296, 297n., 308
Elcano, Juan Sebastián, piloto, 119, 307
El Dorado, 235, 238, 243-44 e n., 251
Elias, Norbert, filósofo, 149, 161, 169
Elliott, J. H., 234 e n., 251

El peregrinaje de Carlomagno, 301
Emón, beneditino, 302
Enciclopédia de Diderot e d'Alembert, 280, 282 e n.
Engels, Friedrich, filósofo, 161, 267
Escobar, Pêro, piloto, 19
Espanha, 95, 97, 98 e n., 110-11, 112, 113, 114n., 115, 117 e n., 119, 133, 267, 269-70, 279, 303-304, 306, 307-308, 309
Espírito Santo, Frei Gabriel do, 99 e n., 100
Esquivel, Pedro d', conquistador, 249-50
Estácio, 295
Este, duque d', 111
Esteva, Claudio, 250n.
Etiópia, 114-15, 237, 275, 294, 308
Eurípides, 292

Falcão, Pedro Marinho, 133n.
Faria, António de, 25, 27
Faria, Manuel Severim de, 92 segs.
Febvre, L., 181n.
Federmann, descobridor da América, 244
Fernandes, Florestan, 200n.
Fernando III, rei, 305
Ferreira, Alexandre Rodrigues, explorador, 284, 285 e n.
Ferronha, António Luís, 12
Filóstrato, 294n.
Flores, Maria Bernardete Ramos, 184n.
Floris, Joachim de, teólogo, 276
Fontes, Baltasar Rodrigues de, 99
Fontette, François de, 285n.
Formisano, Luciano, 236n.
Fosse, Estáquio de, 306
França, 92, 102, 109, 110, 115, 125, 133n., 135, 136n., 149, 155, 161, 168, 169, 266, 282, 286, 302
França Equinocial, 91, 93
Franch, José Alcina, 242n.

Francisco I, rei francês, 110, 286
Frederico II, rei francês, 304
Frederico III, rei dinamarquês, 137
Freedberg, David, 124 n.
Freire, André, 112
Freitas, Frei Serafim de, 270-71
Friedrich Wilhelm I, Príncipe Eleitor de Brandeburgo, 136-37

Galécia, 298
Gall, Franz Joseph, anatomista, 285
Galton, sir Francis, fisiologista, 284
Galvão, António, 244n., 247n.
Gama, Paulo da, navegador, 161n.
Gama, Vasco da, navegador, 7, 155, 161n.
Gândavo, Pêro de Magalhães de, 185 segs., 212, 216, 218, 283 e n.
Gandía, Enrique de, 238n., 244n.
Garrett, Stephanie, 198n., 219 e n.
Gasca, Pedro de la, 247
Geertz, Clifford James, antropólogo, 193n., 205 e n.
Gerbi, Antonello, 236 e n., 285n.
Gesio, Giovanni Battista, 112
Giddens, Anthony, 190n.
Gil, Fernando, 13
Gil, Juan, 234 e n., 238n., 244n.
Gobineau, Joseph Arthur de, 285 e n., 286 e n.
Goethe, Wolfgang, 7
Góis, Bento de, 37-38
Góis, Damião de, 195
Goldmann, L., 181n.
Gómara, Francisco López de, cronista, 241, 309
Gombrich, Ernst, 124 e n.
Gomes, Diogo, piloto, 30, 306
Gonçalves, José Júlio, 219n.
Góngora y Argote, Luis de, poeta, 246
Goodman, Nelson, 233 e n., 234, 251
Goody, Jack, 184n.
Goulart, Maurício, 275

Gould, Stephen Jay, 284 e n.
Gouveia, António de, jesuíta, 37n., 38
Gouveia, doutor Diogo de, 208n.
Grã, Luís de, missionário, 195 e n., 202-3
Grande Encyclopédie de Berthelot, 282-83 e n.
Gran Kan, imperador, 118-19
Grant, James Augustus, explorador, 152
Grécia, 123, 237, 244, 291, 292, 296, 300, 306, 307
Greimas, A. J., 14
Gretser, jesuíta, 301n.
Grijalva, Juan de, conquistador, 246
Gronovius, 7
Groot, Huig de, jurista e teólogo, 270-71
Gruzinski, Carmen, 244n.
Gruzinski, Serge, 181n., 244n.
Guerreiro, Fernão, 38
Guerreiro, Inácio, 111
Guerreiro, Manuel Viegas, 189, 206n.
Guevara, Dona Isabel de, conquistadora, 249-50
Guiart, Jean, 206n.
Guilherme *o Conquistador*, 109
Gutiérrez, Sancho, cartógrafo, 118
Gutkin, Adolfo, 193n.
Guyotat, Regis, 287

Hakluyt, Richard, 309
Hall, Stuart, 181n.
Hamon, Philippe, 188
Harraway, Donna J., 179
Haskell, Francis, 124
Hegel, Friedrich, filósofo, 286
D. Henrique, infante, 30
Henrique II, rei inglês, 109
Heródoto, 123 e n., 244
Hiernax, J., 285n.
Hodgen, Margaret T., 219n.
Holanda, 103-4, 112, 127, 128, 129, 130 e n., 132, 133n., 134, 135n., 136, 139, 279

Holanda, Sérgio Buarque de, 219n.
Holanda Ferreira, Aurélio Buarque de, lexicógrafo, 14
Holmstrom, Nancy, 180n.
Homem, André, 110
Horácio, 293, 294, 295
Horta, José da Silva, 12
Huber, Mary Taylor, 219n.
Humboldt, Alexander von, naturalista e geógrafo, 128n., 129, 137n., 284, 286, 286
Huyghens, Constantijn, 127, 135n.

Igreja Católica, tb. *Santa Sé* e *Inquisição*, 99, 189n., 194n., 218, 238n., 266, 267, 269, 270, 271, 274, 276, 277, 278, 287
Il Castiglione, 268
Incas, 250, 269, 273-74, 276
Índia, 23, 31, 39-40, 48, 110n., 125, 235, 237, 238n., 279, 294
Índias Ocidentais, 233 segs., 272, 279, 281
Inglaterra, 109, 133n., 164, 169, 279, 287
Iria, Alberto, 98n.
Iser, Wolfgang, 183n.
Itália, 111, 127n., 293-294, 295, 302, 309
Iturra, Raúl, 213n.
Ivens, Roberto, explorador, 150, 157 segs., 284

Jacob, Christian, 116n., 117, 118 e n.
Japão, 119, 155
Jasão, 291
Jean, Georges, 116n.
Jerusalém, 296, 297 e n., 298-299, 301. 302, 303
D. João III, rei, 110, 117, 197n.
D. João IV, rei, 99, 100, 133
Joppien, Rüdiger, 128n., 134n., 136n., 137n., 138n.
Júlio César, imperador, 294, 302

Kepler, Johannes, astrónomo, 127 e n.
Kermode, Frank, 209n.
Kinsgsleye, explorador, 152
Krapf, explorador, 152
Krysinski, Wladimir, 180n.

Ladrões, ilha dos, 28
Lafaye, Jacques, 246n., 250n.
Lafiran, jesuíta francês, 206n.
Lamb, Ursula, 112n.
Lancaster, Roger N., 179n.
Lanciani, Giulia, 27 e n.
Larsen, Erik, 137n.
Las Casas, Bartolomé de, cronista, 241, 272 e n., 273, 276, 309
Leitão, D. Pedro, bispo, 194n.
Leite, Serafim, 194n., 195n., 197n., 203n., 209n., 210n., 217n.
Lemos, Duarte de, piloto, 197n.
Lemos, Pedro de, cartógrafo, 114 e n.
León, Antonio de, 97
Leonardo, Micaela di, 179n.
Léry, Jean de, 219n., 282 e n., 283 e n.
Letts, M., 304n.
Lévi-Strauss, Claude, 190n., 193n., 197n.
Lídia, 292
Lima, Araújo, 92
Lineu, 284, 285, 286
Linschoten, Jan Huygen van, 271
Lippomani, e Tron, 187n.
Livingstone, David, missionário e viajante, 152, 171
Lombroso, Cesare, médico e criminologista, 285
Loomba, Ania, 211n.
Lopes, Sebastião, 114
Lopes, Walter, 102
Loureiro, Rui, 12
Luciano, 296n., 306

Luís XIV, rei francês, 137
Luna, Luiz, 219n.
Luz, Mendes da, 112n.

Macedo, Helder, 13
Machado, José Pedro, 15
Machado, Diogo Barbosa, 97 e n.
Madeira, Duarte, 97
Magalhães, Fernão de, navegador, 112n., 119, 209n., 247
Malinowski, Bronislaw, 212n.
D. Manuel I, rei de Portugal, 18, 110n.
Mandeville, Jehan de, 306
Mapa Cor-de-Rosa, 153
Marcgraf, Christian, 126n., 135n.
Marcgraf, George, naturalista, 103 e n., 128, 135 e n.
Marchand, Jean Baptiste, explorador, 152
Margarido, Alfredo, 27 e n.
Marques, João Martins da Silva, 269n.
Marrocos, 305
Martinho V, papa, 278
Martín Merás, Luisa, 117n., 119n.
Mártir de Anghiera, Pedro, 243
Martius, 284, 286
Marx, Karl, 267
Mathieu, N. C., 182 e n.
Mason, Peter, 131n., 132 e n., 137n.
Mattoso, José, 182n.
Mauss, Marcel, antropólogo, 193n.
McDougall, Russel, 187n.
Medici, Lorenzo di Pierfrancesco de', 236 e n.
Médicis, Maria de, 135n.
Medinilla, Medina, poeta, 246
Memmio, Lúcio, 293
Mendonza, D. Pedro, governador, 247, 249
Menelas, 291
Menezes, D. Francisco Xaver de, 96, 97
Mentzel, Christian, médico, 126n.
Mesopotâmia, 237, 296

Metolínea, frei Toríbio, franciscano, 276-77 e nn.
Métraux, Alfred, 189n.
México, 239, 244n., 245, 246, 247, 248-49, 250, 251, 276, 277, 307
Migne, 301n.
Milanesi, Marica, 113n.
Mills, Sara, 184n.
Minoya, Frei Domingos de, 287
Mitchell, W. J. T., 124 n.
Moçambique, 23, 153 158, 160, 162, 174, 175
Molineo, P., 301n.
Molucas, ilhas, 278
Moniz, António Manuel de Andrade, 188n.
Monomotapa, império do, 153, 156
Montaigne, Michel de, 195
Monte Pascoal (Brasil), 20
Montesinos, padre, 272
Montezuma, imperador azteca, 239, 273
Montrose, Louis, 207n.
Morgan, Thomas Hunt, biólogo, 161, 169
Mori, Juan de, 219n.
Moro, Tomás, 309
Morton, 285
Mosco, Juan, 296n.
Mota, Avelino Teixeira da, 110n.
Moura, Jean-Marc, 189n.
Mupei, Augusto, 171
Museu do Louvre (Paris), 138

Nachtigal, explorador, 152
Nakamura, Hiroshi, 111n.
Nampandi, Cuanhama, 167
Napoleão Bonaparte, 125
Nascimento, Paulo, 112n.
Nassau, João Maurício de, conde holandês, 103, 124 segs., 132 segs.
Navegação do Capitão Pedro Álvares Cabral, 198, 213
Newton, sir Isaac, 284

Nicuesa, Diego de, governador, 246
Niño, Pero, 305
Niza, Frei Marcos de, 244n.
Nóbrega, Padre Manuel da, 185, 186, 194n., 195 e n., 197 e n., 203, 204, 205, 206, 208, 216, 217, 218
Nunes, Pedro, cosmógrafo, 234
Núñez de Balboa, Vasco, *adelantado*, 246
Núñez de Vela, Blasco, 246-47

Ofir, 244
O'Gorman, Edmundo, 234
Ojeda, Alonso de, governador, 246
Olao Magno, 309
Olímpio, abade, 296n.
Oliveira, Cristóvão Correia de, 150 e n.
Oliveira, Fernando, 215n.
Oliveira, João Carlos, 215n.
Orange, Casa de, 127, 136, 139n.
Organização das Nações Unidas, 266
Orósio, 294
O Rosto Feminino da Expansão Portuguesa, 203n.
Orta, Tomás de, 114
Ortner, Sherry B., 206-7n.
Osório, Jorge d', 18
Otte, Enrique, 245n.
Oviedo, Gonzalo Fernández de, cronista, 234, 241 e n., 242, 246 e n., 247 e n., 309

Pacheco, João, piloto e cartógrafo, 110
Padroado Ultramarino Português, 278
Pais, Frei Álvaro, 267 e n., 268
Paraguai, 249
Pastoureau, Mireille, 113n.
Paulo III, papa, 287
Paulo VI, papa, 267
Penalva, Frei Diogo de, 98
Pereira, Duarte Pacheco, cosmógrafo, 152, 196

Pereira, Galiote, 190n.
Pereira, Maria Helena da Rocha, 190n.
Pereira, Maria João Lourenço, 202n.
Pereira, Sílvio Batista, 76
Pérez, Guillermo, 305
Pérez de Oliva, Hernán, 234 e n.
Pérez-Mallaína, Pablo E., 113n.
Perrone-Moisés, Beatriz/Leyla, 200n., 218n.
Pérsia, 125, 237, 291, 292
Peru, 239, 240, 244, 272
Petrarca, Francesco, 237
Piacenza, António de, 298
Pickering, sir George, médico, 286
Pigafetta, 306
Pinto, João da Rocha, 18 1n., 188n.
Pinto, Fernão Mendes, 11, 13, 16 e n., 17, 21 segs., 155
Pinto, Serpa, explorador, 152
Pinto-Correia, João David, 16, 27 n.
Pinzón, 307
Pio V, papa, 194n.
Piratininga, São Inácio, 195n., 203
Pires, António Pedro, 194n.
Piso, William, 103 e n.
Pizarro, Juan, conquistador, 247
Pizarro, Francisco, conquistador, 244, 246
Pizarro, Gonzalo, conquistador, 247
Planisférino de Cantino, 111
Platão, 292
Poggio, Giovanni Francesco, 306
Polo, Marco, mercador, 7
Porcalho, Fernão Gil, 27
Portugalia Monumenta Cartographica, 110n., 114n.
Post, Frans, pintor, 103, 125-26, 128 e n., 129-30, 132, 135, 139, 141
Pow, 286
Preste João das Índias, 15, 37, 114-15
Primor e Honra da Vida Soldadesca no Estado da Índia, 268 e n.
Ptolomeu, Cláudio, astrónomo, 111, 235, 238n., 308

Querfurdt, Conrado de, 304
Quesada, Jiménez de, 244

Rabelais, François, 309
Rada, R. Jiménez de, historiador, 305
Ramos, Emanuel Paulo, 15n.
Ramusio, Juan Bautista, 308, 309
Raposo, Paulo, 193n.
Real Fábrica dos Gobelins, 135
Real Museu de Belas-Artes de Copenhaga, 137n.
Rebman, 152
Regimento de Tomé de Sousa, 204
Reinel, Pedro e Jorge, cartógrafos, 110
Reis Católicos (Espanha), 113, 117, 237n., 270, 272, 306 e n.
Rembrandt, pintor e gravador, 135n.
Remesal, Antonio de, dominicano, 246, 247n., 250
René II, duque de Lorena, 111
Ribeiro, Bernardim, escritor, 190
Ribeiro, Berta, 193n.
Ribeiro, Darcy, 184n., 200n., 209-10n.
Ribeiro, Diogo, cartógrafo, 110, 117
Ricci, Matteo, jesuíta, 38n.
Richards, David, 125n.
Rio da Prata, 247, 249
Rodrigues, Jorge, impressor, 268n.
Roma, 115, 293, 297n., 300, 301
Romanus Pontifex, 269
Rousseau, Jean-Jacques, filósofo, 161, 174
Rowland, Robert, 188n.
Roznmital, barão de, 304
Ruggieri, Michele, 37
Ruibrück, frei Wilhelm de, 7
Ruiz, Hernán, 305
Rússia, 136n.
Ruysch, J., cartógrafo, 244n.

Sá, Mem de, governador-geral do Brasil, 184-85n.

Saénz de Santa María, Carmelo, 240n., 247n.
Sahagún, Bernardino de, 241
Said, Edward Wadi, 218n.
Saint-Hillaire, Albert, filósofo, 286, 287
Salazar, Eugenio de, 308
Salomão, rei, 299n.
Samatra, ilha de, 27-28
San Martín, Andrés de, 308
Santa Helena, 297
Santa Paula, 297-298
Santiago de Compostela, 301, 302
Santo Agostinho, 267 e n.
Santo Domingo, ilha de, 246
Santo Isidoro de Sevilha, 280 e n.
Santos, Maria Emília Madeira, 149, 150n., 153, 158
São Cipriano, 275-76 e n.
São Francisco, frei Jerónimo de, 100
São Gregório de Nisa, 300
São Jerónimo, 294, 296n., 297n. 300
São Pantaleão de Aveiro, 7
São Teotónio, 303
São Tomás de Aquino, 267
São Tomé e Príncipe, 18
Saxton, Christopher, 109
Schiltberger, 306
Segalen, Victor, escritor, 182n., 188n.
Seixo, Maria Alzira, 24, 25n.
Séneca, 295
Sepúlveda, Dr. Ginés de, teólogo e canonista, 270, 274
Sequeira, Diogo Lopes de, 114
Severim, Gaspar de Faria, 99
Severim, D. Joana, 95
Severo, Áquilo, 296
Shakespeare, William, dramaturgo e poeta, 209 e n.
Sheldon, família inglesa, 109
Silva, Aracy Lopes da, 193n.
Silva, Leonardo Dantas, 275
Silva, Maria Beatriz Nizza da, 184-85n.
Silveira, Gonçalo da, missionário, 156
Síria, 237

Soares, padre Francisco, 181, 185, 197, 207, 208, 210-11, 212, 215, 216, 218
Sociedade de África (Londres), 279
Sociedade de Geografia de Lisboa, 150
Société Anthropoloique de Paris, 286
Solé, Robert, 125
Solino, 300n.
Solis, João Dias de, piloto, 110 e n., 119, 247, 307
Sousa, Gabriel Soares de, 181, 182, 183 e n., 185 segs.
Sousa, J. Galante de, 192-93n.
Sousa, Pêro Lopes de, 189n.
Sousa, Tomé de, governador, 208
Sousa-Leão, Joaquim de, 129n., 137n.
Souto, Fernando de, governador, 247 e n.
Speke, 152
Spencer, Herbert, filósofo, 161, 169
Spix, 284, 286
Staden, Hans, 282, 283 e n.
Stanley, Sir Henry Morton, explorador, 152, 171
Stegagno-Picchio, Luciana, 20 e n.
Stoler, Ann Laura, 185n.
Suetónio, 294n.
Súnio, Demétrio de, 293n.
Suré-Canale, Jean, 151n.

Tácio, Aquiles, 293n., 300n.
Tafur, Pero, 305
«Tapeçarias das Esferas», 109
Tentures des Indes, tapeçarias, 135, 136n., 138 e n., 145
Terwen, J. J., 134n.
Thevet, André, 155
Tiana, Apolónio de, 294
Tibério, imperador, 293
Tibete, 37, 38, 39, 40
Todorov, Tzevan, 189n.
Trancoso, Gonçalo Fernandes, 203
Transilvano, M., 306

Turner, Victor W., 193n.
Turquia, 115
Túy, Lucas de, historiador, 305

Valcárcel Martínez, Simón, 242n.
Vallois, Henri, 285
Varela, Consuelo, 237n.
Vargas Machuca, Don Bernardo, governador, 273-74 e n.
Vasconcelos, José Leite de, 93n.
Vasconcelos, Luís Fernandes, governador, 194n.
Vasconcelos, Luís Mendes de, governador, 153
Vaz de Caminha, Pêro, 7, 13, 16, 18, 19 segs., 25, 31, 47 segs., 155, 180, 183, 185n., 187, 188, 190, 193, 196 e n., 198, 199, 210, 211, 218, 281-82 e n.
Vega Carpio, Lope de, 246
Veneza, 115
Venezuela, 243
«Vénus hotentote», 287
Verdon, Jean, 181n.
Vespúcio, Américo, piloto, 113, 234, 235-36, 241, 251, 306
Vespúcio, João, cartógrafo, 110
Vicente, presbítero, 297n.
Vicente, Gil, dramaturgo, 193
Vidal, Lux, 193n.
Vieira, António, padre, 275 e n., 276
Vignaux, Georges, 161n.
Vimieiro, conde do, 96 e n.
Virgílio, 293, 294, 296n., 304 e n.
Vitória, Francisco de, teólogo, 269-70 e n., 271, 276
Vitória, Frei Pascoal de, 305
Vivar, Jeronimo de, 244n.,
Vries, Lyckle de, 129n.

Waldseemüler, 111
Walford, E. John, 130n.

Walter, Jaime, 98n.
Weiland, L., 302n.
Westermann, Mariët, 127
Whitehead, Harriet, 206-7n.
Wiesebron, Marianne L., 132n.
Winckelmann, Johann, 304

Yánez Pizón, Vicente, piloto, 113

Zanzibar, 166
Zeuxis, Flávio, 293
Zimmerman, Francis, 206n.
Zurara, Gomes Eanes de, cronista, 271